JÚLIA MUNHOZ

DESVENDANDO DANDO O INSTAGRAM

O **PASSO A PASSO** PARA AUMENTAR SEGUIDORES, ENGAJAMENTO E VENDAS

JÚLIA MUNHOZ

DESVENDANDO O INSTAGRAM

O **PASSO A PASSO** PARA AUMENTAR SEGUIDORES, ENGAJAMENTO E VENDAS

www.dvseditora.com.br
São Paulo, 2024

DESVENDANDO O INSTAGRAM

DVS Editora 2024 – Todos os direitos para a língua portuguesa reservados pela Editora.

Nenhuma parte deste livro poderá ser reproduzida, armazenada em sistema de recuperação, ou transmitida por qualquer meio, seja na forma eletrônica, mecânica, fotocopiada, gravada ou qualquer outra, sem a autorização por escrito dos autores e da Editora.

Edição, Preparação e Revisão de Textos: Hellen Suzuki
Design de capa: Rafael Brum
Projeto gráfico e diagramação: Bruno Ortega

```
        Dados Internacionais de Catalogação na Publicação (CIP)
              (Câmara Brasileira do Livro, SP, Brasil)

    Munhoz, Júlia
        Desvendando o Instagram : o passo a passo para
    aumentar seguidores, engajamento e vendas / Júlia
    Munhoz. -- São Paulo : DVS Editora, 2024.

        ISBN 978-65-5695-136-2

        1. Comunicação 2. Instagram (Redes sociais
    on-line) 3. Marketing digital 4. Redes sociais
    5. Sucesso nos negócios 6. Vendas I. Título.

 24-234617                                         CDD-658.8
```

Índices para catálogo sistemático:

1. Instagram : Estratégia de negócios : Marketing digital : Administração   658.8

Eliete Marques da Silva - Bibliotecária - CRB-8/9380

Nota: Muito cuidado e técnica foram empregados na edição deste livro. No entanto, não estamos livres de pequenos erros de digitação, problemas na impressão ou de uma dúvida conceitual. Para qualquer uma dessas hipóteses solicitamos a comunicação ao nosso serviço de atendimento através do e-mail: atendimento@dvseditora.com.br. Só assim poderemos ajudar a esclarecer suas dúvidas.

SUMÁRIO

AGRADECIMENTOS 7
SINOPSE 9
INTRODUÇÃO 10
    OPORTUNIDADES DA ERA DIGITAL 10
    ALINHANDO EXPECTATIVAS 15
MARKETING CONTEMPORÂNEO NO INSTAGRAM 18
    OS CINCO PASSOS ESSENCIAIS DO MARKETING DIGITAL 18
    ENTENDENDO A JORNADA DO CONSUMIDOR 22
COMO O INSTAGRAM OPERA 28
    DESVENDANDO OS ALGORITMOS DO INSTAGRAM 28
    REGRAS E DIRETRIZES DO INSTAGRAM 33
    COMPORTAMENTO DOS USUÁRIOS NO INSTAGRAM 36
POSICIONAMENTO, NICHO E CLIENTE IDEAL 39
    VALORES INTERNOS 40
    NICHO DE MERCADO 42
    CLIENTE IDEAL 49
    IDENTIDADE VISUAL 55
    O ROSTO POR TRÁS DO SEU PERFIL 60
    NÃO SE ESQUEÇA: TUDO COMUNICA! 63
CONFIGURAÇÃO DA CONTA 64
    SUA CONTA DEVE SER PROFISSIONAL 65
    NOME DE USUÁRIO E NOME 70
    FOTO OU LOGO 72
    BIOGRAFIA 73
PRODUÇÃO DE CONTEÚDO 80
    A ESPINHA DORSAL DO MARKETING 80
    CUIDADO COM AS ARMADILHAS! 87
    FONTES DE PESQUISAS DE CONTEÚDOS DE VALOR 90
    TIPOS DE CONTEÚDOS 100
    ATENÇÃO! 118
    EXEMPLOS DE BOAS POSTAGENS 119
    PLANEJAMENTO E ORGANIZAÇÃO DE CONTEÚDOS 123
    BÔNUS 126
VÍDEOS 128
    VERGONHA DE GRAVAR VÍDEOS? 129
    FERRAMENTAS PARA GRAVAR VÍDEOS 131
    TÉCNICA VLVC 132
    TÍTULOS SÃO ESSENCIAIS! 134

REELS ... 143
- POR QUE GRAVAR REELS? ... 143
- RECURSOS DOS REELS ... 148
- ELEMENTOS CRUCIAIS PARA REELS DE SUCESSO ... 149

STORIES ... 154
- PORQUE USAR OS STORIES DIARIAMENTE? ... 154
- OS MAIORES ERROS NO USO DOS STORIES ... 156
- RECURSOS DOS STORIES ... 158
- COMO AUMENTAR AS VISUALIZAÇÕES DOS STORIES ... 168
- CATEGORIAS E DESTAQUES ... 170

LIVES ... 173
- DICAS ÚTEIS PARA LIVES ... 174
- RECURSOS DAS LIVES ... 177
- LIVES DUPLAS ... 180
- LIVE SHOPPING ... 181
- SEJA FLEXÍVEL ... 183
- RESPIRA E… AÇÃO! ... 184

ZONA DE ENGAJAMENTO ... 186
- AFINAL, O QUE É ENGAJAMENTO? ... 186
- TRIPÉ DO ENGAJAMENTO ... 188
- DIFERENTES NÍVEIS DE ENGAJAMENTO ... 190
- O CÍRCULO DE OURO ... 191
- ESTRATÉGIAS PARA AUMENTAR O ENGAJAMENTO ... 192

CONQUISTANDO NOVOS SEGUIDORES ... 204
- CHEGOU A HORA DE MULTIPLICAR! ... 204
- ERROS QUE ESTAGNAM O CRESCIMENTO DO SEU PERFIL ... 206
- "JÁ CAÍ NESSAS ARMADILHAS, E AGORA?" ... 208
- TRÁFEGO DE PARCERIAS ... 209
- TRÁFEGO DE INFLUENCIADORES DIGITAIS ... 212
- TRÁFEGO PAGO PARA CONQUISTAR SEGUIDORES ... 214

TRÁFEGO PAGO ... 218
- O PONTO DE PARTIDA ... 218
- CAMPANHA ... 222
- CONJUNTOS DE ANÚNCIOS ... 223
- ANÚNCIOS (CRIATIVOS) ... 227

ESTRATÉGIAS DE VENDAS NO INSTAGRAM ... 230
- GATILHOS MENTAIS NO INSTAGRAM ... 231
- MATANDO OBJEÇÕES DOS CONSUMIDORES ... 244
- CUIDE TAMBÉM DAS OBJEÇÕES ESPECÍFICAS! ... 256

FINALIZAÇÃO ... 257

AGRADECIMENTOS

ESCREVER LIVROS, PRODUZIR CONHECIMENTO e compartilhá-lo são, para mim, um ato de amor. Obrigada, Deus, por essa oportunidade e por me guiar nessa missão. Senti um chamado para finalizar mais um ciclo com muita paz.

Sinto-me grata por ter o privilégio de perpetuar meus agradecimentos a pessoas tão especiais em minha vida, que me motivam, inspiram e ensinam. Escrever este livro na minha casa, estando perto da minha filha, reforçou ainda mais como a internet é poderosa. É impagável poder acompanhar de perto todos os passos da minha pequena enquanto trabalho. O brilho nos olhos, a energia e as bagunças junto à amada Pipa que aconteceram no meu escritório enquanto me concentrava para escrever foram fontes de muito amor e inspiração, que me motivaram a produzir cada linha deste livro. Antonella, você é meu presente de Deus, meu pedacinho de céu. Tão pequena, mas tão esperta e viva, você me traz tanta esperança. Não sabe o quanto tenho a agradecer pela sua vida. Quero que continue sendo muito feliz e saiba que pode contar comigo, sua mãe, durante toda a sua jornada de vida.

Obrigada ao meu marido, Philipe, por todo o incentivo e apoio. Sem a sua ajuda, a ideia não teria se concretizado nestas páginas. Você me inspira com sua inteligência, cumplicidade, parceria e integridade. Obrigada por abraçar meus sonhos e fazer deles os seus também. Você é o meu grande amor.

À minha mãe, que considero meu amor de outras vidas, serei eternamente grata por tudo. A maternidade me fez amar e admirar você ainda mais. Sempre senti que você é minha maior torcedora, e essa segurança e confiança refletem em todos os aspectos da minha vida.

Ao meu pai, que me trouxe muitos aprendizados. Charlotte foi uma experiência transformadora, e desejo poder oferecer algo assim à minha filha, ou aos meus filhos, quem sabe. Que a gente construa cada vez mais momentos de felicidade e amor.

Aos meus avós, por quem tenho profunda admiração. Fontes de intelectualidade e sabedoria, vocês têm todo o meu respeito. Sou grata por poder aprender com vocês até hoje, é uma honra e um privilégio.

Ao meu sogro, sogra, irmãos, sobrinho e amigos queridos, ter vocês na minha vida a torna mais feliz. Obrigada por todos os momentos de felicidade e de suporte. Quero criar, cada vez mais, boas memórias com vocês.

Aos meus seguidores, alunos e a você, meu leitor, obrigada pela confiança. Espero que esta obra realmente transforme o seu negócio e traga boas mudanças à sua vida. Desejo a você uma ótima leitura e muito sucesso em sua jornada!

Com amor e gratidão,

Júlia Munhoz

SINOPSE

O INSTAGRAM TRANSFORMOU-SE EM uma das ferramentas mais poderosas da era digital, e este livro é o guia definitivo para quem deseja explorar todo o potencial da plataforma. Seja você um empreendedor, influenciador ou profissional de qualquer setor, Júlia Munhoz oferece um método claro e detalhado para ajudar a construir um perfil de sucesso no Instagram, aumentar seguidores e converter interações em vendas reais.

Com base em sua vasta experiência em marketing digital, Júlia revela estratégias comprovadas para atrair a audiência certa, criar conteúdos envolventes e estabelecer um relacionamento autêntico com seus seguidores. Além disso, o livro está repleto de dicas práticas, estudos de caso, e exemplos claros que podem ser aplicados imediatamente ao seu perfil.

Desvendando o Instagram é mais do que um simples manual; é uma verdadeira imersão no universo digital, projetada para ajudar você a transformar sua presença online e alcançar resultados de forma sustentável e estratégica. Não importa se você está começando ou já tem experiência na plataforma – este livro oferece as ferramentas e o conhecimento necessários para você dominar o Instagram e impulsionar o seu negócio.

INTRODUÇÃO

OPORTUNIDADES DA ERA DIGITAL

ANTES DAS REDES SOCIAIS, o marketing era um território predominantemente acessível apenas para as grandes empresas com grandes orçamentos. Crescer, ganhar notoriedade e se destacar no mercado exigia grandes investimentos financeiros em publicidade na televisão, anúncios em revistas renomadas ou parcerias com celebridades e artistas. Essa barreira financeira tornava quase impossível para as pequenas e médias empresas competirem em igualdade de condições.

Nos últimos anos, o Instagram emergiu como uma das plataformas de mídia social mais influentes e poderosas do mundo. Desde a criação, em 2010, como um simples aplicativo de compartilhamento de fotos, o Instagram evoluiu para se tornar um dos principais canais de marketing digital, oferecendo um universo de oportunidades tanto para pessoas físicas quanto para empresas.

O Instagram mudou radicalmente o cenário mundial, tornando o marketing acessível a todos. Com um perfil bem construído na plataforma, qualquer pessoa ou empresa, independentemente do tamanho ou orçamento, pode alcançar uma audiência global. Isso nivelou o campo de jogo, permitindo que pequenos empreendedores e novos negócios competissem com gigantes do mercado.

O Instagram não é apenas um lugar para compartilhar fotos de momentos pessoais; é uma ferramenta robusta que permite que marcas e empreendedores construam uma presença online sólida, engajem com seus públicos de forma autêntica e alcancem um nível de visibilidade sem precedentes.

Eu gosto de falar que "onde há pessoas, há oportunidades de negócios". Assim, o Instagram, com seus mais de um bilhão de usuários ativos mensais, proporciona uma audiência global diversificada e um universo de oportunidades. Aqui eu separei algumas formas de ganhar dinheiro no Instagram:

VENDA DE PRODUTOS FÍSICOS E PROMOÇÃO DE SERVIÇOS

Obviamente, esta é a modalidade mais conhecida. Se você tem uma loja ou trabalha com a venda de produtos físicos, o Instagram é uma potente ferramenta para você vender a nível nacional ou internacional. A plataforma permite que você crie uma vitrine virtual em que pode exibir produtos de maneira atraente, utilizando fotos de alta qualidade e vídeos que mostram os detalhes e usos dos itens. Além disso, o Instagram Shopping facilita a compra diretamente pela plataforma, permitindo que os seguidores vejam os preços e detalhes dos produtos e façam compras sem sair do aplicativo.

O Instagram Stories e os Reels são ferramentas poderosas para mostrar seus produtos em ação e criar uma conexão mais pessoal com seus clientes. Compartilhar bastidores da sua loja, demonstrações de produtos e depoimentos de clientes pode aumentar significativamente o engajamento e a confiança na sua marca. Lives no Instagram também são uma excelente maneira de interagir em tempo real com seus seguidores, responder a perguntas e promover lançamentos ou promoções de produtos de forma mais interativa e envolvente.

A promoção de serviços no Instagram segue uma lógica semelhante. Seja você fotógrafo, dentista, personal trainer ou prestador de qualquer outro tipo de serviço, o Instagram permite que você mostre seu processo de trabalho e os resultados que você entrega, sendo uma maneira eficaz de atrair novos clientes.

Além disso, a plataforma oferece várias opções de anúncios pagos que podem ser segmentados para atingir seu público-alvo de forma precisa. Os anúncios no Instagram podem aparecer no feed, nos Stories e nos Reels, permitindo que você escolha o formato que melhor se adapta à sua mensagem e ao comportamento do seu público. Com as ferramentas de segmentação, você pode direcionar seus anúncios para pessoas com base em interesses, comportamentos e dados demográficos, aumentando as chances de converter visualizações em vendas ou novos contratos de serviços.

A chave para o sucesso é criar conteúdo de alta qualidade, interagir autenticamente com seus seguidores e utilizar as diversas ferramentas da plataforma para maximizar seu alcance e engajamento. Com a estratégia certa, você pode transformar seu perfil no Instagram em uma poderosa máquina de vendas e crescimento de negócios, e é isso que vamos aprender neste livro.

VENDA DE INFOPRODUTOS

Uma forma de monetização que vem crescendo cada dia mais são os infoprodutos. Estes são produtos digitais que têm como objetivo principal transmitir informações, conhecimentos ou habilidades. São produtos que são criados, distribuídos e consumidos digitalmente.

Tanto para o criador quanto para o consumidor, os infoprodutos são convenientes. O criador pode trabalhar de qualquer lugar, e o consumidor pode acessar o conteúdo a qualquer hora e em qualquer lugar.

Comparado aos produtos físicos, os infoprodutos geralmente têm custos de produção e distribuição muito mais baixos. Não há necessidade de armazenamento, embalagem, estoque ou logística de envio físico.

Os infoprodutos também podem ser facilmente atualizados para refletir novas informações ou melhorias, mantendo o produto sempre relevante e adaptado às necessidades do público. E, dependendo da modalidade, podem ser vendidos para um número ilimitado de clientes sem a necessidade de aumentar os custos de produção. Uma vez criado, ele pode ser distribuído sem limites preestabelecidos.

As modalidades mais comuns de infoprodutos são:

→ **Cursos online:** são programas de treinamento estruturados que ensinam um assunto específico. Podem incluir vídeos, aulas ao vivo, apostilas, quizzes, fóruns de discussão e suporte para dúvidas. Exemplo: meu curso online Método X de Instagram para Negócios, que inclui aulas expositivas, resumos, exercícios práticos e suporte para os alunos tirarem suas dúvidas comigo.

→ **E-books:** são livros eletrônicos que podem ser lidos em dispositivos como computadores, tablets ou e-readers, como o Kindle da Amazon. Embora os e-books frequentemente sejam mais curtos do que os livros impressos, isso não é uma regra. Na verdade, este livro que você está lendo está disponível tanto na modalidade física quanto online, oferecendo flexibilidade para atender às suas preferências de leitura.

→ **Consultorias e mentorias:** são serviços personalizados oferecidos por especialistas em uma área específica. Podem ser realizadas por videochamadas em programas como Zoom ou Google Meet. Esses serviços permitem uma abordagem mais direta e personalizada para resolver problemas específicos ou alcançar objetivos definidos. Podem ser adaptadas para diferentes formatos e durações, desde sessões únicas até programas contínuos. As sessões ao vivo permitem interação direta, perguntas e feedback em tempo real. Particularmente, eu amo dar consultorias individuais e fazer análises de perfis no Instagram.

→ **Webinários:** são seminários online que podem ser transmitidos ao vivo ou gravados para visualização posterior. Eles permitem uma apresentação interativa e envolvem o público em discussões e perguntas em tempo real.

Infoprodutos representam uma excelente oportunidade para empreendedores e empresas compartilharem conhecimento e habilidades de maneira eficiente e lucrativa. Ao criar infoprodutos de alta qualidade e valor agregado, é possível construir uma reputação sólida no mercado e alcançar um público amplo. Seja através de cursos online, e-books, consultorias ou qualquer outra forma de infoproduto, o potencial de ganho é significativo e crescente na era digital.

MARKETING DE AFILIADOS

Imagine que você adora um produto, como um livro, uma peça de roupa, um curso online ou um eletrônico, e comece a falar sobre ele para seus amigos e familiares, recomendando-o porque realmente acredita na sua qualidade. Agora, imagine se você pudesse ganhar dinheiro toda vez que uma dessas pessoas compra esse produto baseado na sua recomendação. Esse é o conceito básico do marketing de afiliados.

O marketing de afiliados é uma maneira eficaz de ganhar dinheiro recomendando produtos e serviços que você já usa e gosta ou que você acredita. Ao se tornar um afiliado, você pode transformar suas recomendações em uma fonte de renda, ajudando as empresas a alcançar novos clientes e sendo recompensado por isso. É uma situação na qual todos saem ganhando: a empresa, você como afiliado e o cliente que encontra um produto de qualidade através da sua recomendação.

Como funciona? Você, como afiliado, se inscreve em um programa de afiliados de uma empresa ou marca que vende produtos ou serviços. A empresa fornece um link especial e único só para você. Você usa o link para promover o produto ou serviço em seu Instagram, por exemplo, e, quando alguém clica no seu link e compra o produto ou serviço, a empresa sabe que a compra foi feita graças à sua recomendação. Por isso, você ganha uma comissão, que é uma porcentagem do valor da venda.

Esse mercado, conhecido também como "mercado de renda extra", tem ganhado muito espaço nos últimos anos. Empresas como Amazon, Shoppe, Hotmart, Eduzz são muito usadas por afiliados.

Exemplo: uma pessoa pode promover produtos de maquiagem de uma marca específica ou diversos produtos disponíveis na Amazon, usando link de afiliado nas postagens e nos Stories para ganhar comissões sobre as vendas. Além disso, essa mesma pessoa pode se afiliar a cursos online de maquiagem, hospedados na Hotmart, por exemplo, e ganhar comissões pela venda desses cursos.

As vantagens do marketing de afiliados são claras: você não precisa criar ou manter um estoque de produtos. Seu papel é promover e direcionar clientes para o site da empresa. Além disso, você pode trabalhar de qualquer lugar e a qualquer hora, sem horários fixos, o que é ideal para quem busca uma renda extra ou um trabalho remoto. Você pode escolher produtos ou serviços que realmente gosta e em que acredita, aumentando assim a confiança e credibilidade com seu público. Com dedicação e uma boa estratégia de promoção, os ganhos podem ser substanciais. Quanto mais você promover e alcançar pessoas, mais comissões poderá ganhar. E, usando o Instagram para negócios, você tem uma poderosa plataforma à sua disposição para engajar seguidores, compartilhar links de afiliado e aumentar suas chances de conversão, tornando o processo de monetização ainda mais eficaz e abrangente.

INFLUENCIADORES DIGITAIS

Um influenciador digital é uma pessoa que utiliza plataformas de mídia social para criar conteúdo e construir uma audiência, exercendo influência significativa sobre seus seguidores. O papel de um influenciador digital não se resume apenas ao número de seguidores, mas envolve o impacto e a capacidade de engajar e inspirar a audiência. A verdadeira essência de ser um influenciador está na confiança e credibilidade que se constrói com os seguidores, o que leva esses indivíduos a tomarem decisões baseadas nas recomendações do influenciador.

Cada vez mais, as marcas e empresas estão voltando os olhos para influenciadores pequenos e médios, e não apenas para aqueles com grandes números de seguidores. Esses influenciadores menores, frequentemente chamados de micro e nanoinfluenciadores, têm um engajamento autêntico e próximo com a audiência, o que muitas vezes resulta em uma maior taxa de conversão e lealdade. A conexão pessoal e a confiança que eles estabelecem com seus seguidores tornam suas recomendações mais valiosas e impactantes.

As oportunidades de monetização no Instagram para influenciadores digitais são vastas e variadas. Uma das formas mais comuns de ganhar dinheiro é através de parcerias pagas com marcas. As empresas estão dispostas a pagar influenciadores para promover produtos ou serviços, aproveitando o alcance e a influência que esses criadores têm sobre os seguidores. Esses acordos podem variar desde postagens únicas até campanhas mais longas, que incluem múltiplas publicações, Stories e Reels.

Outra forma crescente de monetização é através da venda de assinaturas de conteúdo exclusivo. Influenciadores podem oferecer acesso a conteúdos premium, como vídeos exclusivos e tutoriais em troca de uma taxa de assinatura mensal. Essa abordagem não só gera uma renda estável, mas também fortalece o vínculo com os seguidores mais engajados.

O Instagram também está desenvolvendo um programa que paga influenciadores com base no desempenho dos Reels. Embora ainda esteja em fase de desenvolvimento e disponível apenas em regiões específicas, esse tipo de iniciativa demonstra o compromisso da plataforma em ajudar os criadores de conteúdo a monetizar as produções.

Os influenciadores também podem aproveitar as outras formas de monetização já ditas por aqui, como o marketing de afiliados e a venda de seus próprios produtos ou serviços diretamente pelo Instagram.

Enfim, o Instagram oferece uma infinidade de oportunidades para transformar sua paixão e conhecimento em uma fonte de renda sólida. Independentemente da modalidade escolhida — seja venda de produtos físicos, prestação de serviços, venda de infoprodutos, marketing de afiliados ou se tornar um influenciador digital —, o potencial de sucesso é enorme, desde que a estratégia certa seja aplicada. Neste livro, vou guiá-lo passo a passo através das melhores práticas e estratégias para maximizar sua presença no Instagram, ajudando você a arrasar na plataforma e a alcançar seus objetivos de monetização. Vamos juntos explorar esse universo de possibilidades e transformar seu perfil em uma poderosa ferramenta de negócios.

ALINHANDO EXPECTATIVAS

ESTE LIVRO NÃO É uma fórmula mágica para obter resultados instantâneos. Longe disso. Trata-se de um método de crescimento gradual e exponencial a médio e longo prazo, focado em construir uma base sólida e sustentável para o seu sucesso no Instagram. Para atingir seus objetivos, é essencial entender que o verdadeiro segredo do sucesso não reside apenas no conhecimento teórico que você adquirirá aqui; é a aplicação prática e consistente desse conhecimento que fará a diferença. Portanto, mãos à obra!

Este manual também não deve ser consumido de uma só vez. Em vez disso, você deve avançar um passo de cada vez na direção certa, aprendendo e executando continuamente. Cada capítulo foi projetado para ser um tijolo na construção de um empreendimento sólido no Instagram. Assim como uma casa não é construída em um dia, o seu sucesso no Instagram será construído de forma gradual.

Além disso, consumir todo o conteúdo de uma vez pode resultar em um excesso de informações que podem sobrecarregar sua mente e paralisá-lo. Se você é do tipo que gosta de ler um livro de uma só vez, sugiro que, após a leitura inicial, faça uma segunda leitura focada na execução de cada capítulo.

Tenha em mente também que suas primeiras tentativas provavelmente não serão perfeitas, e isso é completamente normal. Na verdade, faz parte do processo de aprendizagem e crescimento. Já vi muitas pessoas deixarem de publicar um conteúdo, um vídeo ou uma estratégia por não se sentirem prontas ou por acharem que não está perfeito. Muitas vezes acreditam que algo pode ser melhor e caem na armadilha de não publicar seus materiais prontos. Não deixe a síndrome da perfeição paralisá-lo, porque nada será bom o suficiente se você alimentar essa mentalidade.

Lembre-se de que, para se tornar excelente em qualquer coisa na vida, é necessário praticar repetidamente. A prática leva à excelência, e suas habilidades no Instagram melhorarão a cada tentativa. Este livro incentiva um ciclo contínuo de aprendizado, prática e aprimoramento.

Esteja preparado para enfrentar desafios e cometer erros. Os obstáculos são oportunidades disfarçadas para aprender e evoluir. Cada erro é uma lição valiosa que o aproximará do seu objetivo final. Esteja disposto a investir tempo e esforço, a experimentar novas estratégias e a ajustar seu plano conforme necessário. A jornada pode ser desafiadora, mas, com determinação e foco, os resultados valerão a pena.

Lembre-se também de que os resultados no marketing e nas mídias sociais não são instantâneos; fazem parte de um processo. Cuidado para não cair no erro de achar que algo não está funcionando por não entender o tempo de maturação de cada estratégia. Você precisa plantar sementes todos os dias para colher ótimos frutos no futuro. Portanto, cuidado com a ansiedade e tenha paciência. Siga o manual e dê o seu melhor diariamente.

Vamos juntos nessa jornada de aprendizado e sucesso, um passo de cada vez... na direção certa!

MENTALIDADE PARA O SUCESSO

→ Não compare o seu bastidor com o palco de ninguém. Aqui, a jornada será somente sobre você.

→ Alimente todos os dias a sua mente com informações boas que te direcionem para um pensamento construtivo. Assuma a responsabilidade pelo seu caminho e pelo seu sucesso.

→ Erros fazem parte do processo. Não existe errar; existe acertar ou aprender.

→ Mantenha o seu compromisso, sua dedicação e sua consistência. O sucesso não é acidental, não vem da noite para o dia; ele está presente nos detalhes.

→ Seja resiliente. A capacidade de se recuperar rapidamente das dificuldades é crucial para alcançar o sucesso. Enfrentar desafios com uma mentalidade positiva e adaptável fará toda a diferença na sua trajetória.

→ Pratique a gratidão. Reconheça e aprecie as pequenas vitórias e os progressos ao longo do caminho. Celebre e curta o seu processo!

→ Visualize o seu sucesso. Ter uma visão clara dos seus objetivos e do que você deseja alcançar pode servir como uma poderosa fonte de motivação.

MARKETING CONTEMPORÂNEO NO INSTAGRAM

OS CINCO PASSOS ESSENCIAIS DO MARKETING DIGITAL

FAZER MARKETING HOJE EM DIA é essencial para o sucesso de qualquer pessoa ou empresa. No ambiente competitivo atual, não basta ter um bom produto ou serviço; é preciso garantir que as pessoas saibam da sua existência e reconheçam seu valor. O marketing desempenha um papel crucial ao aumentar a visibilidade e o reconhecimento da marca, o que é vital em um mercado saturado no qual os consumidores são constantemente bombardeados com informações. Uma estratégia de marketing eficaz garante que sua marca esteja sempre presente na mente dos consumidores, criando uma identidade distintiva e memorável.

Além disso, o marketing permite uma conexão direta e significativa com o público-alvo. Em vez de se concentrar apenas nas transações comerciais, o marketing moderno foca a construção de relacionamentos duradouros. Entender as necessidades, os desejos e os comportamentos dos clientes possibilita a criação de ofertas e mensagens que realmente ressoam com eles, aumentando a satisfação e a lealdade. Essa conexão mais profunda e pessoal com os clientes é um diferencial competitivo importante, que ajuda a empresa a se destacar em um mercado saturado.

A competitividade é outro aspecto crucial. Para competir de maneira eficaz, é essencial estar presente onde seus clientes estão. Hoje, a maioria dos consumidores passa uma quantidade significativa de tempo online, especialmente no Instagram. Ter uma forte presença digital não é mais uma opção, mas uma necessidade. O marketing ajuda a empresa a acompanhar as tendências do mercado e a se destacar da concorrência, oferecendo soluções inovadoras e personalizadas que atendem às necessidades específicas dos clientes.

O marketing digital, em particular, oferece uma escalabilidade e um alcance global sem precedentes, como falamos na introdução deste manual. Diferente do marketing tradicional, que pode ter o custo mais alto e ser mais limitado em alcance, o marketing digital, com as estratégias corretas e consistentes, permite que pequenas empresas alcancem audiências globais e compitam com grandes marcas.

Outra vantagem significativa é a capacidade de medir e ajustar estratégias em tempo real. Ferramentas analíticas permitem monitorar o desempenho das campanhas, identificar o que está funcionando e fazer ajustes conforme necessário. Essa abordagem baseada em dados maximiza a eficiência e o retorno sobre o investimento, permitindo uma utilização mais inteligente e eficaz dos recursos.

Além disso, o marketing contribui para a construção de autoridade e credibilidade no setor. Estar presente nas plataformas digitais e produzir conteúdo de alta qualidade ajuda a estabelecer sua empresa como uma referência confiável. Quando os consumidores veem você ou sua marca compartilhando informações valiosas e relevantes, são mais propensos a confiar em você e escolher seus produtos ou serviços.

Diante disso, o marketing contemporâneo é estruturado em cinco passos essenciais: atração, relacionamento, conteúdo, venda e entrega. Cada um desses passos desempenha um papel crucial na construção de uma estratégia eficaz e sustentável. Vamos explorar cada um desses passos em detalhes ao longo deste livro e você aprenderá as estratégias para implementar cada etapa com sucesso. Por enquanto, entenda a teoria:

ATRAÇÃO → CONTEÚDO → RELACIONAMENTO → VENDA → ENTREGA

ATRAÇÃO

Para que seu negócio prospere no Instagram, você precisa atrair as pessoas certas. Não adianta ter quantidade de seguidores sem qualidade. O seguidor certo irá comentar suas postagens, interagir com seus vídeos, responder às suas perguntas e, claro, comprar de você. Cair no erro de atrair o público errado pode lhe custar tempo, energia e dinheiro. Inclusive, pode levar o seu perfil à falência.

Entender o público-alvo é a primeira etapa para atrair o público certo. Criar personas detalhadas que representem seus clientes ideais, considerando fatores demográficos, psicográficos e comportamentais. Com esse conhecimento, você pode criar conteúdo que realmente seja compatível com suas necessidades e desejos e que irá repercutir dentro da plataforma, atraindo um público orgânico para o seu perfil.

Quando você cria um perfil adequado, você não precisa ficar forçando a barra ou correndo atrás de clientes, eles irão até você.

CONTEÚDO

Criar conteúdo de qualidade é a espinha dorsal do marketing de hoje. O conteúdo deve educar, entreter ou inspirar o seu público. Postagens regulares e úteis, vídeos envolventes e histórias autênticas são essenciais para manter seu público engajado e interessado. Desenvolver um calendário editorial que inclua uma variedade de tipos de conteúdo e formatos ajuda a planejar suas postagens com antecedência, garantindo consistência e relevância.

É preciso variar seus conteúdos para manter o interesse dos seguidores. Combine posts educativos, inspiracionais, promocionais e de entretenimento. Use vídeos, carrosséis, infográficos e citações para diversificar sua presença no feed. Prestar atenção ao *feedback* dos seus seguidores e usar esses insights para melhorar continuamente seu conteúdo é fundamental. Experimente diferentes abordagens e monitore o desempenho para identificar o que funciona melhor.

RELACIONAMENTO

Uma vez que você atrai os seguidores certos para seu perfil, é essencial manter o relacionamento aquecido. Hoje, o consumidor busca uma conexão mais profunda com as marcas e prestadores de serviços. Eles querem se relacionar com valores e pensamentos semelhantes. Interagir com seus seguidores de maneira autêntica é crucial. Nesse sentido, responda a comentários e mensagens diretas de forma genuína e rápida, mostrando que você valoriza a opinião deles.

Utilize também o poder do storytelling para criar uma conexão emocional com seu público, compartilhando histórias pessoais, desafios superados e a jornada da sua marca. Ferramentas interativas do Instagram, como enquetes, caixas de perguntas e quizzes nos Stories, incentivam a participação ativa dos seguidores e ajudam a manter o relacionamento dinâmico e engajado. Fomentar um senso de comunidade entre seus seguidores, criando grupos exclusivos ou promovendo conversas significativas, fortalece a lealdade e a retenção.

VENDA

Ao atrair o cliente certo, alimentá-lo com conteúdos valiosos e estabelecer um relacionamento consistente, você cria um ambiente propício para a venda. A venda deve ser o resultado natural de um relacionamento bem construído combinado com uma boa oferta e não uma imposição. Ao entender as necessidades do cliente e oferecer soluções que realmente façam a diferença, a conversão ocorre de forma mais fluida e eficaz.

Crie ofertas irresistíveis destacando os benefícios dos seus produtos ou serviços e utilizando gatilhos mentais, como urgência e escassez, para incentivar a ação. Garanta que a experiência de compra seja fácil e agradável, com links diretos para produtos, um processo de checkout simples e várias opções de pagamento. A clareza e a transparência na apresentação dos seus produtos ou serviços são essenciais para construir confiança e facilitar a decisão de compra.

ENTREGA

A entrega de valor não termina na venda. A forma como você entrega seu produto ou serviço pode fazer uma diferença significativa na percepção do cliente e na construção de sua lealdade. A entrega eficiente e a experiência *overdelivery* — entregar mais do que o cliente espera — são estratégias poderosas para encantar seus clientes e fomentar recomendações boca a boca. Aqui estão algumas sugestões para essa etapa:

1. **Experiência overdelivery:** ofereça algo a mais do que foi prometido. Isso pode ser um bônus adicional, um agradecimento personalizado, um brinde útil ou um serviço de suporte estendido. Surpreender os clientes positivamente cria uma impressão duradoura, aumenta a probabilidade de recompra e gera indicações, trazendo novos clientes para o seu negócio.

2. **Comunicação pós-venda:** mantenha a comunicação aberta após a venda. Envie e-mails ou mensagens de acompanhamento, solicite *feedback* e ofereça assistência contínua. Mostrar que você se importa com a satisfação do cliente após a compra fortalece a relação e aumenta a lealdade.
3. **Qualidade na entrega:** assegure-se de que o produto ou serviço entregue esteja em perfeita condição e atenda às expectativas do cliente.
4. **Atendimento ao cliente:** ofereça um atendimento excepcional. Disponibilize canais de suporte fáceis de acessar e responda prontamente às dúvidas e preocupações dos clientes. Um bom atendimento ao cliente pode transformar uma experiência negativa em positiva e reforçar a confiança na sua marca.

Logo mais você aprenderá como aplicar cada uma dessas etapas de forma eficaz, utilizando as ferramentas, técnicas e estratégias mais avançadas para transformar seu perfil no Instagram em uma máquina de vendas e de crescimento.

ENTENDENDO A JORNADA DO CONSUMIDOR

OS NÍVEIS DE CONSCIÊNCIA representam o grau de conhecimento e interesse que um consumidor tem em relação a um produto ou serviço. Eles variam desde a completa ignorância sobre a existência de uma solução até a decisão de compra informada e consciente.

Muitas empresas falham em alcançar seu potencial máximo porque concentram as estratégias de marketing apenas em consumidores em estágios avançados de consciência. Ao fazer isso, elas deixam de lado um grande número de potenciais clientes que estão nos estágios iniciais. Isso cria uma oportunidade única para as empresas que entendem e abordam todos os níveis de consciência, desde aqueles que nem sabem que têm um problema até aqueles que estão prontos para comprar.

Nesse sentido, os níveis de consciência dos consumidores são uma categorização essencial no marketing, que ajuda a entender em que estágio da jornada de compra um consumidor se encontra. Compreender esses níveis é fundamental para criar estratégias eficazes e personalizadas, visando engajar e converter consumidores de maneira mais eficiente. Vamos explorar os cinco níveis de consciência dos consumidores:

1. **Totalmente inconsciente:** o consumidor não tem consciência do problema ou da necessidade. Estratégias educativas são fundamentais aqui.
2. **Consciência do problema:** o consumidor reconhece que tem um problema, mas não sabe que existe uma solução. É o momento de introduzir sua solução.
3. **Consciência da solução:** o consumidor sabe que existem soluções, mas não conhece a sua especificamente. Destaque os diferenciais do seu produto ou serviço.
4. **Consciência do produto:** o consumidor conhece sua solução, mas ainda não está convencido. Testemunhos, provas sociais e demonstrações são úteis aqui.
5. **Totalmente consciente:** o consumidor está pronto para comprar, basta uma boa oferta ou incentivo final para fechar a venda.

Tenha em mente que o seu consumidor só vai comprar de você quando ele superar a barreira de dúvidas e de objeções. Ao superar essa barreira e realizar a compra, o consumidor se torna agora o seu avaliador. Caso tenha tido uma experiência positiva, ele falará bem de você e do seu serviço, o que gera impacto positivo para o seu negócio. Caso ele não tenha tido uma experiência positiva, ele impactará outros consumidores com uma má avaliação.

No Instagram, você consegue trabalhar de forma muito eficiente todas essas fases do consumidor. Através de estratégias de conteúdo direcionadas, como vídeos educacionais, Reels interativos e depoimentos de clientes, é possível guiar os consumidores desde a inconsciência até a compra e avaliação, quebrando objeções e construindo confiança em cada etapa. Veja os exemplos práticos dos diferentes níveis de consciência associados a estratégias de conteúdos no Instagram:

NÍVEL 1: TOTALMENTE INCONSCIENTE

Laura ficou noiva há pouco tempo e está focada nos preparativos para o casamento. A lua de mel ainda não está no radar de Laura, que está concentrada em escolher o vestido, o local da cerimônia, a lista de convidados, entre outras coisas. Aqui, a estratégia seria criar conteúdos educacionais e Reels que mostram a importância de organizar a lua de mel com antecedência, ainda no início dos preparativos do casamento. A ideia é trazer à consciência de Laura que planejar a lua de mel desde já é importante e que não só evitará estresse e custos adicionais, mas também garantirá uma viagem inesquecível.

Exemplos de conteúdo:

- "Não esqueça da lua de mel! Veja como começar a planejar agora pode evitar dores de cabeça depois."
- "Não deixe a lua de mel para a última hora!"
- "Focada nos preparativos para o casamento? Deixar a lua de mel para a última hora pode sair caro!"
- "Para a sua lua de mel ser inesquecível, você precisa começar a pensar nela agora!"
- "Pensar na lua de mel em cima da hora pode sair caro! Não cometa esse erro!"
- "Você sabia que planejar sua lua de mel com antecedência pode garantir a viagem dos seus sonhos? Veja nossas dicas para começar a pensar nisso desde já!"
- "Os 5 maiores problemas de deixar a lua de mel para a última hora — e como evitá-los!"

NÍVEL 2: CONSCIÊNCIA DO PROBLEMA

Laura começou a perceber que precisa pensar na lua de mel, mas não sabe por onde começar. Ela está ciente de que é algo importante, mas sente-se sobrecarregada com tantos preparativos. A estratégia nesse nível se concentra introduzir conteúdos que mostram os problemas de deixar a lua de mel para a última hora e os benefícios de planejar cedo, fornecendo passos iniciais simples.

Exemplos de conteúdo:

- "Passo a passo: Como começar a planejar sua lua de mel dos sonhos."
- "Dicas essenciais para você iniciar o planejamento da sua lua de mel sem estresse."
- "Comece a planejar sua lua de mel hoje mesmo! Passos iniciais para garantir a viagem dos seus sonhos."
- "Planejamento de lua de mel: Por onde começar?"
- "Como evitar problemas na lua de mel — Dicas práticas para começar o seu planejamento."

NÍVEL 3: CONSCIÊNCIA DA SOLUÇÃO

Laura sabe que precisa planejar a lua de mel e que deve fazer isso com antecedência, mas não conhece os serviços e pacotes disponíveis que podem facilitar esse planejamento. Aqui, deve-se apresentar a solução de forma clara, destacando pacotes de viagem, serviços de consultoria para lua de mel e vantagens de cada opção.

Exemplos de conteúdo:

→ "Conheça nossos pacotes de lua de mel personalizados — planeje a viagem dos seus sonhos sem estresse!"
→ "Os melhores serviços de consultoria para planejar a sua lua de mel."
→ "Pacotes exclusivos de lua de mel! Descubra as opções que temos para você."
→ "Deixe tudo nas mãos de especialistas: serviços de consultoria para uma lua de mel perfeita."
→ "Planeje sua lua de mel com tranquilidade: nossos pacotes incluem tudo o que você precisa."
→ "Lua de mel dos sonhos: vantagens de contratar um serviço de consultoria especializado."
→ "Os benefícios de planejar sua lua de mel com ajuda profissional — menos estresse, mais diversão!"
→ "Consultoria especializada para lua de mel: descubra como nossos serviços podem ajudar você."
→ "Vantagens de planejar com um consultor: garanta a melhor viagem de lua de mel possível."

NÍVEL 4: CONSCIÊNCIA DO PRODUTO

Laura está ciente dos pacotes e serviços disponíveis, mas ainda não está convencida sobre qual escolher. Ela quer ter certeza de que está tomando a melhor decisão para a lua de mel perfeita. Aqui, a estratégia deve incluir testemunhos, provas sociais, estudos de caso e demonstrações dos benefícios dos pacotes e serviços oferecidos.

Exemplos de conteúdo:

→ "Veja o que outros casais dizem sobre nossos pacotes de lua de mel — histórias reais de viagens inesquecíveis!"
→ "Estudo de caso: como planejamos a lua de mel dos sonhos de Ana e Carlos."

- → "Depoimentos de clientes: experiências reais com nossos pacotes de lua de mel."
- → "Histórias de sucesso: casais que confiaram em nossos serviços para a lua de mel perfeita."
- → "Por que nossos clientes amam nossos pacotes de lua de mel: veja os depoimentos."
- → "Benefícios exclusivos dos nossos pacotes de lua de mel."
- → "Por que nossos pacotes de lua de mel são os mais diferenciados."
- → "Veja como ajudamos diversos casais a planejar a lua de mel perfeita com nossos pacotes personalizados."

NÍVEL 5: TOTALMENTE CONSCIENTE

Laura está pronta para reservar a lua de mel e está procurando a melhor oferta ou incentivo final para fechar o negócio. Oferecer uma promoção, desconto ou incentivo que torne irresistível a decisão de fechar o negócio, aumenta as chances de conversão.

Exemplos de conteúdo:

- → "Última chance! pacotes de lua de mel com dólar abaixo do preço."
- → "Ganhe um upgrade de quarto ao reservar sua lua de mel hoje!"
- → "Reserva hoje e desfrute de um jantar romântico gratuito na sua lua de mel."
- → "Garanta uma noite extra gratuita ao reservar sua lua de mel agora!"
- → "Oferta exclusiva para noivas: reserve sua lua de mel hoje conosco e ganhe um upgrade de quarto."
- → "Não perca tempo! Reserve hoje e evite futuros aumentos de preços!"
- → "Feche sua lua de mel agora e evite surpresas com aumentos de tarifas!"

Os exemplos de Laura ilustram a importância de entender os diferentes níveis de consciência na jornada do consumidor e como adaptar a estratégia de marketing no Instagram para abordar clientes em cada etapa.

A maioria das pessoas se concentra em vender apenas para aqueles que sabem do que precisam e que estão prontos para comprar. No entanto, esses consumidores representam apenas uma pequena parcela do mercado e são constantemente bombardeados pela concorrência. Focar apenas esse grupo significa enfrentar uma competição acirrada e perder oportunidades valiosas; não cometa esse erro no seu negócio.

Portanto, entenda que existem potenciais consumidores para o seu produto ou serviço em outros níveis de consciência, onde a concorrência não está atuando de forma tão presente, isso te oferece uma vantagem estratégica significativa. Ao direcionar esforços de marketing para esses consumidores menos abordados, você pode educá-los e guiá-los ao longo da jornada de compra, criando um relacionamento mais sólido e aumentando as chances de conversão.

NÍVEIS DE CONSCIÊNCIA DO CONSUMIDOR

INCONSCIÊNCIA
O potencial consumidor está tranquilo, não sabe que possui uma dor ou que pode vir a ter uma dor ou necessidade.

CONSCIÊNCIA
O potencial consumidor está incomodado, sabe que tem uma dor ou uma necessidade, mas não sabe como resolvê-la.

CONSCIÊNCIA DA SOLUÇÃO
O potencial consumidor está pesquisando soluções e ainda possui dúvidas e objeções a serem quebradas.

CONSCIÊNCIA DO PRODUTO
O potencial consumidor conhece o seu negócio, ainda está pesquisando outras opções e tem dúvidas e objeções a serem quebradas.

TOTAL CONSCIÊNCIA
O potencial consumidor está pronto para comprar e precisa agir para a finalização. Identifique o que está gerando inércia e dê o empurrão que o consumidor precisa para agir.

AVALIAÇÃO
O seu cliente agora se torna também o seu avaliador. Se a entrega foi alinhada ou superou suas expectativas, terá uma maior satisfação e uma avaliação positiva. Se a entrega foi desalinhada ou aquém das expectativas, terá menor satisfação e uma avaliação negativa.

COMO O INSTAGRAM OPERA

DESVENDANDO OS ALGORITMOS DO INSTAGRAM

SE VOCÊ QUER TER SUCESSO no Instagram, precisa entender mais sobre como essa máquina opera. Para isso, você precisa compreender o algoritmo do Instagram.

Como toda rede social, o Instagram é direcionado por um sistema tecnológico e por robôs. São eles que leem a sua postagem, analisam o comportamento dos usuários na plataforma e decidem quem irá ver cada postagem ou não. Esse conjunto de sistemas ou processos é chamado de algoritmos.

Por isso, é muito importante que você compreenda como o Instagram opera através de seus algoritmos para que você consiga otimizar suas ações dentro da plataforma e alcançar cada vez mais contas e usuários, aumentando a visibilidade do seu negócio e a captação de potenciais clientes.

Em maio de 2023, Adam Mosseri, diretor do Instagram na ocasião, compartilhou como funciona o alguns dos algoritmos do Instagram para ajudar as pessoas a maximizarem suas experiências e ajudar os criadores de conteúdo e as empresas a entender como seus materiais podem ser exibidos para mais pessoas[1].

---

[1] Fonte: *https://about.instagram.com/blog/announcements/instagram-ranking-explained*. Acesso em: setembro de 2024.

O diretor deixou claro que o Instagram não tem um algoritmo singular que supervisiona o que as pessoas veem ou não veem no aplicativo, e sim uma variedade de algoritmos, classificadores e processos, cada um com um propósito próprio.

Fato é que o Instagram quer que os usuários passem o máximo de tempo possível na plataforma. Para isso, ele precisa aproveitar ao máximo o tempo das pessoas e personalizar a experiência de cada uma para que a navegação se torne cada vez mais interessante. Tenha sempre isso em mente.

Dessa forma, Adam Mosseri explicou que cada parte do aplicativo — feed, Stories, Explorar, Reels e outros — usa o próprio algoritmo adaptado à forma como as pessoas navegam.

Se você observar o seu próprio comportamento no Instagram, poderá aprender muito sobre como os algoritmos da plataforma personalizam sua experiência. Por exemplo, tendemos a procurar nossos amigos mais próximos ou perfis de maior interesse nos Stories. Usamos a aba Explorar para descobrir novos conteúdos e criadores, enquanto os Reels são frequentemente utilizados para entretenimento ou aprendizado.

Com base na sua navegação, nas suas reações aos conteúdos — como curtidas, visualizações, favoritos e salvamentos — e nas contas que você segue, você fornece informações valiosas para os algoritmos do Instagram. Esses dados ajudam a plataforma a entender suas preferências e a personalizar ainda mais sua experiência, mostrando conteúdos que são mais relevantes e interessantes para você. Dessa forma, o Instagram torna-se uma ferramenta mais adaptada aos seus gostos e interesses, aumentando seu engajamento e satisfação com a plataforma, fazendo com que você passe ainda mais tempo navegando no aplicativo.

Tendo isso em mente, é essencial criar conteúdo interessante e relevante para o seu público-alvo. Quanto mais o público engajar com suas publicações — curtindo, comentando, compartilhando e salvando —, maior será a probabilidade de suas postagens aparecerem com frequência para eles. Dessa forma, usamos os algoritmos do Instagram a nosso favor.

Vamos agora entender melhor como funcionam os algoritmos do feed, dos Stories e dos Reels no Instagram, nossos principais canais de distribuição de conteúdo.

ALGORITMO DO FEED

No feed do Instagram, você verá uma mistura de conteúdos das contas que você segue, conteúdos recomendados de contas que o Instagram acha que você vai gostar e anúncios. Esses conteúdos podem ser vídeos, fotos ou carrosséis.

O algoritmo do Instagram organiza essas postagens com base em alguns fatores importantes:

→ Recência: postagens mais recentes geralmente aparecem primeiro no seu feed.

→ Interesses: o Instagram observa as contas e postagens com as quais você interage (curtidas, comentários, compartilhamentos) para entender o que você gosta.

→ Relacionamento: postagens de contas com as quais você interage frequentemente (como amigos próximos ou familiares) tendem a aparecer mais no seu feed.

Esses fatores ajudam o Instagram a prever quais conteúdos são mais relevantes para você. Segundo Adam Mosseri, o objetivo é personalizar a experiência, equilibrando o conteúdo de contas que você segue com o conteúdo de novas contas que o algoritmo acredita que possam ser do seu interesse.

Para isso, o Instagram presta atenção a todas as informações sobre o que foi postado, quem fez essas postagens e suas preferências. Ele coleta todos os sinais que você dá durante a sua navegação. Portanto, se a plataforma percebe que você prefere fotos, ela mostrará mais fotos.

Os sinais mais importantes no feed do Instagram, em ordem de importância, segundo a própria plataforma, são:

1. **Sua atividade:** postagens que você curtiu, compartilhou, salvou ou comentou ajudam o algoritmo a entender o que é do seu interesse.

2. **Informações sobre a publicação:** esses sinais referem-se à popularidade da postagem. O algoritmo analisa quantas pessoas curtiram e quão rápido as pessoas estão engajando — curtindo, comentando, compartilhando e salvando a postagem. Ele também considera informações sobre o conteúdo em si, como quando foi publicado e a localização, se disponível.

3. **Informações sobre quem postou:** o algoritmo avalia o quão interessante a pessoa pode ser para você e para outras pessoas, analisando sinais como quantas pessoas interagiram com aquela conta nas últimas semanas.

4. **Seu histórico de interação com alguém:** isso ajuda o algoritmo a entender o quão interessado você está em uma pessoa ou perfil em particular. Por exemplo, se vocês comentam ou não nas postagens uns dos outros.

Esses sinais permitem que o Instagram personalize o feed para mostrar o conteúdo mais relevante e interessante para cada usuário. Além disso, é importante ter em mente que o algoritmo do feed do Instagram se concentra em cinco interações principais: a probabilidade de você passar alguns segundos em uma publicação, comentar, curtir, compartilhar e tocar na foto do perfil. Quanto maior a chance de você realizar uma dessas ações em uma postagem, maior a probabilidade de esse conteúdo aparecer no seu feed.

O Instagram também evita mostrar muitas postagens da mesma pessoa em sequência e muitas postagens sugeridas consecutivamente para variar o conteúdo que você vê. Portanto, não adianta bombardear seus seguidores com várias postagens de uma vez só. O equilíbrio é importante.

Além disso, o Instagram tem diretrizes da comunidade para manter os usuários seguros. Se alguém postar algo que viole essas diretrizes, a postagem será removida. Se isso acontecer repetidamente, a pessoa pode perder o acesso a alguns recursos ou até ter a conta suspensa.

ALGORITMO DOS STORIES

Os Stories que aparecem para você no Instagram são de contas que você escolheu seguir, além de anúncios. Seguindo uma lógica semelhante ao Feed, o Instagram analisa diversos sinais para determinar quais Stories serão exibidos preferencialmente. Esses sinais incluem:

1. **Histórico de visualização:** o algoritmo analisa a frequência com que você visualiza os Stories de uma conta específica, ajudando a priorizar os Stories das contas que você mais se interessa.
2. **Histórico de engajamento:** o algoritmo considera com que frequência você interage com os Stories de uma conta, seja com curtidas ou com o envio de mensagens diretas (DMs).
3. **Proximidade:** o algoritmo avalia seu relacionamento com a conta, considerando a probabilidade de vocês estarem conectados como amigos, familiares ou pessoas importantes.

Com base nesses sinais, o Instagram faz previsões sobre quais Stories você achará mais relevantes e interessantes. Isso inclui a probabilidade de você tocar em um Story, responder a ele ou passar para o próximo. Essas previsões ajudam a determinar quais Stories aparecerão mais acima e com maior frequência na sua linha de timeline de Stories, garantindo que você veja o conteúdo que mais importa para você.

ALGORITMO DOS REELS

Os Reels foram projetados para ajudar os usuários a descobrirem coisas novas, com um forte enfoque no entretenimento. Semelhante à aba Explorar, a maioria dos Reels que você vê são de contas que você ainda não segue. O Instagram realiza um processo cuidadoso para selecionar os Reels que você pode gostar e que provavelmente achará interessantes.

As previsões mais importantes que o Instagram faz para determinar quais Reels mostrar incluem: a probabilidade de você compartilhar um Reel, assistir a um Reel até o final, curtir, e ir para a página de áudio daquele Reel.

Os sinais que a plataforma considera, em ordem de importância, são:

1. **Sua atividade:** o algoritmo observa quais Reels você curtiu, salvou, compartilhou novamente, comentou e interagiu recentemente.
2. **Histórico de interação com a pessoa que postou:** se você já interagiu com o criador anteriormente, isso aumenta a probabilidade de que o conteúdo seja relevante para você.
3. **Informações sobre o Reel:** o algoritmo analisa aspectos do conteúdo do vídeo, como o conteúdo em si, a trilha sonora, os recursos visuais e sua popularidade geral.
4. **Informações sobre a pessoa que postou:** sinais de popularidade, como o número de seguidores e o nível de engajamento, são considerados para ajudar a encontrar conteúdo atraente de uma ampla gama de criadores.

Reels que não seguem as diretrizes de recomendação do Instagram. Vídeos de baixa resolução ou com marca d'água, Reels que são silenciados, que são majoritariamente texto ou que já foram postados anteriormente no Instagram são menos visíveis. Nesse sentido, é importante prestar atenção a esses detalhes.

Dessa forma, a maneira como você utiliza o Instagram para o seu negócio influencia diretamente a forma como os seus seguidores reagem ao seu conteúdo, impactando o crescimento da sua conta e do seu empreendimento. Por isso, é crucial entender como funciona a distribuição do conteúdo para os seus seguidores em diferentes modalidades. Esse conhecimento permite que você alinhe suas estratégias para aumentar o alcance do conteúdo, atingir mais pessoas e fechar mais vendas.

Assim, compreender os algoritmos do Instagram revela a importância de se tornar relevante para os seus seguidores e público-alvo. Criar um relacionamento sólido com eles é fundamental, sempre incentivando o engajamento em suas postagens para que mais usuários vejam seus conteúdos. Afinal, a interação constante e o engajamento ativo são essenciais para que o algoritmo favoreça suas postagens, ampliando sua visibilidade na plataforma.

Nos próximos capítulos, vamos detalhar como você pode estimular esse engajamento, construir relacionamentos autênticos e utilizar estratégias eficazes para maximizar seu alcance no Instagram. Vamos explorar juntos as melhores práticas para transformar seguidores em clientes e impulsionar seu negócio na plataforma.

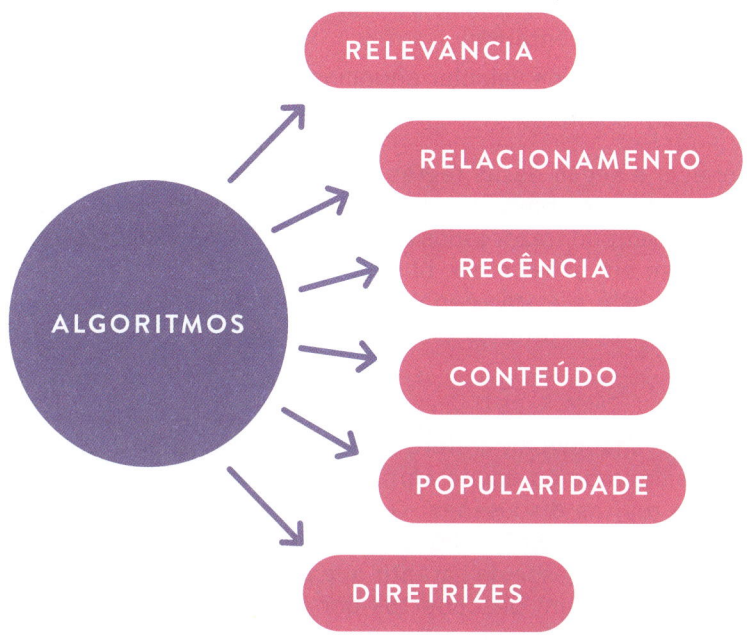

REGRAS E DIRETRIZES DO INSTAGRAM

CONHECER AS REGRAS DO JOGO é fundamental se você quer vencê-lo. No Instagram, isso não é diferente. Para maximizar seu sucesso na plataforma e evitar penalidades, bloqueios ou até mesmo a exclusão da sua conta, é crucial compreender e seguir as diretrizes estabelecidas.

O Instagram possui diretrizes específicas que regem quais conteúdos são recomendados aos usuários[2]. Essas diretrizes foram criadas para evitar a disseminação de conteúdos de baixa qualidade, questionáveis, de teor delicado ou que não cumpram a lei. Nesse sentido, a plataforma utiliza tecnologia avançada para detectar e evitar a recomendação de conteúdos que não atendam a essas regras.

---

[2] Fonte: *https://help.instagram.com/477434105621119/?helpref=hc_fnav*. Acesso em: setembro de 2024.

Além dos conteúdos em si, o Instagram também não recomenda perfis que:

→ Violaram recentemente as Diretrizes da Comunidade do Instagram.
→ Compartilham conteúdos não recomendáveis de maneira recorrente.
→ Usaram práticas enganosas para aumentar o número de seguidores, curtidas ou comentários.
→ Foram proibidas de veicular anúncios.
→ Praticaram spam.

Conhecer e seguir essas regras e diretrizes é essencial para garantir que sua presença na plataforma seja segura e eficaz. É claro que, neste livro, não faz sentido trazer todas as regras em detalhes. Portanto, se você tem interesse em saber mais, busque a central de ajuda do Instagram. Isso ajudará você a evitar penalidades e a impulsionar seu negócio e engajamento com segurança e integridade.

O TEMIDO "SHADOWBAN"

O termo "shadowban" refere-se à ideia de que uma conta ou seu conteúdo é limitado ou oculto sem uma explicação clara. Essa questão tem gerado muitas discussões. O Instagram esclarece que não é sua intenção ocultar ou limitar conteúdos de forma não transparente. A empresa tem o interesse de garantir que os criadores consigam alcançar seus públicos e serem descobertos por novas pessoas, promovendo o crescimento na plataforma.

Se houver um público interessado no que você compartilha, o Instagram trabalha para ajudá-lo a alcançar esse público de forma orgânica, sem a necessidade de pagar por anúncios. É um equívoco comum pensar que a plataforma suprime conteúdo para incentivar a compra de anúncios, e o Instagram já afirmou publicamente que isso não ocorre.[3]

Para aumentar a transparência e evitar confusões, o Instagram criou o recurso "Status da Conta". Esse recurso, acessível nas configurações do perfil, ajuda os usuários a entenderem por que seu conteúdo pode não estar sendo recomendado e permite que façam apelações caso acreditem que houve algum erro.

No "Status da Conta", você pode:

→ Verificar se algum conteúdo foi removido ou afetado por não cumprir as Diretrizes da Comunidade.

---

[3] Fonte: *https://about.instagram.com/blog/announcements/instagram-ranking-explained*. Acesso em: setembro de 2024.

→ Avaliar se seu conteúdo está qualificado para ser recomendado nas abas Explorar, Pesquisar, Usuários Sugeridos, Reels ou Recomendações de Perfil.

→ Identificar os recursos que você não pode usar, caso tenha sofrido alguma penalidade.

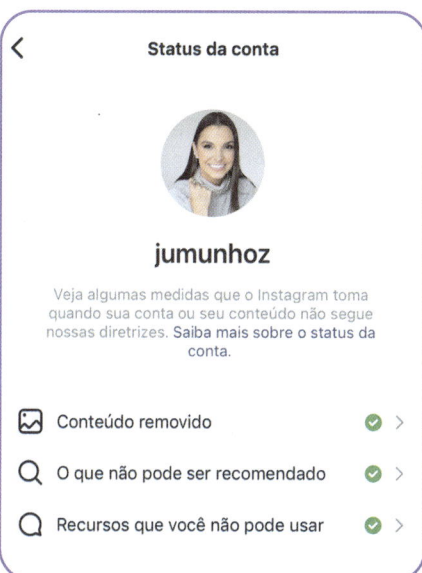

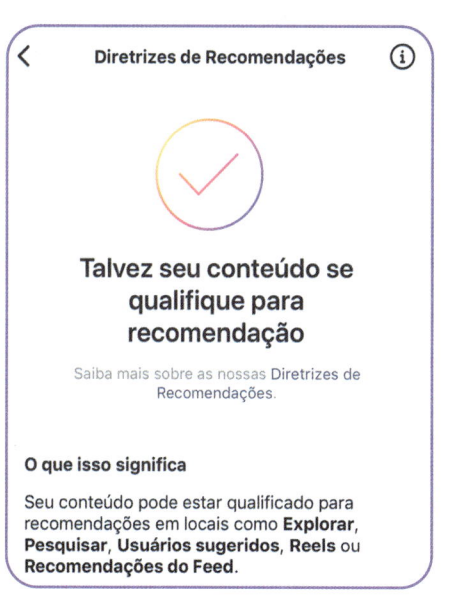

COMPORTAMENTO DOS USUÁRIOS NO INSTAGRAM

ENTENDER COMO OS USUÁRIOS se comportam dentro da plataforma é de extrema importância para que você consiga se alinhar às necessidades e reações deles. Conhecer esses comportamentos permitirá que você crie estratégias eficazes para engajar sua audiência e alcançar seus objetivos de negócio no Instagram.

Vivemos na era da informação, em que somos bombardeados diariamente por notícias, anúncios, informações, notificações e novidades a todo momento. No Instagram, não é diferente. Ao acessar sua conta, você se depara com uma enxurrada de postagens, Stories, mensagens e lives acontecendo simultaneamente, tornando impossível consumir todo o conteúdo disponível.

Esse é o mesmo cenário enfrentado pelos seus seguidores. Para conquistar espaço na mente deles, você precisa se destacar. Afinal, sem a atenção do seu seguidor e do seu consumidor, você não tem nada. Por isso, mais à frente neste livro, você aprenderá a causar impacto visual para chamar a atenção dos seus seguidores para o seu perfil e suas publicações. Afinal, você tem menos de três segundos para convencer um usuário a consumir o seu conteúdo.

O QUE LEVA UMA PESSOA A USAR O INSTAGRAM

Para criar estratégias eficazes, é preciso entender o que acontece quando seu cliente está navegando na plataforma. Além do excesso de informações, há outros fatores importantes a considerar.

Seu cliente não está navegando no Instagram com a intenção principal de fazer compras. Isso não significa que você não venderá dentro da plataforma, mas que precisa se comunicar na linguagem certa para se integrar à rotina dos seus seguidores. Geralmente, um usuário entra no Instagram buscando uma ou mais das seguintes experiências:

→ Consumir notícias.
→ Comunicar-se com amigos e familiares.
→ Entreter-se.
→ Acompanhar marcas, influenciadores e celebridades.
→ Aprender algo novo.

Em resumo, o usuário procura por experiência, entretenimento, valor e relacionamento. E é isso que você precisa oferecer à sua audiência.

Se você apenas postar produtos ou serviços, estará fora do jogo e será ignorado pelos seus seguidores.

PLATAFORMA VISUAL

Outro ponto importante é entender que o Instagram é uma ferramenta majoritariamente visual, composta por fotos, vídeos e textos. Portanto, não adianta postar fotos de baixa qualidade, sem cuidados, sem enquadramento ou postar vídeos com poluição sonora ou baixa resolução prejudicando a experiência do consumidor.

Isso não significa que você precise buscar a perfeição ou contratar profissionais para montar as suas publicações. Em vez disso, quero que você se dedique a cuidar dos detalhes que estão ao seu alcance. Com bom senso e observação, você pode produzir conteúdos de qualidade com os recursos que tem. Mais à frente trataremos sobre esse tema com detalhes.

SATISFAÇÃO IMEDIATA: A GERAÇÃO INSTAGRAM

Por fim, não se esqueça de que fazemos parte de uma sociedade impaciente e imediatista. Diante desse comportamento, você precisa ser eficiente na sua comunicação, no seu relacionamento e na sua venda.

Se um seguidor lhe enviar comentários, dúvidas, directs ou sinalizar interesse em compra, não adianta deixá-lo "cozinhando", pois a fila anda ou a vontade passa. Quando o cliente estiver pronto para comprar, esteja pronto para atendê-lo.

Além disso, pense nos detalhes que podem facilitar a vida do seu consumidor e seguidor. Por exemplo, colocar um link de WhatsApp no Instagram, em vez de apenas escrever o número na biografia do perfil. Pense em como é incômodo decorar um número para depois conseguir entrar em contato. Só aqui você perde metade dos potenciais clientes que não farão esse esforço, mas que você poderia conquistar com apenas um clique.

Diante deste cenário, passe a observar comportamentos, entendendo que estamos em uma geração imediatista e sem paciência e adapte suas estratégias para atender a essa demanda de rapidez e praticidade.

PROPOSTA DE EXERCÍCIO

Reserve dois dias para navegar conscientemente no Instagram, observando o que chama sua atenção, o que você não gosta de ver e os pontos favoráveis e desfavoráveis que você experimenta.

Durante esses dois dias, explore diferentes partes da plataforma: feed, Stories, Reels, Explorar e outros. Anote tudo que imediatamente chamar sua atenção, descrevendo o que capturou seu interesse, como imagens, cores, textos ou vídeos. Registre também os conteúdos que você não gostou de ver ou que causaram desconforto, detalhando os motivos, como qualidade das imagens, temas irrelevantes ou excesso de publicidade.

Essa análise permitirá que você veja o Instagram pelos olhos de seus seguidores, ajudando a identificar o que funciona e o que não funciona. Compreendendo melhor o que chama a atenção e o que desagrada os usuários, você poderá ajustar suas estratégias de conteúdo para tornar seu perfil mais atrativo e envolvente.

_____

_____

_____

_____

_____

_____

_____

_____

_____

_____

POSICIONAMENTO, NICHO E CLIENTE IDEAL

COMO VOCÊ QUER SER reconhecido pelos seus clientes? Quais palavras você gostaria que viessem à mente dos seus clientes quando ouvissem o seu nome ou o nome da sua marca?

Posicionamento é a maneira como uma empresa se diferencia na mente dos consumidores em relação aos seus concorrentes. É a percepção que os clientes têm sobre uma marca ou produto em comparação com outras opções disponíveis no mercado. Ter um posicionamento bem definido é crucial para atrair o público certo no Instagram, criar uma conexão sólida com a audiência, se diferenciar no meio de tantas contas e causar a percepção de valor adequada em relação à sua marca.

Antes de definir como você quer ser percebido, é essencial ter clareza sobre quem você é como marca. Isso envolve refletir sobre os valores internos do seu negócio, o nicho de mercado em que você atua e quem é o seu público-alvo.

A partir da definição desses três pilares podemos falar em identidade visual, configuração de conta, produção de conteúdo, estratégias de divulgação e estratégias subjacentes. Portanto, é muito importante ter tudo isso muito bem esclarecido.

VALORES INTERNOS

OS VALORES INTERNOS SÃO os princípios e crenças fundamentais que orientam a cultura e as decisões de uma empresa. Eles são essenciais para construir uma identidade forte e autêntica, ajudando a marca a se conectar emocionalmente com seu público-alvo. Exemplos de valores internos incluem acessibilidade, tradição, inovação, autenticidade, sustentabilidade, inclusão e diversidade, higiene, confiança, segurança, qualidade, empatia, compromisso com a saúde, confidencialidade, exclusividade, experiência e personalização.

Vamos analisar como uma brigaderia gourmet, que tem como valores higiene, felicidade, qualidade, inovação e sustentabilidade, poderia refletir esses valores no Instagram.

A brigaderia poderia escolher, por exemplo, a **cor** marrom-chocolate na identidade visual, representando o brigadeiro. Poderia usar um **tom de voz** feliz, comunicando alegria e entusiasmo, transmitindo a paixão pela produção dos brigadeiros e o prazer em levar essa felicidade aos clientes. A **biografia** poderia conter algo como "Brigadeiros artesanais com chocolate belga — Amor e sustentabilidade".

Para destacar a higiene, a brigaderia pode criar **postagens** e **Stories** mostrando o processo de produção dos brigadeiros, destacando os cuidados rigorosos com a higiene. Para enfatizar a qualidade, a brigaderia pode usar fotos e vídeos que mostrem os ingredientes de alta qualidade, como o chocolate belga, e explicar a diferença que esses ingredientes fazem no sabor e na textura dos brigadeiros.

No que diz respeito à inovação, pode criar uma **categoria** "Sabores Inovadores" e mostrar a variedade de sabores oferecidos, como brigadeiros de sabores exóticos ou edições limitadas. Para refletir o valor da sustentabilidade, a empresa pode gravar vídeos explicando as embalagens sustentáveis usadas pela brigaderia, destacando os materiais escolhidos e sua importância para o meio ambiente.

Agora, vamos analisar como um psicólogo, que tem como valores empatia, confidencialidade, inovação e compromisso com a saúde mental, poderia refletir esses valores no Instagram.

Ele poderia utilizar a cor azul-claro em sua identidade visual para criar uma atmosfera de confiança, que é importante na relação terapeuta-paciente. A **escrita** e o **tom de voz** poderiam refletir a empatia e acolhimento, mostrando compreensão e solidariedade com os seguidores. A **biografia** do Instagram poderia conter algo como "Psicólogo Clínico | Terapias modernas e alternativas | Juntos, para uma mente mais saudável".

Para destacar a confidencialidade, o psicólogo pode criar **conteúdos** que expliquem a importância do sigilo profissional na terapia. No que diz respeito à inovação, o psicólogo poderia mostrar as técnicas terapêuticas modernas que utiliza, criando uma **categoria** específica em seu Instagram. Para refletir o compromisso com a saúde mental, o psicólogo pode compartilhar dicas e estratégias para o bem-estar mental nas redes sociais. Pode fazer **lives** que abordem temas como ansiedade, depressão, autocuidado e resiliência.

Ter clareza sobre os valores da sua marca é fundamental para criar uma comunicação alinhada e autêntica. Isso permite que você construa um perfil e produza conteúdos que mostrem ao público quem é a sua marca e o que ela defende, construindo conexões emocionais fortes e duradouras com sua audiência.

PROPOSTA DE EXERCÍCIO

Escreva de três a quatro valores que você deseja transmitir para o seu público através do Instagram:

1. _____

_____

2. _____

_____

3. _____

_____

4. _____

_____

NICHO DE MERCADO

PARA ENTENDER O CONCEITO de nicho de mercado de forma clara, é útil começar pelo conceito mais amplo de mercado. O mercado refere-se a uma área de atuação ampla, como a área da saúde. Dentro desse mercado, podemos identificar segmentos mais específicos, como a nutrição. Ainda assim, isso permanece amplo. Se segmentarmos ainda mais, por exemplo, focando nutrição para atletas, chegamos ao conceito de nicho. Consegue visualizar melhor agora?

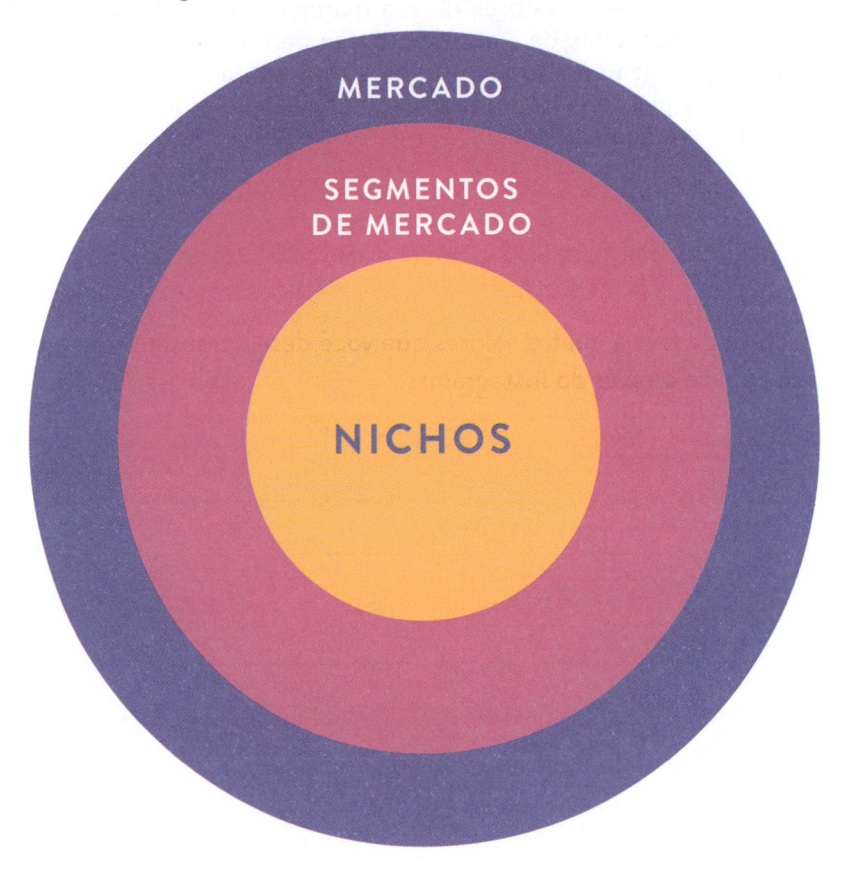

MERCADO

SEGMENTOS DE MERCADO

NICHOS

    Nicho de mercado é, portanto, um segmento específico e bem definido dentro de um mercado maior, composto de um grupo de consumidores que possuem características, desejos, dores e necessidades particulares e semelhantes. Diferente do mercado de massa, que atende a um público amplo e heterogêneo com produtos e serviços generalizados, o nicho de mercado foca em atender um público "menor", mas segmentado e específico.

Identificar e atuar em um nicho de mercado pode trazer diversas vantagens para uma empresa, como menor competição, maior visibilidade, maior lealdade dos clientes, possibilidade de cobrar preços premium e um marketing mais direcionado e eficaz. No entanto, para ser bem-sucedido em um nicho de mercado, é essencial compreender profundamente as particularidades e os desejos desse grupo específico de consumidores.

Muitas pessoas caem no erro de querer atrair todo tipo de público e seguidores, acreditando que assim venderão mais. Esse pensamento é incorreto e pode dificultar o crescimento de um perfil no Instagram e impactar negativamente as conversões de vendas. É melhor "ser um peixe grande em um lago pequeno do que ser um peixe pequeno em um lago grande".

Para que você consiga entender quem é o cliente ideal para o seu negócio, produzir postagens em seu perfil que gerem interação e vendas, e falar diretamente aquilo que o seu cliente precisa ouvir, é fundamental trabalhar com um público semelhante. Um público muito heterogêneo dificultará sua comunicação no Instagram, pois as postagens não serão compatíveis com todos. Uma hora você publicará algo interessante para um segmento e totalmente desinteressante para outro. Precisamos minimizar esse desencontro para que seu Instagram tenha interações e engajamento que impulsione o crescimento do seu perfil e gere vendas.

Além disso, atuar em um nicho permite que você desenvolva uma expertise e um conhecimento profundo sobre seu segmento, tornando-se uma referência naquele espaço. Isso não só aumenta a confiança do consumidor na sua marca, como também permite que você se destaque dos concorrentes.

Em resumo, definir e atuar em um nicho de mercado não é limitar suas possibilidades, mas sim focar seus esforços em um público específico que valoriza o que você oferece, criando uma comunicação mais eficaz e gerando melhores resultados para o seu negócio.

Exemplos de segmentação:

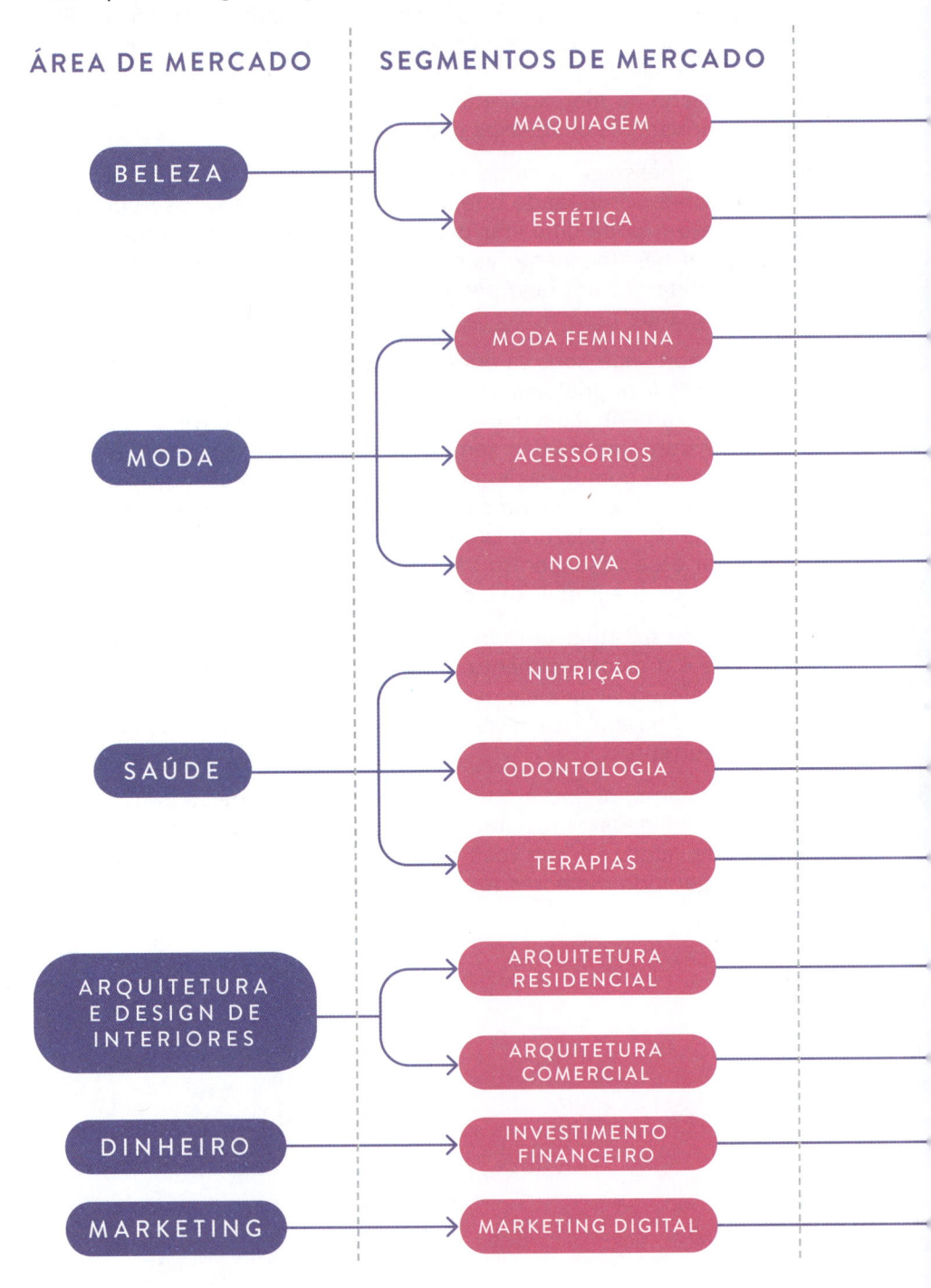

ÁREA DE MERCADO	SEGMENTOS DE MERCADO
BELEZA	MAQUIAGEM
	ESTÉTICA
MODA	MODA FEMININA
	ACESSÓRIOS
	NOIVA
SAÚDE	NUTRIÇÃO
	ODONTOLOGIA
	TERAPIAS
ARQUITETURA E DESIGN DE INTERIORES	ARQUITETURA RESIDENCIAL
	ARQUITETURA COMERCIAL
DINHEIRO	INVESTIMENTO FINANCEIRO
MARKETING	MARKETING DIGITAL

POSICIONAMENTO, NICHO E CLIENTE IDEAL

NICHOS

- MAQUIAGEM PARA PELE MADURA
- MAQUIAGEM PARA PELE NEGRA
- MAQUIAGEM ARTÍSTICA
- MAQUIAGEM PARA NOIVAS

- MICROPIGMENTAÇÃO
- MANICURE
- EXTENSÃO DE CÍLIOS

- MODA PLUS SIZE
- MODA TEEN
- ROUPAS CASUAIS
- MODA FITNESS
- VESTIDOS DE FESTA
- ROUPAS DE INVERNO
- ROUPAS DE TRICOT
- ALFAIATARIA

- BIJOUTERIAS
- SEMIJOIAS
- SEMIJOIAS EM PRATA
- JOIAS
- BOLSAS
- CINTOS

- VESTIDOS DE NOIVA
- ACESSÓRIOS PARA NOIVAS
- VESTIDOS PARA MADRINHAS

- NUTRICIONISTA PARA GESTANTES
- NUTRICIONISTA PARA CELÍACOS
- NUTRICIONISTA PARA ATLETAS

- ORTODONTIA
- ODONTOPEDIATRIA
- PERIODONTIA
- FACETAS COMPOSTAS

- PSICOTERAPIA PARA ADULTOS
- NEUROPSICOLOGIA
- PSICOTERAPIA COMPORTAMENTAL
- PSICANÁLISE
- PSICOTERAPIA FOCADA EM DEPRESSÃO
- PSICOTERAPIA FOCADA EM LUTO

- CASAS
- APARTAMENTOS PEQUENOS
- APARTAMENTOS ALUGADOS

- CONSULTÓRIOS ODONTOLÓGICOS
- RESTAURANTES
- SALAS DE ATENDIMENTO
- LOJAS

- CRIPTOMOEDAS
- RENDA VARIÁVEL
- AÇÕES ESTRANGEIRAS
- PERFIL CONSERVADOR

- COPYWRITER
- MÍDIAS SOCIAIS
- LANÇAMENTOS DE INFOPRODUTOS
- PRODUÇÃO DE CONTEÚDO

Vamos analisar juntos uma estratégia de segmentação!

No mercado da beleza, a maquiagem é um segmento muito popular e competitivo. Dentro desse segmento, existem diversos nichos específicos, como maquiagem para pele madura, maquiagem para pele negra, maquiagem artística, maquiagem para noivas, maquiagem para ensaios fotográficos, entre outros. Cada um desses nichos atende a necessidades e preferências específicas de diferentes grupos de consumidores.

Se uma maquiadora optar por não se especializar em um nicho e atuar como uma maquiadora generalista, ela estará se posicionando de forma mais ampla, oferecendo serviços de maquiagem para todos os tipos. Ao não se restringir a um nicho específico, pode atrair uma variedade maior de clientes potenciais, desde jovens até idosos, independentemente do tipo de pele ou ocasião. No entanto, atrair uma clientela variada não significa necessariamente atrair mais clientes.

Embora também possa explorar uma vasta gama de tópicos e produtos, mantendo o conteúdo diversificado, enfrentará maior competição, pois muitos perfis oferecem conteúdo similar. A audiência pode ser menos leal, pois o conteúdo é mais genérico e muitas vezes não estará alinhado às necessidades específicas de cada pessoa, levando a um posicionamento difuso. Dessa forma, pode ser mais difícil se destacar e ser lembrada, tornando a marca menos forte.

Além disso, criar campanhas de marketing eficazes para uma audiência diversificada pode ser mais desafiador para uma maquiadora generalista. As mensagens precisam ser mais genéricas para alcançar uma ampla variedade de clientes, o que pode resultar em menor engajamento, menor conversão e necessidade de mais investimento.

Por outro lado, quando se especializa em um nicho, a maquiadora atrai seguidores com interesses específicos, criando uma audiência mais fiel e facilitando a conversão de seguidores em clientes. Há menos perfis especializados, o que facilita o destaque em meio a outras contas, fortalecendo e tornando a marca mais reconhecível. O engajamento também aumenta, pois o conteúdo é altamente relevante para os seguidores. Focar em um nicho dentro do Instagram pode ser uma estratégia mais eficaz para construir uma marca forte e reconhecida, especialmente em uma plataforma onde a especificidade e a personalização são altamente valorizadas. Portanto, para uma maquiadora que deseja se destacar na plataforma, considerar a especialização em um nicho pode ser o caminho mais promissor para o sucesso a longo prazo.

Dito isso, conseguimos entender melhor a pirâmide da autoridade, que tem na base o posicionamento generalista e em seu topo o posicionamento como lenda em um mercado.

```
        LENDA
    AUTORIDADE
    CELEBRIDADE
      AUTORIDADE
       ESPECIALISTA
        GENERALISTA
```

Generalista é aquele que ainda não definiu um único posicionamento ou não restringiu sua especialidade. No Instagram, como já apontamos, isso pode ser desafiador, pois a falta de foco dificulta a produção de conteúdo direcionado e a definição de estratégias de crescimento. Marcas generalistas tendem a se perder no meio de tantas outras, sem se destacar ou agregar valor significativo. Exemplos incluem advogados que atendem a qualquer área do direito, nutricionistas que atendem de forma geral e coaches que atuam em todas as áreas.

Um especialista é aquele que estabeleceu um nicho específico para trabalhar. Por exemplo, um coach de relacionamentos, um advogado de família ou um nutricionista para celíacos. Ao se tornar um especialista, você pode falar diretamente com o cliente ideal, abordando suas dores, necessidades, dúvidas e objeções de forma precisa. Isso aumenta a percepção de valor que o consumidor tem em relação à sua marca.

A autoridade é um especialista que já construiu uma audiência e tem seu trabalho reconhecido na área de mercado. Com uma base sólida de seguidores e clientes satisfeitos, a autoridade aumenta seu poder de influência, a percepção de valor e a lucratividade do seu negócio. A figura de autoridade transmite segurança e credibilidade, elementos de grande valor no mercado.

Autoridade-celebridade é aquele que, além de ser autoridade, também se torna uma celebridade. Sua audiência é composta não só por seguidores, mas por fãs. O poder de influência é maior, e essas pessoas são frequentemente convidadas para eventos, palestras e outras oportunidades de negócios. Exemplos incluem influenciadores de grande alcance que ditam tendências e possuem uma forte presença na mídia.

Nomes como Michael Jordan, Tony Robbins e Pelé são lendas em seus mercados e em todo o mundo. Suas marcas pessoais têm um enorme poder de influência, criando tendências e ditando regras. Esses indivíduos possuem uma base de fãs enorme e uma presença indiscutível em suas áreas.

Quanto mais no topo da pirâmide de autoridade você se posiciona, mais caro você consegue cobrar, mais valor o consumidor vê em você, mais influente e persuasivo você se torna. Contudo, atingir esses níveis de reconhecimento e influência não acontece da noite para o dia. Isso exige tempo, uma estratégia de branding sólida, a criação de conteúdo relevante e valioso, construção de audiência, e o desenvolvimento de relacionamentos autênticos com os seguidores.

É necessário ser consistente, paciente e estratégico para construir uma presença forte e duradoura no Instagram. Ao investir nesses elementos, você pavimenta o caminho para subir na pirâmide da autoridade, alcançando o sucesso e a influência desejada em seu mercado de atuação.

PROPOSTA DE EXERCÍCIO

Escreva qual é o nicho que melhor define o seu negócio:

CLIENTE IDEAL

TENDO ESCLARECIDO MELHOR o que é nicho de mercado, precisamos agora falar sobre quem representa esse nicho: os clientes ideais, também conhecidos como avatares ou personas, termos que você pode ouvir em outros lugares.

Tenha em mente que esse cliente ideal será também o seu seguidor ideal no Instagram.

Definir o seu cliente ideal é essencial para que você consiga visualizar e entender melhor o seu público, alinhar a sua comunicação, produzir conteúdos que irão bombar em seu Instagram, e fazer anúncios com resultados muito mais assertivos. Com essa clareza, você irá atrair os clientes que realmente deseja e que são bons para o seu negócio.

→ **COMUNICAÇÃO EFICAZ**
Conhecendo seu cliente ideal, você pode falar diretamente com ele em uma linguagem que ele entenda e aprecia. Isso melhora a conexão e a interação com a audiência.

→ **CONTEÚDO RELEVANTE**
Compreender as dores, necessidades, desejos e interesses do seu cliente ideal permite criar conteúdos que realmente ressoam com ele. Isso aumenta o engajamento, compartilhamento e a fidelidade.

→ **SEGMENTAÇÃO PRECISA**
Em campanhas de anúncios, definir o cliente ideal permite segmentar seu público de forma mais precisa, aumentando a eficácia dos anúncios e reduzindo custos, ou seja, mais conversões com menos investimento.

→ **ESTRATÉGIA DE MARKETING DIRECIONADA**
Todo o seu marketing, desde o branding até as campanhas, pode ser mais direcionado e eficiente, garantindo que seus esforços estejam focados em atrair e converter o público certo.

→ **DESENVOLVIMENTO DE PRODUTOS E SERVIÇOS**
Conhecendo bem seu cliente ideal, você pode desenvolver produtos e serviços que atendam exatamente às necessidades dele, aumentando a satisfação e a retenção de clientes.

No seu negócio, pode ser que você tenha mais de um cliente ideal, e está tudo bem. No meu caso, eu tenho dois: o cliente que já usa o Instagram e deseja ter sucesso em seu negócio através da plataforma; e aquele que quer aprender comigo as estratégias para trabalhar gerenciando contas de terceiros.

Outro exemplo poderia ser uma empresa que vende aparelhos auditivos tanto para idosos quanto para crianças. Cada um desses grupos tem características, necessidades e expectativas específicas que precisam ser consideradas na comunicação e na estratégia de marketing.

Outro exemplo seria uma loja que trabalha com vestidos de festa. Esta loja pode ter diferentes tipos de clientes ideais, como madrinhas, mães de noiva, formandas e convidadas em geral. Cada grupo tem preferências e exigências distintas em relação ao estilo, corte e ocasião do vestido, o que exige uma abordagem de marketing personalizada para cada segmento.

Ter múltiplos clientes ideais exige um planejamento ainda mais detalhado, pois cada grupo tem necessidades e expectativas diferentes. É preciso trabalhar com muita estratégia para que não desequilibre o Instagram e para que você consiga atender adequadamente o seu público e criar a conexão necessária.

Para mapear quem é o seu cliente ideal, você precisa responder a algumas perguntas centrais com base em dados demográficos, comportamentais e psicográficos. Aqui estão as categorias e perguntas para ajudá-lo a definir seu cliente ideal. Pode ser que algumas perguntas não sejam relevantes para o seu negócio:

1. Qual é o gênero do seu cliente ideal?
2. Em qual faixa etária ele se encontra?
3. Onde mora? (cidade, estado, país)
4. Qual é a faixa de renda?
5. Qual é o nível de escolaridade?
6. Quais são as maiores dores e incômodos que ele enfrenta?
7. Que soluções ele busca?
8. Quais são as perguntas mais frequentes que ele faz?
9. Quais são suas objeções ao seu produto ou serviço?
10. Quais são seus desejos e aspirações?
11. Quais são seus sonhos e objetivos?

PROPOSTA DE EXERCÍCIO

Aproveite o espaço a seguir para responder cada uma das perguntas feitas anteriormente. Para isso:

→ Pense no tipo de cliente que você deseja atrair. Imagine o cliente ideal em detalhes. Visualize o perfil de uma pessoa que se beneficiaria enormemente do seu produto ou serviço.
→ Olhe para os concorrentes e veja quais características esses seus clientes compartilham. Analise os perfis de seguidores dos concorrentes no Instagram e em outras redes sociais.

Caso você já tenha uma conta comercial com movimento, você pode:

→ Utilizar enquetes no Instagram Stories para fazer perguntas diretas ao público.
→ Criar caixinhas de perguntas e respostas para entender melhor as necessidades e interesses dos seus seguidores.
→ Usar os insights do seu perfil comercial no Instagram para analisar dados demográficos dos seus seguidores, como idade, gênero e localização. Veja quais postagens têm mais engajamento e qual o perfil dos seguidores engajados.

ESTUDO DE CASO:
ANA E A JORNADA PARA UMA NUTRIÇÃO SUSTENTÁVEL

Dificuldade e incômodo: Ana é uma jovem profissional que deseja melhorar sua alimentação para ter mais energia e bem-estar no seu dia a dia. Ela já tentou várias dietas, mas nunca conseguiu seguir uma de forma consistente. Sente-se perdida com a quantidade de informações contraditórias sobre nutrição.

Frustração e dor: Ana sente que todas as dietas que tentou eram muito restritivas e não levavam em conta suas preferências alimentares. Quando tenta seguir um plano alimentar, logo desanima e abandona, sentindo-se culpada por não conseguir manter uma alimentação saudável. Ana já se frustrou com um nutricionista anterior que lhe passou uma dieta com produtos caros e exóticos, inviável para sua realidade financeira e rotina. Essa experiência negativa a fez perder a confiança em profissionais de nutrição.

Medo, dores e objeções: Ana usa o Instagram para seguir nutricionistas e influencers de saúde. Ela teme investir em consultas nutricionais e não obter resultados ou receber orientações que não se encaixam em sua rotina. Ana também se preocupa com a falta de flexibilidade nas dietas propostas e tem medo de que o processo seja caro e complicado.

Solução e transformação: conhecendo as dificuldades e frustrações de Ana, um nutricionista pode criar conteúdos no Instagram que desmistifiquem a nutrição, oferecendo dicas práticas e acessíveis para incorporar hábitos alimentares saudáveis no dia a dia.

Postagens com receitas rápidas, usando ingredientes simples e acessíveis, mostrariam para Ana que uma alimentação saudável não está ligada a produtos caros ou a um processo complexo.

Depoimentos de clientes que tinham as mesmas objeções e questionamentos de Ana ajudariam a criar confiança e entusiasmo. O nutricionista pode também compartilhar histórias de sucesso, mostrando como outras pessoas superaram suas dificuldades e alcançaram seus objetivos de saúde com uma abordagem personalizada.

Além disso, conteúdos que abordem a flexibilidade na alimentação, mostrando como é possível manter uma dieta equilibrada sem abrir mão das comidas favoritas, podem ser extremamente eficazes. Isso inclui posts e vídeos sobre a importância de adaptar as dietas às preferências e necessidades individuais, enfatizando que a personalização é um pilar fundamental na abordagem nutricional.

Para abordar a questão da acessibilidade, o nutricionista pode compartilhar sugestões de substituições acessíveis e práticas, destacando que é possível seguir uma dieta equilibrada sem gastar muito. Dicas sobre onde encontrar ingredientes saudáveis a preços acessíveis e como planejar refeições econômicas também podem ser úteis.

Por fim, conteúdos que expliquem de forma clara e educativa como uma alimentação saudável pode ser simples e prazerosa ajudarão Ana a superar suas objeções e medos, transformando sua visão sobre a nutrição e motivando-a a seguir um caminho mais saudável com confiança e entusiasmo.

É crucial conhecer profundamente o cliente ideal. Compreender suas necessidades, desejos e objeções permite criar conteúdos altamente direcionados e relevantes, que atendem às suas expectativas e geram um impacto significativo. Quando os conteúdos são alinhados com as necessidades do público, eles não apenas informam, mas também inspiram e emocionam, construindo uma relação de confiança.

Por exemplo, ao criar conteúdos específicos para Ana, abordando suas dificuldades e fornecendo soluções práticas, o nutricionista não apenas ajuda Ana a melhorar sua alimentação, mas também estabelece uma conexão emocional. Ana começará a ver esse nutricionista como uma referência confiável, alguém que compreende suas dores e oferece soluções reais e aplicáveis. Isso diferencia o nutricionista de todos os outros no mercado, tornando-o único aos olhos de Ana. A confiança e a lealdade que se desenvolvem a partir dessa conexão são inestimáveis e fazem com que o cliente escolha e recomende o profissional continuamente.

ESTUDO DE CASO:
MARIA E O VESTIDO DE NOIVA PERFEITO PARA A PRAIA

Dados demográficos, dores, medos e necessidades: Maria, uma mulher de 28 anos que mora em São Paulo, Brasil, com renda média e ensino superior completo, está prestes a se casar. Como muitas noivas, ela enfrenta dificuldades para encontrar o vestido perfeito. Maria se sente sobrecarregada com as inúmeras opções disponíveis e está preocupada em encontrar um vestido que realmente reflita sua personalidade e estilo. Além disso, ela precisa de um vestido ideal para um casamento na praia, o que aumenta suas preocupações com relação à leveza, conforto e adequação ao ambiente. Ela também teme que o vestido não se ajuste perfeitamente ao seu corpo, comprometendo seu grande dia.

Medos e objeções: Maria tem medo de gastar uma quantia significativa em um vestido e não ficar satisfeita com o resultado. Ela também tem dúvidas sobre a qualidade dos materiais e o acabamento dos vestidos que vê online. Outra objeção é a preocupação com o atendimento pós-venda, caso o vestido precise de ajustes. Especificamente, Maria teme que o vestido não seja adequado para o clima e o cenário da praia, ou que ele não mantenha a elegância necessária para a ocasião.

Sonhos e desejos: sonhando em encontrar o vestido perfeito que a faça se sentir confiante e deslumbrante no dia do seu casamento na praia, Maria deseja um vestido que combine elegância, qualidade e um toque de modernidade, além de ser leve e confortável para o ambiente praiano. Além disso, ela quer um atendimento personalizado que a faça se sentir especial durante todo o processo de escolha do vestido.

Solução e transformação: conhecendo as dificuldades e frustrações de Maria, uma loja de vestidos de noiva pode criar conteúdos no Instagram que abordem esses pontos específicos. Postagens com dicas sobre como escolher o vestido ideal para um casamento na praia, considerando o tipo de corpo e estilo pessoal, podem ajudar a reduzir a ansiedade de Maria. Vídeos mostrando os bastidores da produção dos vestidos, destacando a qualidade dos materiais e o cuidado com os detalhes, também são fundamentais para construir confiança.

Depoimentos de outras noivas que tiveram casamentos na praia e ficaram satisfeitas com a compra podem ajudar a resolver as objeções de Maria. Além disso, a loja pode compartilhar conteúdos que mostrem a importância do atendimento personalizado, com histórias de clientes que receberam ajustes e acompanhamento pós-venda impecáveis. A loja pode ainda oferecer dicas sobre acessórios ideais para um casamento na praia sem cobrar nada a mais por isso, criando um diferencial de atendimento e agregando valor à experiência da noiva.

Com esses conteúdos direcionados, Maria se sentirá mais segura e confiante para fazer sua escolha. Essa confiança pode levar não só à conversão de Maria em cliente, mas também a recomendações para outras noivas em sua rede de contatos, ampliando o alcance e a reputação da loja.

Portanto, conhecer o cliente ideal é a base para construir uma estratégia de conteúdo eficaz, que não só atrai, mas também retém e converte seguidores em clientes fiéis.

IDENTIDADE VISUAL

APÓS DEFINIR SEUS VALORES INTERNOS, nicho e cliente ideal, é essencial refletir esses elementos na sua identidade visual, que é um componente crucial na construção do seu posicionamento.

A identidade visual é o conjunto de elementos gráficos que representam visualmente a sua marca, como cores, tipografia, logotipo e design. Ela deve comunicar os valores e a personalidade da sua marca, criando uma conexão imediata e memorável com o público.

Uma identidade visual bem definida não apenas diferencia a sua marca em um mercado saturado, mas também constrói confiança, conexão e transmite segurança para o seu cliente. Uma identidade visual forte projeta profissionalismo e elimina qualquer percepção de amadorismo. Além disso, ter uma identidade visual clara e consistente facilita significativamente o processo de criação de postagens, pois você já tem um padrão visual estabelecido a ser seguido. Isso não só economiza tempo e esforço, como também garante que todas as suas comunicações visuais sejam coesas e alinhadas com a imagem da sua marca, reforçando continuamente a sua presença e impacto no Instagram.

Aqui, quero te ajudar na reflexão sobre as cores e sua psicologia, assim como o uso de fontes. As cores têm um impacto psicológico poderoso e podem evocar emoções e associações específicas. Escolher as cores certas para a sua marca é fundamental para refletir os valores e a personalidade que você deseja transmitir. Por exemplo, tons de azul transmitem confiança e tranquilidade, enquanto cores vibrantes como o vermelho podem evocar paixão e energia.

A escolha da tipografia também desempenha um papel crucial na identidade visual. A tipografia deve complementar a personalidade da sua marca e ser legível em diferentes tamanhos e formatos. Tipografias elegantes e modernas podem transmitir sofisticação e inovação, enquanto tipografias mais simples e limpas podem reforçar a clareza e o minimalismo.

Para um psicólogo, por exemplo, tipografias limpas e simples ajudam a criar uma sensação de clareza e confiança, essencial para transmitir uma mensagem de apoio e compreensão. Cores como azul-claro ou verde podem complementar essa mensagem, criando uma atmosfera de calma, tranquilidade, saúde e confiança.

CORES E EMOÇÕES

Eva Heller, em seu livro *A Psicologia das Cores*, apresenta uma análise detalhada de como as cores influenciam nossas emoções e decisões racionais. Heller conduziu uma pesquisa abrangente com 2.000 pessoas de diferentes profissões na Alemanha, explorando suas preferências e aversões em relação a cores específicas, bem como os impactos emocionais que cada cor pode gerar. Se deseja entender mais sobre o poder das cores, a leitura dessa obra é valiosa.

Aproveitando os conhecimentos da autora e estudos de outros especialistas[4], fiz um compilado de significados ligados a determinadas cores para que você faça uma reflexão sobre a sua identidade visual e a mensagem que você quer transmitir:

- **Azul:** tranquilidade, calma, estabilidade, confiança, segurança, tecnologia, limpeza, paz, espiritualidade, frio, inteligência, ciência.
- **Vermelho:** amor, desejo, paixão, excitação, força, poder, calor, perigo, fogo, energia, fúria, sexualidade, erotismo, proibido.
- **Amarelo:** otimismo, recreação, verão, alegria, atenção, sinalização, lúdico, jovialidade, luz, doença, imaginação, relaxamento, inteligência, sabedoria, acidez.
- **Verde:** calma, esperança, saúde, meio ambiente, natureza, cura, sorte, fertilidade, frescor, primavera, confiança, juventude, tranquilidade, segurança, prosperidade.
- **Preto:** elegância, poder, luxo, luto, violência, mistério, sofisticação, tristeza, magia, conservadorismo.
- **Branco:** inocência, espiritualidade, pureza, simplicidade, limpeza, inverno, paz, honestidade, leveza, status.
- **Laranja:** recreação, energia, vibração, exótico, sociabilidade, perigo, outono, transformação.
- **Violeta:** teologia, magia, mistério, vaidade, singularidade, extravagância, fantasia, originalidade, realeza, nobreza.
- **Rosa:** inocência, doçura, delicadeza, sensibilidade, sentimentalismo, charme, infância, suavidade, feminilidade, romantismo.
- **Marrom:** terra, conforto, simplicidade, aconchego, amargor, monotonia, falta de refinamento, estabilidade.
- **Cinza:** introversão, neutralidade, velhice, humildade, menos elaborado, conservadorismo, responsabilidade, tecnologia, formalidade, solidez.

---

4 Fonte: https://nofilmschool.com/color-psychology-in-film. Acesso em: setembro de 2024.

- **Dourado:** ouro, riqueza, prosperidade, fama, luxo, sorte, felicidade, orgulho, extravagância, pompa, beleza, ostentação.
- **Prata:** velocidade, dinamismo, tecnologia, elegância, riqueza, pompa, lua, frieza, intelectualidade, modernidade.

É preciso ter em mente que a percepção de cores é subjetiva e pode variar amplamente entre diferentes culturas e contextos. A combinação entre cores também altera significativamente a percepção. Por exemplo, o cinza combinado com azul pode transmitir modernidade e tecnologia, enquanto cinza com marrom pode parecer mais tradicional e conservador.

Segundo Eva Heller, o azul combinado com verde e vermelho causa uma impressão de simpatia e harmonia; com violeta, uma impressão de fantasia; e com preto, uma impressão de masculinidade e grandeza. Da mesma forma, Heller aponta que o vermelho, associado ao amor, unido ao cor-de-rosa, transmite inocência, enquanto com o violeta, tem um efeito sedutor. Junto com o preto, o vermelho adquire um significado de agressividade e brutalidade.

O amarelo, quando combinado ao laranja e ao vermelho, transmite um caráter lúdico; ao ser combinado com cinza e preto, atua de forma mais negativa, como no acorde da inveja e do ciúme. O verde é tranquilizador ao lado do azul e do branco e transmite esperança quando combinado ao azul e ao amarelo. O verde passa um efeito salutar ao lado do vermelho e traz um efeito venenoso ao lado do violeta.

O branco, quando combinado com dourado e azul, transmite idealismo e verdade; ao lado do cinza, azul, prateado e preto, transmite objetividade; e ao lado do cor-de-rosa, transmite delicadeza. O preto, por sua vez, pode transmitir rispidez junto ao cinza; elegância junto ao prata e branco; e poder quando combinado com dourado e vermelho.

São inúmeras as possíveis combinações de cores e seus significados. Assim, ao escolher as cores para sua identidade visual, considere não apenas o significado individual de cada cor, mas também como elas interagem entre si e o impacto que a combinação terá sobre a imagem e a mensagem da sua marca.

TIPOGRAFIA: A ARTE DAS LETRAS

Tipografia refere-se ao estudo, criação e aplicação de caracteres, estilos, formatos e à disposição visual das palavras. Ela desempenha um papel crucial no design gráfico e na comunicação visual, influenciando a maneira como as mensagens são percebidas e compreendidas pelo público.

A tipografia é especialmente importante no Instagram, onde a apresentação visual é imprescindível. A escolha correta da tipografia pode ajudar a transmitir a mensagem de forma eficaz e reforçar a identidade da marca. Para isso, é essencial entender quem é o seu cliente ideal. A tipografia deve refletir tanto a identidade da sua marca quanto às expectativas do público-alvo. Por exemplo, uma tipografia infantil não seria apropriada para um público mais maduro, assim como uma tipografia muito séria não transmitiria a extroversão e alegria que você pode querer associar ao seu negócio. Conhecer as preferências e características do público-alvo é fundamental para selecionar fontes que ressoem com eles e representem sua marca de maneira eficaz.

Uma excelente ferramenta para explorar e selecionar fontes é o Google Fonts. Ele oferece uma vasta biblioteca de fontes gratuitas que podem ser facilmente implementadas no seu design. Além disso, você pode visualizar combinações de fontes que funcionam bem juntas, facilitando a escolha da melhor opção para sua marca.

Outro recurso muito bom é o Canva. A plataforma oferece uma ampla variedade de fontes e permite que você visualize diferentes combinações de forma prática e intuitiva. Além disso, o Canva proporciona inspiração e modelos prontos, facilitando a criação de conteúdos visualmente atraentes e coesos para o seu Instagram. Usar o Canva pode ser uma ótima maneira de descobrir uma combinação que funcione para a sua marca.

CONSIDERAÇÕES DE TIPOGRAFIA

→ **Tamanho da fonte:** o tamanho da fonte é crucial para garantir a legibilidade, especialmente em dispositivos móveis. Considere seu cliente ideal ao definir o tamanho da fonte. Por exemplo, se seu público é composto por pessoas acima de 50 anos, escolha um tamanho maior para facilitar a leitura. Independentemente da faixa etária, sempre considere que os posts no Instagram são visualizados principalmente em smartphones, onde fontes pequenas podem se tornar ilegíveis.

→ **Combinação de fontes:** combinar fontes pode criar contraste e hierarquia visual, facilitando a leitura e destacando informações importantes. No entanto, evite usar muitas variações, pois isso pode poluir visualmente o material e distrair o leitor. Manter a consistência nas fontes utilizadas em seus posts ajudará a criar um design harmonioso e a construir uma identidade visual para sua marca.

→ **Contraste e legibilidade:** pense sempre na experiência do seu seguidor. Tenha a legibilidade como prioridade ao escolher a tipografia. As fontes devem ser fáceis de ler, ainda que em tamanhos menores. Evite fontes muito elaboradas e decorativas no texto; deixe-as para títulos ou destaques. Tenha atenção ao contraste entre o texto e o fundo. Não use combinações que dificultem a leitura, como um texto claro em um fundo claro ou um texto escuro em um fundo escuro.

→ **Hierarquia de design:** estabeleça a hierarquia em seu design, utilizando tamanhos diferentes de fonte para títulos, subtítulos e corpo do texto. Isso guia o seguidor e leitor e destaca as informações mais importantes.

Teste diferentes fontes e combinações para visualizar qual é a melhor para o seu negócio e para o seu público. Mas não se esqueça de que a tipografia deve refletir o estilo e os valores da sua marca. Por exemplo, uma marca de tecnologia pode optar por fontes mais modernas e limpas, enquanto uma marca de produtos artesanais pode preferir fontes mais rústicas ou manuscritas. Veja o que mais faz sentido para o seu negócio.

Por fim, se você está disposto a investir, considere contratar um designer profissional para desenvolver uma identidade visual personalizada para a sua marca no Instagram. Um designer pode criar uma combinação harmoniosa de cores, tipografias e modelos de postagens, garantindo que todos os elementos visuais estejam perfeitamente alinhados com a mensagem e os valores que você deseja comunicar ao seu público. Isso ajudará a criar um perfil mais atraente e coerente, fortalecendo a presença da sua marca na plataforma.

TÍTULO - LEAGUE SPARTAN
texto texto texto texto texto - Fonte Roboto

Título - League Spartan
texto - Fonte Sanches

TÍTULO - MONTSERRAT
texto texto texto - Fonte Open Sans

Fonte: Dancing Script
TÍTULO - PT SERIF
FONTE LATO

IDENTIDADE VISUAL

O ROSTO POR TRÁS DO SEU PERFIL

NO MUNDO DIGITAL DE HOJE, especialmente no Instagram, humanizar a marca é essencial. Ter um rosto para os seguidores se conectarem cria uma ponte de confiança e autenticidade entre a marca e o público. Mostrar o rosto por trás da marca, compartilhar histórias pessoais, emoções e bastidores não envolve ser perfeito; pelo contrário, envolve ser genuíno, vulnerável e acessível.

Se você é um prestador de serviço, não tem nem o que falar: você precisa aparecer para criar sua marca pessoal e sua autoridade. A confiança no seu trabalho está diretamente ligada à sua presença e à forma como você se comunica com seu público. Compartilhar conhecimento, experiências e até mesmo vulnerabilidades ajuda a construir uma imagem autêntica e confiável.

Se você é lojista e trabalha com a venda de produtos, também é fundamental ter um representante da marca presente no perfil. Contar histórias, criar emoções, produzir conteúdos humanizados e trazer inspiração melhora a percepção da qualidade dos produtos e ainda fortalece a lealdade dos clientes. A presença de um rosto humano associado à marca ajuda a criar uma conexão emocional com o público, tornando a marca mais acessível e humanizada.

Caso você seja lojista e não queira ser o rosto central em seu perfil, o que não seria o cenário ideal, você ainda tem boas estratégias para trazer uma humanização para o seu perfil. Você pode utilizar vários rostos, afinal, não tem problema ter mais de uma pessoa aparecendo, desde que isso seja feito de forma estratégica e alinhada com os seus objetivos. O perigo seria apostar todas as fichas em uma única pessoa que possa não fazer mais parte da equipe no futuro. Por exemplo, imagine uma loja de sapatos que coloca uma única funcionária como responsável por aparecer no Instagram e produzir conteúdos. Se ela sair, a loja pode ficar em uma posição vulnerável, pois os seguidores já associaram a marca àquela imagem específica. O ideal seria que a dona da loja aparecesse ou que um conjunto de funcionárias aparecesse de maneira equilibrada e estratégica.

Possível estratégia:

- **Proprietária da loja**: a proprietária pode aparecer regularmente para falar sobre a história da loja, novos produtos e promoções, além de apresentar toda a equipe. Isso fortalece a autoridade e cria uma conexão pessoal com os seguidores.
- **Funcionárias**: diferentes funcionárias podem aparecer em vídeos de bastidores, demonstrando produtos ou interagindo com os clientes. Isso cria uma sensação de equipe e de comunidade.
- **Clientes satisfeitos**: mostrar depoimentos de clientes satisfeitos também é uma excelente estratégia. Além de humanizar a marca, isso gera prova social.

Enfim, é importante lembrar que você está usando o Instagram para crescer o seu negócio, e essa é uma plataforma social, de relacionamento, na qual as pessoas procuram por conexões humanas. Não é um canal de vendas diretas, uma loja virtual, ou um portal de anúncios. É preciso se relacionar e aparecer. Portanto, é crucial decidir quem vai se posicionar na página e quem vai aparecer nos conteúdos. Mostrar o rosto por trás da marca refletirá no crescimento da sua página, na construção da sua autoridade, na diferenciação no mercado, na criação de conexões e engajamento, e nas vendas.

Não tem como você, dono do seu negócio, querer se isentar do marketing e do perfil do Instagram da empresa. Afinal, ninguém conhece os bastidores, a história da marca, a qualidade dos produtos e serviços, as dificuldades dos clientes, as maiores objeções e a história de criação melhor do que você. Tudo isso é essencial para que o perfil conquiste atenção, emoção e interesse, elementos fundamentais para que as vendas ocorram. Tenha isso em mente: a sua participação ativa é necessária e refletirá em todo o processo de crescimento do seu negócio.

PROPOSTA DE EXERCÍCIO

Para ajudar a definir a presença humana no seu perfil do Instagram, reflita e responda às seguintes perguntas:

Quem será a principal cara da sua marca? Será você? Outra pessoa? Uma combinação de pessoas?

_____
_____
_____
_____
_____
_____

Quem aparecerá no perfil do seu Instagram? Será uma pessoa? Mais de uma pessoa? Quem exatamente?

_____
_____
_____
_____
_____
_____

Lembre-se: a ideia é ser estratégico e escolher uma abordagem que ressoe com os seus seguidores e que você possa sustentar de forma consistente. Caso opte por ser a única pessoa a aparecer, isso pode ajudar a construir uma marca pessoal forte e uma conexão direta com a audiência. Se escolher ter mais de uma pessoa, certifique-se de que todos estejam alinhados com os valores e a mensagem da marca, mantendo a consistência e a coerência nas comunicações.

NÃO SE ESQUEÇA: TUDO COMUNICA!

NO INSTAGRAM, CADA AÇÃO ou omissão da marca transmite uma mensagem ao público. Desde um repost nos Stories até a escolha de uma parceria, todas essas ações constroem a imagem da sua marca na mente dos consumidores. É crucial que todas as suas comunicações e ações sejam coerentes e intencionais, refletindo de forma precisa os valores e a essência que você deseja transmitir. O seu tom de voz, a maneira como você aparece nos vídeos, o vestuário, a organização do feed, a qualidade do conteúdo, a capa dos vídeos — tudo impacta a percepção do público.

Temos o potencial de controlar aquilo que desejamos transmitir para a nossa audiência. Se você entrar em um perfil desorganizado, com uma biografia confusa, fotos e vídeos de baixa qualidade e um feed sem identidade visual consistente, provavelmente terá uma percepção negativa dessa marca e não confiará na qualidade dos produtos ou serviços oferecidos. Por outro lado, se você entrar em um perfil bem organizado, com uma biografia clara, um feed coerente com conteúdos valiosos e uma identidade visual bem definida, verá essa marca como profissional, confiável e digna de sua atenção e investimento.

Portanto, preste atenção nos detalhes. Até o tom de voz impacta a percepção — seja ele mais formal, descontraído, acolhedor ou extrovertido. Cada nuance comunica algo ao seu público. Planeje cada aspecto da sua presença no Instagram de forma intencional e coesa, garantindo que sua comunicação seja sempre clara e alinhada aos valores e objetivos da sua marca.

CONFIGURAÇÃO DA CONTA

AGORA QUE ENTENDEMOS A IMPORTÂNCIA do posicionamento, da identidade visual e da humanização da marca, é hora de colocar a mão na massa de verdade. Vamos entrar nos detalhes práticos da configuração da sua conta no Instagram. Desde a escolha do nome de usuário até a criação de uma biografia impactante, cada passo é crucial para garantir que seu perfil esteja otimizado e preparado para atrair e engajar seguidores. Uma configuração de conta adequada não só facilita a navegação dos seus seguidores, mas também reforça a credibilidade da marca, aumentando a confiança e o interesse do público.

Além de tudo, a forma como você configura seu perfil serve também como um filtro de seleção de seguidores. Precisamos atrair o público certo e repelir aqueles que não têm interesse no que você tem para oferecer. Isso faz muita diferença, pois garante que seus esforços de marketing sejam direcionados para um público realmente interessado e engajado.

Ao longo dos últimos anos, em minhas consultorias e milhares de análises de perfis, constatei que muitas contas não possuíam um posicionamento claro ou negligenciavam detalhes importantes. Quando esses ajustes foram feitos, os resultados foram surpreendentes.

Preparado? Vamos começar a transformar o seu perfil!

SUA CONTA DEVE SER PROFISSIONAL

HOJE O INSTAGRAM OFERECE duas principais configurações de conta: pessoal e profissional, sendo que a conta profissional se subdivide em conta de empresa e conta de produtor de conteúdo.

A conta pessoal deve ser utilizada por aqueles que não usam o Instagram de forma profissional. Como o nosso foco é no uso profissional, vamos explorar as vantagens das contas profissionais.

A conta comercial é ideal para empresas que vendem produtos ou serviços e desejam crescer e alcançar mais clientes. Já a conta de produtor de conteúdo é direcionada para influenciadores digitais, artistas, celebridades e outros criadores de conteúdo.

Ao configurar uma conta profissional no Instagram, você terá acesso a uma série de recursos que não estão disponíveis para contas pessoais e que fazem uma enorme diferença para suas estratégias na plataforma. Entre esses recursos, destacam-se:

1. **Painel Profissional**: através do painel, você consegue ver os insights do seu Instagram, fornecendo uma visão detalhada sobre seu desempenho, como:

    → **Dados de crescimento**: você pode visualizar o número de contas que começaram a seguir você e o número de contas que deixaram de seguir você em um período selecionado.

    → **Dados demográficos**: você pode ver a distribuição de idade dos seus seguidores (faixa etária), a distribuição de gênero e as principais localizações (países e cidades) onde seus seguidores estão concentrados. Além disso, você consegue visualizar os horários nos quais seus seguidores costumam usar o Instagram, tanto em termos de dias quanto de horas.

    Essas informações são importantes para você entender melhor o seu público no Instagram e verificar se está alinhado com o público-alvo do seu negócio. Com esses dados, você pode adaptar suas estratégias de conteúdo para atender melhor às necessidades e preferências de seus seguidores, garantindo que suas postagens sejam publicadas nos horários de maior atividade e que a mensagem esteja ressoando com as pessoas certas. Se os dados demográficos não estiverem alinhados com o público-alvo desejado, você poderá ajustar suas abordagens para atrair o público correto.

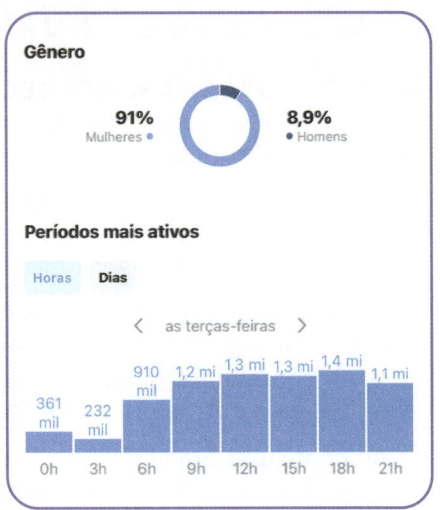

Faixa etária			Gênero	
Tudo Homens Mulheres			91% Mulheres	8,9% Homens
13 a 17		0,6%		
18 a 24		10%	**Períodos mais ativos**	
25 a 34		38,8%	Horas Dias	
35 a 44		29,8%	‹ as terças-feiras ›	
45 a 54		13,6%	361 mil 232 mil 910 mil 1,2 mi 1,3 mi 1,3 mi 1,4 mi 1,1 mi	
55 a 64		5%	0h 3h 6h 9h 12h 15h 18h 21h	
65+		1,9%		

→ **Alcance de conteúdo**: você poderá ver quantas contas você alcançou em um período específico através dos seus conteúdos, mostrando especificamente contas que já te seguem e foram alcançadas, além de contas de não seguidores. Isso é importante para você entender quais conteúdos tiveram uma distribuição maior ou menor, para que você ajuste a linha editorial de forma favorável para o crescimento do seu perfil.

411.218
Contas alcançadas
0% de anúncios

+194% **77,1%** Seguidores
+494% **22,9%** Não seguidores

Impressões **506.738**
+31,5%

Por tipo de conteúdo

Todos Seguidores Não seguidores

Reels — 397 mil
Stories — 12,9 mil
Publicações — 3.550
Vídeos — 1.205

• Seguidores • Não seguidores

→ **Engajamento**: informações detalhadas sobre o engajamento estarão disponíveis, permitindo que você veja o percentual de seguidores que interagiram com seu conteúdo em um período específico. Além disso, você pode analisar a quantidade de não seguidores que interagiram com sua conta nesse tempo, identificar de onde veio a interação e ver a quantidade de curtidas, comentários, salvamentos e compartilhamentos que suas postagens receberam.

Esses dados são essenciais para entender o que está funcionando e o que pode ser melhorado em sua estratégia de conteúdo. Saber o nível de engajamento ajuda a identificar quais tipos de postagens ressoam melhor com seu público, permitindo que você crie mais conteúdo semelhante. Analisar a interação de não seguidores pode oferecer insights sobre como atrair novos seguidores e expandir sua audiência. Entender a origem das interações e o tipo de engajamento (curtidas, comentários, salvamentos, compartilhamentos) permite ajustar suas postagens para maximizar o impacto e a relevância para seu público, promovendo um crescimento mais sustentável e eficaz no Instagram.

2. **Informações de Contato**: você poderá adicionar um botão de contato à sua conta profissional, permitindo que seus seguidores vejam e usem suas informações de contato facilmente, seja por telefone, e-mail ou endereço comercial.

Muitas contas no Instagram deixam de preencher as informações comerciais, o que pode causar confusão e dificultar o contato dos consumidores com a marca. Isso muitas vezes transmite uma imagem de descuido e falta de profissionalismo, afastando clientes em potencial.

Para evitar esses problemas, é fundamental que você preencha os campos disponíveis que façam sentido para o seu negócio, como e-mail comercial, número de telefone, endereço comercial, número do WhatsApp Business e a opção de ligações de áudio do Instagram. Oferecer várias opções de contato facilita a vida dos clientes e demonstra o seu compromisso com a acessibilidade e o atendimento.

Quando os clientes têm acesso fácil e direto aos seus meios de contato, a satisfação e a confiança no seu negócio aumentam significativamente, você melhora a experiência do seguidor e do consumidor. Seja para consultas, agendamentos, tirar dúvidas ou compras, ter esses canais bem definidos pode fazer toda a diferença.

Mesmo que você não tenha um endereço comercial fixo, incluir a cidade onde você atua pode ser muito útil. Isso evita mal-entendidos e garante que os clientes saibam exatamente onde seus serviços estão disponíveis. Já vi muitos perfis de prestadores de serviços que não deixavam claro onde atendiam, resultando em oportunidades perdidas.

Portanto, revise as informações de contato do seu perfil e verifique se todas as opções relevantes para o seu negócio estão devidamente preenchidas. Para fazer isso, clique em "Editar perfil" e, em seguida, selecione "Opções de contato".

Opções de contato — Salvar

Informações comerciais públicas

- Email comercial
- Número de telefone comercial
- Ligações de áudio do Instagram
- Endereço comercial
- Número do WhatsApp Business

Suas informações de contato possibilitam que as pessoas enviem emails, liguem ou executem uma ação nos botões que aparecerão no seu perfil. Você poderá exibir ou ocultar esses itens quando quiser.

3. **Categoria do Perfil**: a conta profissional exibirá uma categoria logo abaixo da sua imagem de perfil, ajudando os seguidores a entenderem rapidamente qual é o seu nicho ou área de atuação. Isso facilita a identificação do seu perfil e reforça o seu posicionamento. Se você preferir, esta categoria pode ser ocultada.

1. **Caixa de Entrada de Directs**: a conta profissional oferece uma caixa de entrada de directs dividida em abas Principal e Geral, permitindo que você organize suas mensagens e controle suas notificações com mais facilidade.
2. **Anúncios**: com uma conta profissional, você poderá criar anúncios pagos, os famosos "patrocinados", cruciais para aumentar rapidamente sua base de seguidores, engajamento, divulgação e vendas. Falaremos mais sobre anúncios em capítulos posteriores.
3. **Meta Business Suite**[5]: você poderá utilizar essa ferramenta em seu computador ou celular para gerenciar a conta, obter mais informações sobre seus conteúdos, criar anúncios e programar/agendar suas postagens e Stories, o que ajuda a manter uma presença constante no Instagram sem a necessidade de publicar manualmente todos os dias, liberando mais tempo para outras atividades estratégicas.

Esses são apenas alguns dos recursos disponíveis nas contas profissionais. Transformar sua conta em profissional é um passo essencial para aproveitar ao máximo as ferramentas que o Instagram oferece para expandir seu negócio ou sua marca pessoal. Ao fazer isso, você garante que esteja usando a plataforma da maneira mais eficiente e estratégica possível. Portanto, se você ainda está usando uma conta pessoal, é hora de migrar para uma conta profissional e começar a aproveitar todos esses benefícios.

---

5 Para acessar a ferramenta pelo desktop, visite *www.facebook.com/business/tools/meta-business-suite* ou acesse através do aplicativo Meta Business Suite para iOS ou Android.

Agora, vamos passar para detalhes como a configuração do seu nome e nome de usuário, criação de biografia, e escolha de foto ou imagem de perfil. Esses elementos são essenciais para ter um perfil que converte seguidores em clientes.

NOME DE USUÁRIO E NOME

INVESTIR TEMPO NA ESCOLHA do nome e do nome de usuário adequados pode parecer um detalhe pequeno, mas é um passo fundamental para aumentar a visibilidade e o sucesso do seu perfil no Instagram. Os meus nomes de usuário nas contas, @maquiagemx e @penteadosx por serem descritivos e fáceis, me ajudaram muito a crescer as contas.

Quando eu comentava em postagens de influenciadores digitais, celebridades ou em qualquer outro perfil, as pessoas que liam os comentários viam o meu nome, ficavam curiosas e encontravam o meu perfil. Essa estratégia simples e eficaz contribuiu significativamente para o aumento dos meus seguidores e para o reconhecimento das minhas contas.

Primeiramente, o nome de usuário, ou "@", é o identificador exclusivo do seu perfil no Instagram. Ele deve ser **fácil de lembrar e de digitar** para que as pessoas possam encontrar e marcar seu perfil com facilidade.

Sendo assim, evite o uso excessivo de números, pontuações e underlines. Mantenha o nome de usuário **simples** e **direto**. Nomes complexos ou longos podem dificultar a busca e a memorização. Tente manter o nome de usuário consistente com outras plataformas e redes sociais, se possível. Isso facilita a busca por parte dos usuários em diferentes canais.

☑ COMO FAZER	☒ COMO NÃO FAZER
@dramarcelequirino	@dra_marcele.quirino *Pontuação e underline juntos*
@jumunhoz	@jumunhozmarketingdigital *Nome muito extenso*
@maquiagemx	@maquiagemx2024 *Números)*
@brigous_brigaderia	@brigoussbrigaderia *Dois "S" não seria algo fácil de memorizar, contraintuitivo*

Perceba como nomes simples e diretos, como @dramarcelequirino, @jumunhoz, @maquiagemx, e @brigous_brigaderia, são descritivos e fáceis de lembrar, o que facilita a busca e o reconhecimento. Por outro lado, nomes como @dra_marcele.quirino, que utilizam pontuação e underlines em excesso, @jumunhozmarketingdigital, que é muito extenso, ou @brigoussbrigaderia, que contém caracteres repetidos juntos, são mais complexos e têm o potencial de gerar confusão nos seguidores. Optar por um nome claro ajuda na visibilidade e acessibilidade do seu perfil no Instagram.

Seguindo adiante, temos também o **nome do perfil**. Esse elemento fica abaixo da sua imagem, em negrito. Embora possa parecer um detalhe pequeno, ele faz uma enorme diferença e impacta significativamente o crescimento da sua conta. O nome do perfil é um importante mecanismo de busca, no qual você deve usar palavras-chave que representem o seu negócio e a sua marca de forma inteligente.

No exemplo abaixo, ao escrever "Tutoriais de Maquiagem – Júlia Munhoz", um usuário que pesquisasse por "maquiagem", "tutoriais de maquiagem" ou "Júlia Munhoz", você encontraria o meu perfil facilmente. Além disso, é mais um lugar para reforçar o meu posicionamento. Ao ler o nome neste exemplo, o usuário entenderá de imediato que se trata de um perfil de maquiagem, com tutoriais, e que pertence à Júlia Munhoz.

[Mockup de perfil do Instagram com anotações apontando "NOME DE USUÁRIO" para "maquiagemx" e "NOME" para "Tutoriais de Maquiagem - Júlia Munhoz". O perfil mostra 7.947 publicações, 562 seguindo.]

Tendo isso em mente, como estão hoje o seu nome de usuário e o nome do seu perfil? Avalie se eles são fáceis de lembrar, descritivos e representativos do seu negócio. Ajustes simples nesses elementos podem fazer uma grande diferença no seu perfil.

FOTO OU LOGO

AO LONGO DOS ANOS, observei inúmeros perfis com logotipos ou fotos pessoais mal posicionadas, que transmitiam falta de profissionalismo, nenhum impacto ou eram ilegíveis. Imagine causar essa primeira impressão no seu consumidor quando ele visitar o seu perfil. Será que ele vai querer ficar e te seguir?

A foto ou logo do seu perfil no Instagram é um elemento essencial que contribui significativamente para a primeira impressão que os usuários têm da sua conta. Embora seja uma imagem pequena, que não pode ser ampliada, ela aparece em todas as suas ações na plataforma, como curtidas, comentários, publicações, Stories e quando você segue alguém. Portanto, a escolha da foto ou logo deve ser feita com muito cuidado, considerando a qualidade, o impacto visual e a capacidade de criar uma conexão com os usuários.

É importante usar uma imagem de alta qualidade que seja memorável e que chame a atenção dos usuários. Se optar por utilizar um logotipo, certifique-se de que ele seja legível e reconhecível mesmo em um tamanho reduzido. Evite letras e textos pequenos, bem como muitos elementos juntos, o que pode causar confusão visual. Um logotipo bem projetado deve ser simples, mas impactante, e representar a essência da sua marca de forma clara e eficaz.

Se decidir usar uma foto pessoal, escolha uma imagem que mostre sua personalidade e que ajude a criar uma conexão autêntica com os seus seguidores. A foto deve ser bem iluminada, com boa resolução e focada no rosto, evitando elementos distrativos no fundo.

Não subestime a importância da sua foto ou logo no Instagram. Ela é um elemento fundamental que contribui para a construção da sua imagem e deve ser escolhida com cuidado e atenção aos detalhes.

Proposta de exercício: Abra agora o seu Instagram e navegue nos perfis de marcas e pessoas bem reconhecidas. Analise especificamente sua imagem ou logotipo. Veja como eles utilizam esses elementos para causar impacto e transmitir profissionalismo. Exemplo: Adidas, Chanel, Tony Robbins, Starbucks, Gary Vaynerchuk, Oprah Winfrey, Google, Amazon, Magazine Luiza. Observe os detalhes de como as imagens ou logotipos são simples, memoráveis, e representam a essência de cada marca ou pessoa.

BIOGRAFIA

A BIOGRAFIA DO PERFIL no Instagram é um dos elementos mais importantes, pois é o seu cartão de visita. Quando alguém visita o seu perfil, é a primeira coisa que verá, por isso é crucial que transmita de forma clara e direta o que você faz e o que pode oferecer. Uma biografia bem estruturada pode atrair seguidores que realmente se interessam pelo seu conteúdo, gerando um público mais engajado e relevante.

Na biografia, deixe bem claro qual é o seu posicionamento e qual solução você oferece. Quanto mais específica for a sua mensagem, mais fácil será atrair os seguidores certos. Use frases diretas que expliquem exatamente o que você faz e como pode ajudar.

Mantenha sua biografia organizada e evite elementos desnecessários. Os emojis podem ser ótimos para chamar a atenção e adicionar personalidade, mas use-os com moderação. Evite poluição visual e certifique-se de que os emojis utilizados realmente complementam a mensagem. Verifique também se eles fazem sentido com o que você quer transmitir.

Já vi biografias infantilizadas por conta de emojis, quando essa não era a intenção.

Ao final da sua biografia, é muito importante incluir uma chamada para ação (CTA) que direcione os visitantes para um link específico, seja ele o seu site, uma página de produtos, ou um link de WhatsApp para contato direto. Isso pode aumentar significativamente as conversões. Use o campo de link da biografia para adicionar esse link.

Exemplos de CTAs:

→ Para agendamentos, clique no link abaixo.
→ Inscreva-se no meu curso online.
→ Para mais informações, clique no link de WhatsApp abaixo.
→ Adquira nossos produtos, acesse o link abaixo.
→ Entre em contato direto, clique aqui.

Se você vende via WhatsApp ou faz atendimentos por lá, é imprescindível adicionar um link direto para a conversa com você ou integrar o telefone nas informações de contato. Não cometa o erro de colocar apenas o número de telefone na biografia, esperando que alguém pare para anotar, salvar o contato e depois chamá-lo. Nesse processo, você pode perder muitos potenciais clientes que prefeririam clicar em um botão ou em um link fácil e imediato. Simplificar o caminho para o contato aumenta as chances de conversões e facilita a interação com potenciais clientes.

Além disso, evite usar hashtags na sua biografia. Isso não fará com que você atraia seguidores e pode prejudicar a retenção dos visitantes do seu perfil. Afinal, uma pessoa pode chegar ao seu perfil, ver que tem uma hashtag na bio, clicar e ir embora. Você perdeu a atenção do seu visitante nesse momento, que foi direcionado para outro lugar. Da mesma forma, só coloque um outro @ na sua biografia se fizer muito sentido ter essa informação lá, porque acontecerá o mesmo — uma pessoa visitará, poderá clicar no @ e ir navegar no outro perfil. Se essa estratégia faz sentido para você e este for um dos seus objetivos, tudo bem.

Use a biografia de forma estratégica para deixar claro o seu posicionamento e criar conexão com o seu público. Ela será muito importante para transformar um visitante em seguidor.

Agora, vou mostrar alguns exemplos e análises de biografias bem construídas.

[Captura de tela do perfil do Instagram @jumunhoz com anotações: NOME DE USUÁRIO SIMPLES (jumunhoz), IMAGEM POSICIONADA, NOME (Júlia Munhoz), BIOGRAFIA CLARA E DE IMPACTO ("🏆 Autora Best Seller / Conquiste sua LIBERDADE 💙 / ⚡ Aprenda a crescer no Instagram e a conquistar clientes para o seu negócio!"), CTA ("Clique no link ⬇"), LINK EXTERNO (juliamunhoz.com/abriu). Estatísticas: 435 publicações, 68 seguindo.]

Lendo a biografia, podemos identificar elementos que demonstram autoridade, como "Autora Best Seller", além de uma frase que representa o desejo do cliente ideal: "Conquiste sua LIBERDADE". A biografia também inclui uma promessa de transformação: "Aprenda a crescer no Instagram e a conquistar clientes para o seu negócio". Esses elementos atraem exatamente o público-alvo desejado. Além disso, há um link para o curso e uma chamada para ação clara e direta, incentivando os seguidores a clicarem para obter mais informações.

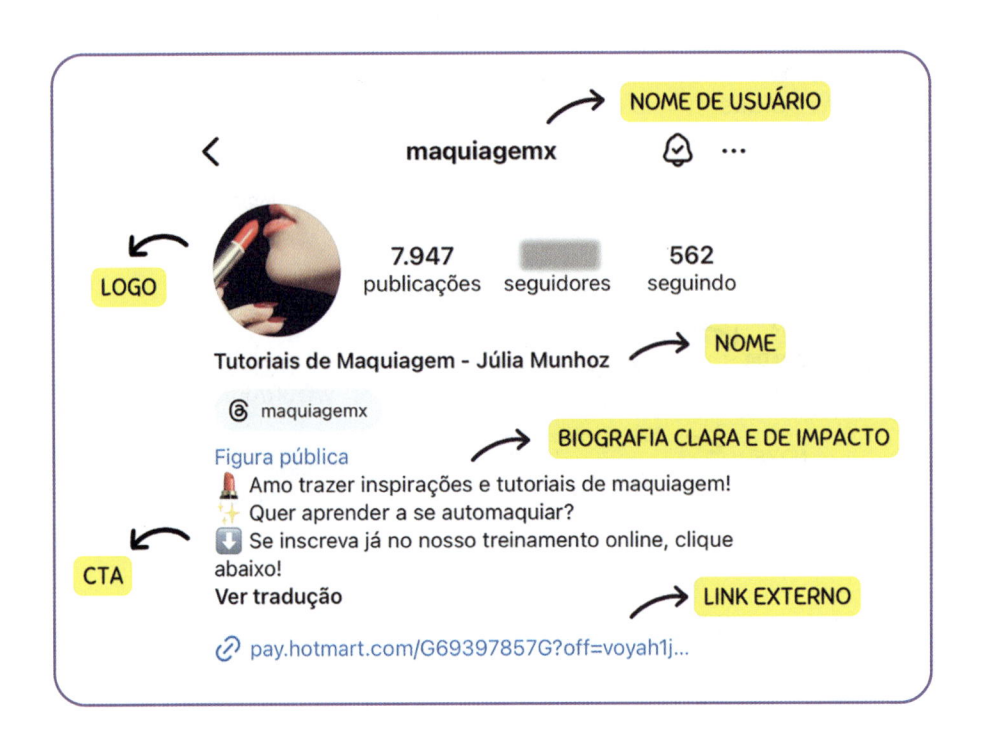

maquiagemx → NOME DE USUÁRIO

LOGO ←

7.947 publicações
562 seguindo

Tutoriais de Maquiagem - Júlia Munhoz → NOME

maquiagemx

→ BIOGRAFIA CLARA E DE IMPACTO

Figura pública
💄 Amo trazer inspirações e tutoriais de maquiagem!
✨ Quer aprender a se automaquiar?
⬇️ Se inscreva já no nosso treinamento online, clique abaixo!
Ver tradução

CTA ←

🔗 pay.hotmart.com/G69397857G?off=voyah1j... → LINK EXTERNO

Através dessa biografia, o seguidor entende de imediato que se trata de um perfil de maquiagem, com inspirações e tutoriais. A frase "Amo trazer inspirações e tutoriais de maquiagem!" deixa claro o propósito e o conteúdo principal do perfil. A pergunta "Quer aprender a se automaquiar?" gera envolvimento imediato e desperta o interesse dos seguidores que desejam aprender mais sobre maquiagem. A chamada para ação (CTA) "Se inscreva já no nosso treinamento online, clique abaixo!" está alinhada com a promessa do produto, incentivando o usuário a tomar uma ação concreta. Além disso, a inclusão de emojis torna a biografia visualmente atraente e ajuda a destacar os pontos principais, mantendo o texto conciso e fácil de entender.

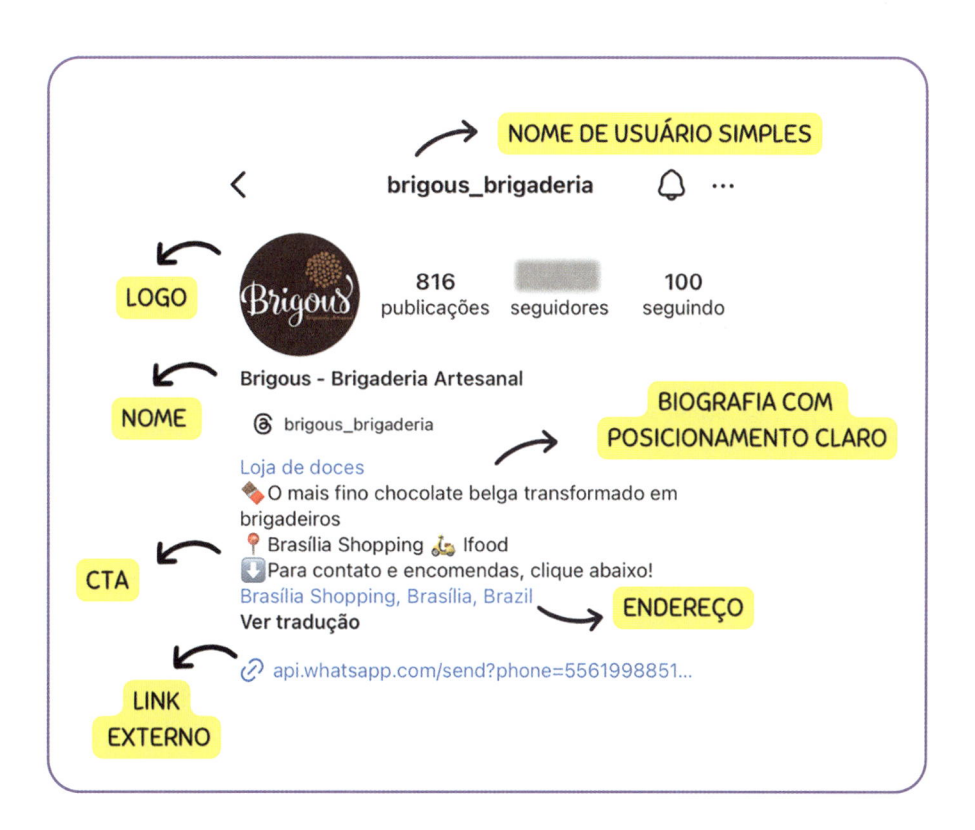

O perfil usa a categoria "Loja de doces", informando de forma rápida e clara o segmento de mercado. Na biografia, o diferencial da empresa é destacado com a frase "O mais fino chocolate belga transformado em brigadeiros", posicionando imediatamente a qualidade e a especialidade do produto. A menção ao "Brasília Shopping" e ao "Ifood" oferece aos clientes opções de compra tanto presencial quanto online, aumentando a conveniência e acessibilidade, e deixando claro que essas opções estão disponíveis.

A chamada para ação (CTA) "Para contato e encomendas, clique abaixo!" é direta e eficaz, direcionando o usuário para um link de WhatsApp, o que facilita o contato direto e as encomendas. A inclusão do endereço "Brasília Shopping, Brasília" não apenas reforça a localização da loja, mas também permite que os seguidores visualizem o local no mapa, facilitando a navegação e reforçando a presença física da marca.

Perfil do Instagram — anotações:

- NOME DE USUÁRIO SIMPLES E DESCRITIVO → dra.marcelequirino
- IMAGEM POSICIONADA
- NOME DESCRITIVO → Dra. Marcele Quirino | Sorriso Gengival
- BIOGRAFIA COM POSICIONAMENTO CLARO:
  - Especialista e mestranda em Odontologia Estética
  - Sorriso Gengival e Estética Reabilitadora
  - AGENDAMENTOS presencial e on-line ⬇
- CTA
- ENDEREÇO → Centro Clínico Via Brasil - Asa Sul, Brasília, Brazil
- LINK EXTERNO → www.marcelequirino.com

392 publicações · 828 seguindo

Por fim, nesta biografia, a Dra. Marcele Quirino destaca suas especializações e qualificações de forma clara, mencionando que ela é especialista e mestranda em odontologia estética, com foco em sorriso gengival e estética reabilitadora. A descrição estabelece sua autoridade na área, atraindo potenciais pacientes interessados nesses serviços específicos.

A chamada para ação acompanhada de um ícone, direciona os visitantes a tomarem uma ação específica, incentivando-os a agendar uma consulta, seja presencial ou online. A inclusão do endereço fornece informações precisas sobre o local de atendimento, reforçando a cidade em que atua e facilitando a vida dos pacientes que buscam consultas presenciais. Além disso, o link para o site oferece um ponto de contato adicional, permitindo que os pacientes obtenham mais informações ou agendem consultas online de maneira prática e conveniente.

PROPOSTA DE EXERCÍCIO

Agora que você conseguiu visualizar melhor como fazer uma boa biografia, é hora de colocar em prática. Escreva a sua biografia abaixo, seguindo as dicas e exemplos que discutimos. Lembre-se de deixar claro o seu posicionamento, de ser específico e de incluir uma chamada para ação (CTA) que direcione seus seguidores para o próximo passo.

BIOGRAFIA

PRODUÇÃO DE CONTEÚDO

A ESPINHA DORSAL DO MARKETING

O MARKETING DE CONTEÚDO é a base para que você obtenha sucesso no Instagram e na Internet hoje em dia. Por muito tempo, as estratégias e campanhas publicitárias eram lançadas de forma "fria" e "superficial". As marcas se concentravam em um design impressionante, promoções, frases de impacto, banners e uma comunicação comercial. A relação com o consumidor era mais distante e verticalizada, e por muito tempo isso funcionou.

Porém os tempos mudaram. Hoje, os consumidores procuram marcas com as quais se conectam, buscando valores, histórias e informações. Eles querem entender e participar do processo, estando muito mais ativos e exigindo uma relação horizontalizada entre marca e consumidor.

Assim, é necessário ir mais a fundo para nutrir esses interesses e criar conexões genuínas. O Instagram, como uma plataforma de relacionamento e de produção de conteúdo, é o ambiente perfeito para você posicionar a sua marca, conquistar o cliente e aproximar-se dele.

Perceba que, como uma rede social, não podemos transformar o nosso perfil em um catálogo de vendas, mas sim em um lugar onde as pessoas buscam inspiração, aprendizado e entretenimento. Essa é a experiência que um usuário busca dentro do Instagram. Criando esse ambiente de forma inteligente, a venda surge como consequência de um bom relacionamento e de uma produção de conteúdo desenvolvida, com os momentos certos para ofertar. O equilíbrio entre produção de informações e promoção de vendas é essencial.

Além disso, quando você produz conteúdo, você não está apenas se adequando ao marketing moderno e posicionando a sua marca; você está também conscientizando a sua audiência sobre o seu produto ou serviço. E, quanto mais a sua audiência entende, mais você vende. Por isso, a produção de conteúdo hoje é um dos pilares fundamentais para aumentar as conversões do seu negócio e gerar mais vendas, além de aumentar a percepção de valor do seu consumidor.

Grave essa frase que eu repito constantemente: "Consumidor educado é consumidor comprador". Vamos aos exemplos:

Uma loja de roupas que posta regularmente sobre as últimas tendências de moda, dicas de estilo, como combinar diferentes peças e cuidados com os tecidos, está educando seus seguidores. Uma postagem como "10 maneiras de usar uma camisa branca" não apenas inspira; ela também educa sobre a versatilidade do produto, aumentando a percepção de valor em relação à camisa. Quanto mais valor a pessoa percebe no seu produto, mais ela estará disposta a pagar, pois o preço passa a fazer sentido.

Da mesma forma, vídeos de bastidores mostrando o processo de criação e confecção das peças, incluindo entrevistas com designers e costureiros explicando cada detalhe do trabalho, aumentam o valor percebido pelo consumidor. Ao entender todo o esforço e cuidado envolvidos na produção, os consumidores valorizam mais o que você vende.

Além disso, ao criar conteúdo explicando sobre diferentes tecidos, suas vantagens e diferenças, você educa o público sobre os benefícios de uma blusa de seda, por exemplo. Uma pessoa que antes não sabia as qualidades do material agora entende toda a elegância e sofisticação que a seda traz, justificando o preço mais alto que normalmente acompanha esse produto. Ao compreender o valor do material, o preço mais alto passa a fazer sentido, e a probabilidade de compra aumenta.

No próximo exemplo, vamos considerar uma profissional que presta serviços de maquiagem:

Uma maquiadora que deseja se destacar no Instagram pode produzir conteúdos mostrando os materiais de alta qualidade que utiliza, destacando os benefícios como a durabilidade e o cuidado com a pele. Ao mostrar que seus produtos são diferenciados em relação a muitos de qualidade inferior disponíveis no mercado, você aumenta a confiança do cliente. Vídeos demonstrando que a maquiagem não vai borrar se a pessoa chorar ou que vai durar o dia inteiro ajudam a construir confiança no produto e no serviço oferecido, elevando o valor percebido. Aqui, você transforma um consumidor que pode achar o serviço caro em alguém que o considera justo ou até mesmo barato, dependendo do valor que você construiu em sua mente.

Mostrar o antes e depois das maquiagens é uma excelente maneira de tangibilizar os resultados e criar uma conexão emocional com os seguidores. Ver a transformação ajuda os potenciais clientes a visualizarem os benefícios e a qualidade do trabalho da maquiadora, gerando desejo pelo serviço.

Além disso, conteúdos como dicas para manter a pele hidratada mostram que a maquiadora se importa com o bem-estar dos seus seguidores, além das vendas. Isso demonstra conhecimento e cuidado, criando uma percepção de autoridade no assunto. Ao compartilhar dicas de cuidados com a pele, a maquiadora não só educa seu público, mas também constrói uma relação de confiança e lealdade.

Vamos agora considerar um exemplo de alguém que vende cursos de bolos caseiros no Instagram.

Uma pessoa que vende cursos de bolos caseiros pode utilizar a produção de conteúdo no Instagram para aumentar a percepção de valor e atrair mais clientes. Postar vídeos e fotos do processo de preparação dos bolos, mostrando técnicas específicas e dicas, pode demonstrar a qualidade do curso. Por exemplo, um vídeo ensinando a técnica perfeita para fazer um bolo de chocolate úmido ou como decorar um bolo de forma profissional pode atrair seguidores interessados em aprender essas habilidades.

Além disso, compartilhar histórias de sucesso de alunos que já fizeram o curso e melhoraram suas habilidades ou até abriram seus próprios negócios pode aumentar a credibilidade e mostrar resultados tangíveis. Testemunhos em vídeo de alunos satisfeitos, mostrando antes e depois de suas habilidades, podem ser especialmente impactantes.

Postar receitas gratuitas de bolos simples e dicas de confeitaria ajuda a construir uma relação de confiança com os seguidores, mostrando que você está disposto a compartilhar conhecimento de valor, mesmo sem um compromisso financeiro imediato. Isso não só educa seu público, mas também cria uma expectativa positiva sobre o curso pago.

Mostrar os bastidores da preparação dos cursos, incluindo a montagem do material didático e os equipamentos utilizados, pode humanizar a marca e criar uma conexão emocional com os seguidores. Demonstrar o cuidado e a dedicação envolvidos na criação do curso reforça a percepção de qualidade e valor.

Além disso, você pode criar posts comparativos mostrando a diferença entre um bolo caseiro feito com técnicas básicas e um feito com as técnicas avançadas ensinadas no curso. O que ajuda a demonstrar o valor agregado que os alunos obterão ao se inscreverem no seu curso.

Esses tipos de conteúdo não só educam o público e aumentam a percepção de valor, mas também ajudam a criar uma comunidade de seguidores engajados que estão mais propensos a se tornarem clientes pagantes.

Para ilustrar ainda mais a importância da produção de conteúdo, vamos analisar mais tipos de conteúdo e suas consequências, mesmo que não sejam diretamente relacionados à sua área. É fundamental entender que as estratégias de conteúdo podem ser adaptadas a diversos nichos e ainda assim gerar resultados significativos. Então, vamos para o próximo!

Uma loja de semijoias que deseja aumentar as vendas no Instagram pode investir na produção de conteúdos que mostrem a qualidade e o design exclusivo de suas peças. Vídeos curtos destacando detalhes das semijoias, como o brilho das pedras, a delicadeza do acabamento e a durabilidade do material, ajudam a criar uma percepção de valor elevado.

Além disso, a loja pode compartilhar tutoriais de moda mostrando como combinar diferentes peças de semijoias com vários tipos de roupas para diferentes ocasiões, desde eventos formais até o uso diário. Isso não só inspira os seguidores, mas também educa sobre a versatilidade das peças, aumentando a percepção de valor.

Postagens com depoimentos de clientes satisfeitos, exibindo como as semijoias se destacaram em ocasiões especiais, como casamentos ou festas, são poderosas para construir confiança. Fotos e vídeos de clientes reais usando as peças fornecem prova social e ajudam a tangibilizar o produto.

Para construir uma conexão emocional e mostrar que se importa com os seguidores, a loja pode criar conteúdos sobre o cuidado e a manutenção das semijoias. Dicas sobre como limpar e guardar as peças para manter o brilho e a durabilidade mostram conhecimento e cuidado com o cliente, fortalecendo a relação de confiança.

Ao equilibrar conteúdos educativos, inspiradores e promocionais, a loja se posiciona como uma autoridade em semijoias, atrai e retém seguidores que valorizam a qualidade e exclusividade das peças. Assim, as vendas surgem como consequência de um relacionamento bem construído e de uma percepção de valor elevada.

Partindo para o último exemplo, vamos analisar uma pizzaria local. Mesmo que o ramo alimentício pareça simples, a produção de conteúdo pode fazer toda a diferença para atrair e fidelizar clientes.

Uma pizzaria local pode produzir conteúdos mostrando o processo de fabricação das pizzas, desde a escolha dos ingredientes frescos até o momento em que a pizza sai do forno. Vídeos curtos mostrando a preparação das massas, a adição de ingredientes frescos e o cuidado no preparo transmitem qualidade e dedicação, construindo confiança no consumidor. Assim, valoriza o produto e destaca o diferencial da pizzaria em relação a outras.

Um ótimo exemplo de conteúdo seriam Reels mostrando diversos tipos de pizza, tanto salgada quanto doce. Reels com várias pizzas salgadas destacando os sabores mais populares e um outro com diferentes pizzas doces, como Nutella, banana com canela e morango com chocolate. Vídeos que apresentam a variedade do cardápio e, ainda, despertam o apetite dos seguidores, gerando desejo e curiosidade para experimentar.

Mostrar depoimentos de clientes satisfeitos é uma excelente estratégia. Vídeos de clientes desfrutando das pizzas e comentando sobre o sabor, a crocância e a experiência ajudam a tangibilizar os resultados e criar uma conexão emocional com os seguidores. Ver outras pessoas apreciando as pizzas pode gerar um desejo em potencial para novos clientes experimentarem.

Além disso, conteúdos educativos como explicações sobre as diferentes farinhas utilizadas nas massas das pizzas podem ajudar os seguidores a entenderem o valor dos ingredientes de qualidade. Comparar farinhas comuns com farinhas especiais, destacando os benefícios de cada uma, pode aumentar a percepção de valor das pizzas oferecidas pela pizzaria.

Também é essencial criar conteúdos que gerem "água na boca". Fotos bem tiradas e atraentes das pizzas, com close-ups que destacam a textura, os ingredientes frescos e o queijo derretendo, são fundamentais para atrair a atenção dos seguidores. Imagens de alta qualidade são essenciais para que o público visualize a delícia do produto, aumentando a probabilidade de uma visita à pizzaria.

Perceba como podemos ir além de simples fotos de produtos ou banners sobre serviços. Um conteúdo bem pensado pode causar um impacto extremamente positivo no seu negócio, mostrando autoridade, criando confiança e fornecendo motivos para que os seguidores interajam com as postagens. Além disso, ao despertar o desejo e a curiosidade, você incentiva as pessoas a acompanharem seu perfil de forma mais engajada e ativa.

Ao criar um conteúdo que educa, inspira e entretém, você constrói uma base fiel de seguidores que confiam em você e no que você oferece. Essa confiança é fundamental para impulsionar suas vendas de maneira natural e sustentável, tornando seus seguidores em clientes leais e propagadores da sua marca. Portanto, invista tempo e esforço em sua estratégia de conteúdo, pois os benefícios vão muito além do aumento imediato nas vendas; eles solidificam a base do seu negócio para um crescimento contínuo e saudável.

Além de tudo isso, o conteúdo de qualidade é uma das principais formas de aumentar o crescimento do seu perfil de forma orgânica. Quando você cria conteúdo relevante, interessante e valioso, ele naturalmente atrai a atenção dos seguidores e favorece a interação. O algoritmo do Instagram valoriza postagens que geram engajamento, como curtidas, comentários, compartilhamentos e salvamentos.

Quando o seu conteúdo atinge esses níveis de interação, o Instagram começa a perceber que suas postagens são interessantes e úteis para as pessoas. Isso faz com que o algoritmo recomende seu perfil para mais usuários, aumentando a visibilidade da sua conta. As recomendações podem aparecer no Explorar, em sugestões de contas para seguir e até mesmo no feed de usuários como recomendação de conteúdo, como vimos neste livro ao falar sobre algoritmos.

Além disso, quando os seguidores compartilham postagens em seus próprios perfis ou Stories, eles estão essencialmente fazendo marketing gratuito para você. Esses compartilhamentos aumentam o alcance das suas postagens para audiências que você talvez não alcançaria de outra forma. Cada compartilhamento é uma oportunidade de atrair novos seguidores que se interessam pelo seu conteúdo.

Outra forma de aumentar a visibilidade e divulgação do seu perfil é quando os seguidores marcam amigos nos comentários ou compartilham suas postagens por mensagem direta. Esse tipo de interação indica ao algoritmo que seu conteúdo é relevante e merece ser visto por mais pessoas. Além disso, cada vez que um seguidor marca um amigo ou compartilha seu conteúdo, você ganha exposição para uma nova audiência potencialmente interessada no que você oferece.

Portanto, investir em um conteúdo de qualidade não só fortalece a relação com os seguidores atuais, mas também amplia seu alcance para novos públicos, criando um ciclo de crescimento orgânico. Um conteúdo bem elaborado, que ressoa com o seu público, ajuda a construir uma comunidade engajada e leal, que não apenas consome, mas também promove o seu conteúdo. Tanto o Instagram quanto os seus seguidores recompensarão você pela sua produção de conteúdo de qualidade, aumentando a visibilidade e o impacto do seu perfil.

BENEFÍCIOS QUALITATIVOS	BENEFÍCIOS QUANTITATIVOS
Maior interesse: As pessoas se envolvem mais com seu negócio.	**Mais seguidores:** Atrai novos seguidores de forma orgânica.
Maior credibilidade: Aumenta a confiança dos seguidores na sua marca.	**Mais compartilhamentos:** Aumenta o número de compartilhamentos das suas postagens.
Aumento de autoridade: Estabelece você como especialista no seu nicho.	**Mais visualizações:** Eleva o número de visualizações dos seus conteúdos.
Laços de confiança: Constrói relacionamentos sólidos com os seguidores.	**Maior engajamento:** Amplia a interação com suas publicações.
Status de referência: Conquista o reconhecimento como líder no mercado.	**Aumento da relevância:** Torna seu perfil mais relevante para o algoritmo do Instagram.
Maior interação: Fomenta a comunicação e o engajamento com o público.	**Maior alcance:** Aparece mais no feed das pessoas, sendo recomendado pelo Instagram.
Diferenciação da concorrência: Destaca sua marca entre os concorrentes.	**Geração de leads:** Atrai potenciais clientes interessados nos seus produtos ou serviços
Percepção de valor: Aumenta a percepção de valor dos seus produtos ou serviços.	
Reciprocidade: Estimula o gatilho mental da reciprocidade.	

CUIDADO COM AS ARMADILHAS!

AGORA EU VOU TE FALAR sobre os principais erros e armadilhas que as pessoas cometem na produção de conteúdo no Instagram. Durante meus anos de experiência e inúmeras consultorias e análises de perfis, percebi padrões comuns que podem atrapalhar o crescimento e o sucesso da sua conta. Reconhecer e evitar essas armadilhas é crucial para alcançar resultados no Instagram. Então, vamos explorar esses erros e como você pode superá-los.

ACHAR QUE NÃO TEM CONTEÚDO

Muitos empreendedores caem na armadilha de achar que não têm conteúdo para produzir. Isso geralmente ocorre por falta de conhecimento sobre os diversos tipos de conteúdo que podem ser criados em qualquer nicho e por falta de conhecimento sobre as ferramentas de pesquisa de tópicos, que abordaremos ainda neste capítulo.

Lembre-se também de que o básico para você pode ser novidade para o seu público. Ensine de maneira simples e acessível, pensando sempre em quem está começando. Por exemplo, para uma nutricionista, explicar os benefícios de um alimento básico pode ser trivial, mas para o seu público, essa informação pode ser valiosa e transformadora.

PENSAR QUE O CONTEÚDO ESTÁ SATURADO

Pensar que seu mercado está saturado é um grande equívoco. Se há muitas pessoas falando sobre um assunto, significa que há muita demanda. Além disso, poucas pessoas produzem conteúdo de qualidade de forma consistente. Foque em oferecer o seu melhor, com a sua perspectiva única. Seu público quer ouvir o que você tem a dizer, do seu jeito.

Por exemplo, um personal trainer pode achar que há muitos falando sobre exercícios específicos para ganho de massa muscular, mas seu método específico ou seu estilo de ensino pode ressoar de maneira especial com um público específico.

FALTA DE CONSISTÊNCIA

A consistência é uma das chaves para o sucesso no Instagram. Postar de forma irregular não só confunde o algoritmo do Instagram, mas também os seus seguidores. Isso prejudica na construção de uma presença sólida e a manter o engajamento do público. Nesse sentido, planeje suas postagens e mantenha um ritmo regular.

Por exemplo, se você é um designer gráfico, pode postar dicas de design, tutoriais em vídeo, exemplos de projetos anteriores e histórias de sucesso de clientes ao longo da semana para manter o seu público interessado. Você não precisa necessariamente postar todos os dias no feed, os outros formatos como Stories e lives devem fazer parte do seu calendário editorial.

FALTA DE PACIÊNCIA

O marketing de conteúdo exige paciência. Resultados significativos não aparecem da noite para o dia. É necessário tempo para educar sua audiência, criar relacionamentos e construir autoridade, tudo isso leva tempo. Tenha paciência e persistência. Continue produzindo conteúdo de qualidade e você verá os resultados. Pense nisso como um investimento de longo prazo em sua marca e para o seu negócio.

POSTAR SÓ POR POSTAR

Postar apenas para "cumprir tabela" sem prestar atenção na qualidade do conteúdo é um erro. Sua audiência perceberá a falta de cuidado e perderá interesse. Planeje suas postagens com antecedência e mantenha um padrão de qualidade. Lembre-se de que cada postagem é uma oportunidade de agregar valor ao seu público e fortalecer sua marca.

Tenha em mente também que, embora a qualidade do conteúdo seja importante, a quantidade também desempenha um papel crucial. Produzir mais conteúdo permite que você teste diferentes abordagens e aprenda com os erros e com as métricas. A prática leva ao desenvolvimento e ao crescimento e ajuda você a ganhar maestria. No entanto, isso não significa postar de forma irracional para o seu negócio ou de maneira que prejudique a sua saúde mental. Encontre um equilíbrio, mas lembre-se de que é melhor ter dez conteúdos bons do que buscar incessantemente um único conteúdo perfeito, que pode nunca existir.

FALTA DE ALINHAMENTO COM O PÚBLICO

Seu conteúdo deve estar alinhado com as necessidades, dores, desejos, dúvidas e objeções do seu público-alvo. Utilize as pesquisas feitas na parte de cliente ideal do livro para entender e criar conteúdo que ressoe com seu público. Quando o conteúdo está alinhado, ele faz sentido e se torna mais relevante, atraindo e engajando mais seguidores. Um conteúdo desalinhado não desperta interesse, não gera engajamento e não é compartilhado. É como tentar vender carne para um vegetariano.

NÃO ANALISAR OS RESULTADOS

Produzir conteúdo sem analisar os resultados impede que você aprenda e melhore suas estratégias. Utilize as ferramentas de insights do Instagram para entender o que funciona e o que não funciona. Ajuste suas táticas com base nos dados para maximizar o impacto do seu conteúdo. Por exemplo, se você notar que vídeos sobre determinados tópicos têm mais engajamento, produza mais conteúdo nesta linha.

COPIAR OUTROS CRIADORES

Inspirar-se em outros criadores é válido, mas copiar exatamente o que eles fazem não é eficaz. A autenticidade é crucial no Instagram. Traga sua voz, suas experiências e sua perspectiva única para o conteúdo que você cria. Isso ajudará você a se destacar e a criar uma conexão genuína com sua audiência. Por exemplo, se você é um nutricionista, mostre seu estilo de vida saudável e suas próprias receitas, em vez de apenas replicar dicas genéricas encontradas na internet.

NÃO VARIAR OS FORMATOS DE CONTEÚDO

Focar apenas um tipo de postagem pode limitar o alcance do seu conteúdo. Varie os formatos, incluindo fotos, vídeos, lives, carrosséis, Stories e Reels, para manter seu público engajado e alcançar diferentes segmentos de seguidores. Por exemplo, se você é um influenciador digital de viagens, poste fotos inspiradoras, vídeos de suas aventuras, Stories de dicas rápidas e Reels de momentos divertidos. Diversificar os formatos também ajuda a manter seu conteúdo fresco e interessante para os seguidores.

Além disso, é importante lembrar que as pessoas têm preferências variadas em relação ao formato de conteúdo que consomem. Algumas preferem vídeos, outras preferem ler textos em carrosséis e legendas, outras são mais visuais e gostam de consumir conteúdo através de fotos e infográficos, enquanto algumas preferem assistir a lives para interagir em tempo real. Variar nos formatos oferece experiências diferentes, cria múltiplos pontos de conexão e atinge diferentes objetivos, proporcionando um engajamento mais amplo e diversificado com o público.

Dica extra: quando você gera conteúdo em um formato específico, aquele conteúdo não precisa se esgotar ali. Você pode reaproveitá-lo e adaptá-lo para outros formatos, intercalando-os em diferentes momentos para não sobrecarregar seus seguidores com o mesmo tipo de conteúdo. Por exemplo, um vídeo detalhado pode ser transformado em um carrossel com textos e pontos-chave do vídeo, um post em carrossel pode ser sintetizado em Stories ou Reels para captar rapidamente a atenção do público. Assim, além de gerar vários conteúdos a partir de um só, você capta a atenção das pessoas de maneiras diferentes, por meio do texto, do vídeo e da imagem, maximizando o impacto e o alcance da sua mensagem.

Ao evitar essas armadilhas e erros comuns, você estará mais preparado para produzir conteúdo de alta qualidade, manter o engajamento do público e alcançar seus objetivos no Instagram.

FONTES DE PESQUISAS DE CONTEÚDOS DE VALOR

PARA QUE VOCÊ PRODUZA um conteúdo relevante e qualificado, você deve conhecer muito bem a sua audiência, saber do que ela precisa e o que quer ouvir de você. Como já falamos incansavelmente, o conteúdo tem que ser de valor, transformador e estar associado ao seu público para que haja visualizações, interesse, engajamento, criação de autoridade, credibilidade, confiança e conexão. Isso despertará no usuário interesse cada vez maior por consumir o seu material, porque ele sabe que o seu conteúdo acrescentará à vida dele. Concluindo, ele deve ser qualificado, de valor e do interesse do seu público.

Para tal, aqui estão algumas fontes de pesquisa que irão ajudá-lo a alinhar os interesses do seu público com a sua produção de conteúdo e te trazer algumas ideias de temas procurados:

CONVERSE DIRETAMENTE COM O SEU CLIENTE

Engajar-se em conversas pessoais ou virtuais com seus clientes ou potenciais clientes pode revelar informações essenciais sobre suas dúvidas, dores, incômodos, dificuldades e objeções. Esse diálogo direto permite que você compreenda as verdadeiras necessidades e expectativas do seu público, além de estabelecer um vínculo mais próximo e pessoal.

Essa estratégia é uma das formas mais simples e eficazes de obter insights valiosos. Não subestime o poder de uma conversa atenta. Se você já tem clientes, utilize esses momentos para aprofundar seu entendimento sobre eles. Por exemplo, se você vende produtos de beleza, pergunte sobre suas rotinas de cuidados, frustrações com produtos existentes e o que esperam de novas opções no mercado. Se você ainda não tem clientes, converse com pessoas que representam seu público-alvo para obter informações e ajustar suas estratégias.

Pergunte também aos seus clientes o que seria útil para eles, o que gostariam de ver em seu conteúdo, quais são as dificuldades que enfrentam e como você pode ajudá-los. Por exemplo, se você oferece serviços de consultoria financeira, pergunte sobre suas principais dúvidas e desafios relacionados a finanças pessoais. Ou, se você vende produtos para pets, pergunte sobre os problemas mais comuns que enfrentam com seus animais de estimação e que tipo de conteúdo ajudaria a resolver essas questões.

Essas conversas ajudam a identificar padrões e a adaptar seus conteúdos para atender melhor às necessidades do público, demonstrando que você valoriza e entende suas preocupações.

FORMULÁRIO GOOGLE FORMS

O Google Forms é uma ferramenta gratuita e fácil de usar para criar formulários e questionários online. Com ele, você pode montar um formulário de pesquisa para enviar aos seus clientes e obter feedback valioso sobre os tipos de conteúdos que eles gostariam de ver. A interface intuitiva permite adicionar perguntas de múltipla escolha, escala de avaliação, perguntas abertas e muito mais.

Para começar, acesse o site do Google Forms e clique em "Criar novo formulário". Personalize o formulário com um título e descrição, e adicione perguntas que sejam relevantes para entender melhor os interesses de conteúdo do seu público. Por exemplo, se você é um personal trainer, pode perguntar sobre os tipos de exercícios que os clientes gostariam de aprender, preferências entre vídeos curtos ou longos, sugestões de tópicos que eles gostariam que você abordasse, entre outros.

Aqui estão alguns exemplos de perguntas que você pode incluir no formulário:

1. Quais tipos de exercícios você gostaria de aprender mais?
2. Você prefere vídeos curtos ou longos?
3. Qual é a sua maior dificuldade ao tentar manter uma rotina de exercícios?
4. Quais são seus principais incômodos ou barreiras em relação ao exercício físico?
5. Quais outros tipos de dicas, além de exercícios físicos, você gostaria de ver?
6. Existe algum tópico específico que você gostaria que abordássemos?
7. Quais são seus maiores desejos e objetivos em relação ao fitness?

Depois de criar o formulário, você pode compartilhar o link com seus clientes via email, redes sociais ou até mesmo através de um QR code em sua academia. É importante oferecer um motivo para que eles dediquem tempo para responder, como um desconto exclusivo, acesso antecipado a novos vídeos de treino ou a participação em um sorteio.

Explique claramente a finalidade do formulário, destacando como o feedback deles é essencial para melhorar os conteúdos que você oferece. Peça ajuda de forma genuína e agradeça antecipadamente pela participação. Incentivar os clientes a preencher o formulário aumenta a taxa de resposta e também garante que você obtenha feedback detalhado e útil.

Por exemplo, você pode enviar uma mensagem como esta:

"Olá, [Nome do Cliente]!

Estamos sempre buscando maneiras de melhorar os conteúdos que oferecemos para você. Gostaríamos muito de ouvir sua opinião sobre os tipos de vídeos, dicas e informações que você gostaria de ver.

Pedimos que dedique alguns minutos para responder ao nosso formulário de pesquisa. A sua participação fará toda a diferença para o nosso negócio.

Como forma de agradecimento, você receberá um acesso exclusivo a um vídeo de treino especial. Clique no link abaixo para participar. Muito obrigado pela sua ajuda!"

Essa é uma excelente maneira de coletar informações em grande quantidade com menor esforço, especialmente útil para aqueles que têm tempo restrito.

YOUTUBE COMO FONTE DE PESQUISA

No YouTube, você pode pesquisar palavras-chave relacionadas ao seu negócio e ver o que as pessoas estão produzindo e assistindo. A plataforma é uma excelente fonte de inspiração porque os usuários frequentemente expressam suas opiniões, fazem perguntas e discutem tópicos detalhadamente nos comentários, oferecendo um tesouro de informações sobre o que seu público-alvo está procurando.

Para começar, digite palavras-chave específicas na barra de pesquisa do YouTube. Por exemplo, se você trabalha no ramo de confeitaria, pode pesquisar termos como "receitas de bolos", "dicas de decoração de bolos" ou "como fazer cupcakes". Veja os vídeos mais populares e analise o conteúdo. Observe os temas abordados, o formato dos vídeos, a duração e, principalmente, os comentários dos espectadores.

Os comentários são uma mina de ouro para entender as dúvidas, necessidades e desejos do seu público. As pessoas frequentemente fazem perguntas adicionais, pedem mais detalhes sobre o conteúdo ou compartilham suas próprias experiências. Por exemplo, se você vê muitas perguntas sobre como fazer uma cobertura específica, isso pode indicar um bom tema para seu próximo vídeo ou post.

Além disso, observe os canais de maior sucesso em seu nicho. Veja como eles estruturam seus vídeos, quais títulos e thumbnails utilizam e como engajam com seus espectadores. Isso pode fornecer insights valiosos sobre o que está funcionando bem e o que poderia ser melhorado.

Outra estratégia eficaz é analisar as playlists criadas pelos canais. Muitas vezes, os criadores de conteúdo agrupam vídeos relacionados em playlists temáticas, o que pode dar uma visão clara das áreas de maior interesse do público. Por exemplo, uma playlist intitulada "Dicas para Iniciantes na Confeitaria" pode indicar que há uma grande demanda por conteúdo educacional básico.

Utilize as tendências e temas populares do YouTube para criar conteúdo que ressoe com seu público. Se um vídeo sobre "Bolos de Casamento Rústicos" está tendo muitos views, considere criar seu próprio conteúdo sobre esse tema, adicionando seu toque pessoal e expertise.

FONTES DE PESQUISAS DE CONTEÚDOS DE VALOR

Outro exemplo:

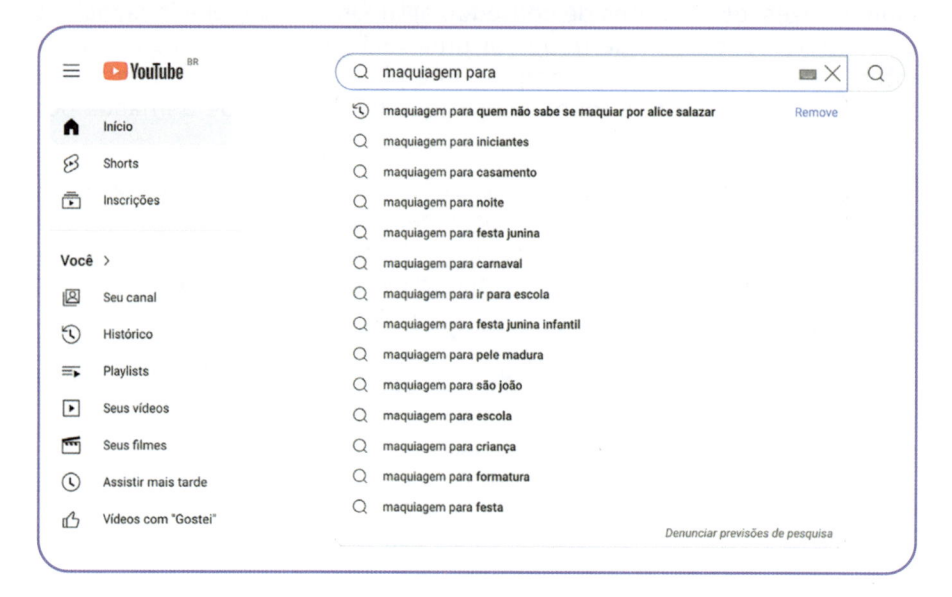

[Captura de tela da barra de busca do YouTube com o termo "maquiagem para" exibindo sugestões de pesquisa: maquiagem para quem não sabe se maquiar por alice salazar, maquiagem para iniciantes, maquiagem para casamento, maquiagem para noite, maquiagem para festa junina, maquiagem para carnaval, maquiagem para ir para escola, maquiagem para festa junina infantil, maquiagem para pele madura, maquiagem para são joão, maquiagem para escola, maquiagem para criança, maquiagem para formatura, maquiagem para festa.]

O YouTube é uma ferramenta poderosa para pesquisa de conteúdo. Use-o para identificar tendências, entender as necessidades do público e obter ideias para criar conteúdo relevante e envolvente.

BOX DE PERGUNTAS E RESPOSTAS NO INSTAGRAM

Abrir a caixinha de perguntas e respostas no Instagram é uma maneira eficaz de interagir diretamente com sua audiência e entender melhor suas necessidades e curiosidades. Esse método cria um canal de comunicação aberto e contínuo, permitindo que os seguidores enviem suas dúvidas, compartilhem suas experiências e se envolvam ativamente com seu conteúdo.

A estratégia de perguntas e respostas oferece várias vantagens. Primeiro, ela demonstra que você está disponível e acessível, disposto a ouvir e responder às perguntas dos seguidores. Isso ajuda a construir uma relação de confiança e transparência com seu público, essencial para fortalecer a lealdade e o engajamento.

Além disso, as respostas fornecidas nas caixinhas de perguntas podem servir como material valioso para a criação de novos conteúdos. As perguntas recorrentes indicam os tópicos de maior interesse e relevância para sua audiência. Por exemplo, se você é um nutricionista e percebe que muitas perguntas são sobre "qual o melhor whey protein", você pode criar posts, vídeos ou Stories específicos abordando esse tema. Explique as diferenças entre os tipos de whey protein, como isolado, concentrado e hidrolisado, e ofereça orientações sobre como escolher o melhor tipo de acordo com as necessidades individuais, como ganho de massa muscular, perda de peso ou suplementação.

Se você ainda não tem muita interação nas caixinhas de perguntas, não desanime! A frequência e a consistência dessa prática são cruciais. Continue utilizando essa estratégia e incentive seus seguidores a participarem, falaremos mais adiante sobre esse recurso.

Aqui estão alguns exemplos de como você pode utilizar a caixinha de perguntas e respostas de maneira eficaz:

→ **Nutricionista:** "Quais são suas maiores dificuldades em manter uma alimentação saudável?"
→ **Treinador de fitness:** "Qual exercício você gostaria de aprender a fazer corretamente?"
→ **Consultor de negócios:** "Qual é a sua maior dúvida sobre como iniciar um negócio? Pergunte e eu respondo!"
→ **Dentista**: "Você tem dúvidas sobre clareamento dental? Pergunte e eu esclareço!"
→ **Especialista em marketing digital:** "Qual é a sua maior dúvida sobre Instagram? Quero te ajudar!"
→ **Loja de roupas:** "Qual é sua maior dificuldade na hora de montar um look?

FERRAMENTA ANSWER THE PUBLIC

O "Answer the Public" é uma ferramenta valiosa que agrega perguntas e consultas que as pessoas fazem na internet sobre determinados tópicos. Basta inserir uma palavra-chave relevante para o seu negócio, e a ferramenta gerará uma lista de perguntas e tópicos relacionados que estão sendo pesquisados. Isso ajuda a identificar as preocupações e interesses do seu público, fornecendo uma base sólida para criar conteúdo que realmente ressoe com eles.

Para utilizar o "Answer the Public", você deve[6]:

1. **Inserir palavras-chave**: comece inserindo palavras-chave que sejam relevantes para o seu negócio. Por exemplo, se você trabalha como consultora de amamentação, pesquise "amamentação".

(Diagrama radial do Answer the Public com a palavra-chave central "amamentação". Volume de buscas: 27.1K. Custo por clique: $0.31. Ramificações incluem perguntas e termos como: como amamentar com almofada de amamentação; amamentação é a base da vida; amamentação é um método contraceptivo; amamentação é contraceptivo; amamentação é importante; amamentação é dentes da mãe; amamentação é quando o amor transborda em forma de alimento; amamentação onde encontrar; onde tem amamentação; roupa amamentação onde comprar; onde vende sutiã amamentação; onde comprar sutiã amamentação em são paulo; onde comprar sutiã amamentação em fortaleza; o que amamentação; o que a amamentação causa no corpo; o que é amamentação cruzada; o que é amamentação exclusiva; o que é amamentação mista; o que é amamentação em livre demanda; porque amamentação doi; porque a amamentação exclusiva até 6 meses; porque a amamentação previne o câncer de mama; porque na amamentação o cabelo cai; porque a amamentação é importante; porque a amamentação atrasa a menstruação; porque amamentação emagrece; por que amamentação é tão importante para a criança; por que a amamentação é tão importante para a criança; amamentação quando voltar a trabalhar; amamentacao quando para de doer; amamentação quando o leite desce; amamentação quando o leite acaba; amamentação quando esta grávida; amamentação quando tirar; quem amamentação pode comer coxinha; quem esta amamentação; licença amamentação quem tem direito; licença amamentação quem paga; auxílio amamentação quem tem direito; cetoprofeno para quem amamentação pode; amamentacao sao paulo; amamentação são quantos dias; licença amamentação corretos exceto são paulo; consultoria amamentação são paulo; são técnicas de amamentação; sutiã amamentação são paulo.)

---

[6] Fonte: *https://answerthepublic.com/pt/hzcaha/member/searches*. Acesso em: setembro de 2024.

PRODUÇÃO DE CONTEÚDO

2. **Analisar resultados**: a ferramenta gera uma lista extensa de perguntas e tópicos que as pessoas estão pesquisando. Esses resultados são apresentados em um formato visual que agrupa as perguntas por tipo, como "o que", "como", "quando", "por que", "quem", "onde", "qual" e "será que".
3. **Identificar tópicos relevantes**: percorra a lista de perguntas e identifique quais são as mais relevantes para o seu público-alvo. Escolha perguntas que você pode responder com autoridade e que correspondam aos interesses e necessidades dos seus seguidores.

Você encontrará uma vasta lista de informações, perguntas e palavras-chave que servirão como base para a sua produção de conteúdos.

Exemplo de tópicos mais pesquisados que apareceram na busca por "amamentação":

→ Amamentação e diabetes tipo 1.
→ Amamentação com silicone.
→ Amamentação e fórmula.
→ Poltrona de amamentação.
→ Como aliviar a dor na amamentação.
→ Benefícios da amamentação para a mãe.
→ Para que serve a rosquinha de amamentação.
→ Amamentação sem bico.

Essas são apenas algumas das dezenas de opções que aparecem na busca completa, mostrando a ampla gama de interesses e preocupações relacionadas ao tema. Explore as funcionalidades da ferramenta e comece a utilizá-la para planejar e desenvolver seus conteúdos.

ANÁLISE DE CONCORRENTES

Analisar o que seus concorrentes estão fazendo é uma forma eficaz de entender o mercado e identificar oportunidades de conteúdo. Ao observar o que outras empresas e profissionais do seu nicho estão publicando nas redes sociais, você pode aprender o que funciona, o que não funciona e onde há espaço para inovação.

Exemplos:

→ **Instagram:** veja os tipos de posts, Stories, Reels e lives que têm maior engajamento. Analise as legendas e os comentários dos seguidores para entender as dúvidas e reações, e acompanhe as perguntas feitas nas caixinhas de perguntas e respostas.

- **Facebook:** observe os posts que geram mais comentários, compartilhamentos e reações. As páginas de grupos também são uma fonte rica de informações sobre o que os consumidores estão discutindo. Preste atenção nas perguntas e nas discussões mais frequentes.
- **YouTube:** identifique os vídeos mais populares no seu nicho. Preste atenção aos títulos, descrições, miniaturas e duração dos vídeos. Leia os comentários para captar as reações dos espectadores e entender as dúvidas e interesses do público, como falamos no tópico anterior do Youtube como fonte de pesquisa.
- **TikTok:** veja quais vídeos estão viralizando e quais hashtags são populares. Note as tendências e os desafios que estão engajando o público. Analise os comentários para obter insights adicionais sobre o que está atraindo a atenção dos usuários.
- **Blogs e sites especializados:** leia os artigos mais comentados e compartilhados para entender quais tópicos estão em alta. Os comentários nos blogs também são uma mina de ouro para descobrir as preocupações e perguntas mais comuns do seu público.

Dica extra: você também pode fazer uma busca nas postagens de influenciadores do seu nicho. Observe as perguntas que as pessoas fazem, as preocupações que expressam e as sugestões que dão. Isso pode orientar a criação de conteúdo que responda diretamente às necessidades do seu público.

E lembre-se de que a análise da concorrência deve ser uma prática contínua. O mercado e as preferências dos consumidores estão sempre mudando, e manter-se atualizado com as tendências ajudará você a adaptar suas estratégias de conteúdo e permanecer relevante.

INTELIGÊNCIA ARTIFICIAL

O uso da inteligência artificial (IA) tem se mostrado uma ferramenta poderosa na criação de conteúdo, oferecendo novas formas de gerar ideias e desenvolver estratégias eficazes de marketing para o Instagram. O ChatGPT, desenvolvido pela OpenAI, é um exemplo notável de como a IA pode ser utilizada para inspirar e aprimorar suas produções de conteúdo de forma eficiente e criativa, com sua capacidade de entender contextos e fornecer sugestões detalhadas.

Para começar, o ChatGPT pode ajudar na geração de tópicos relevantes para suas postagens no Instagram. Ao inserir palavras-chave relacionadas ao seu negócio, você pode pedir ao ChatGPT para sugerir uma lista de tópicos pertinentes. Por exemplo, se você possui uma loja de produtos de beleza, pode solicitar sugestões de conteúdo sobre cuidados com a pele, tendências de maquiagem ou resenhas de produtos. Uma consulta como "Quais são alguns tópicos interessantes para posts de cuidados com a pele no Instagram?" pode gerar várias ideias interessantes.

Além de fornecer ideias de tópicos, o ChatGPT também pode auxiliar no desenvolvimento de conteúdo para suas postagens. Você pode pedir ao modelo para criar legendas envolventes, gerar ideias para Stories ou sugerir conceitos para Reels. Por exemplo, você pode solicitar: "Pode me ajudar a criar uma legenda para uma postagem sobre os benefícios do retinol para a pele?" e obter uma legenda bem elaborada e atraente.

Outra utilidade prática é na criação de respostas a perguntas frequentes que surgem nos comentários ou nas caixinhas de perguntas dos Stories. O ChatGPT pode gerar respostas detalhadas para as dúvidas mais comuns de seus seguidores, ajudando a manter uma interação contínua e informativa com seu público. Uma consulta como "Como posso explicar de forma clara os benefícios do ultraformer?" pode resultar em uma resposta clara e concisa.

Os benefícios de usar a inteligência artificial para a produção de conteúdo no Instagram são inúmeros. A eficiência é um dos principais, pois a IA pode rapidamente gerar uma vasta quantidade de ideias e conteúdos, economizando tempo precioso. A criatividade também é estimulada, fornecendo sugestões inovadoras que você talvez não tenha considerado, ajudando a diversificar seu conteúdo e atrair mais público. A personalização também é um ponto forte, pois a capacidade da IA de entender e adaptar-se ao seu contexto específico permite criar conteúdos que ressoam melhor com seu público-alvo. Para isso, você precisa dar detalhes de quem é o seu cliente ideal e falar de forma específica sobre o seu negócio para que tenha um alinhamento com a ferramenta.

A inteligência artificial, quando utilizada de forma eficaz, pode ser uma aliada poderosa para a sua produção de conteúdo. Explore as possibilidades e aproveite ao máximo essa inovação para facilitar o seu dia a dia. Porém, é importante lembrar que a IA deve ser apenas uma parte do seu arsenal de ferramentas. Não fique restrito apenas à inteligência artificial; utilize as outras formas de pesquisa mencionadas anteriormente também. Observe de perto o que acontece em outros canais de busca e ferramentas, e acompanhe com seus próprios olhos e ouvidos o que os consumidores estão falando e precisando. Essas outras fontes de contato são preciosas e proporcionam uma visão mais ampla e contextual do seu mercado. Integrar diferentes métodos de pesquisa enriquecerá seu entendimento do público e fortalecerá sua estratégia de conteúdo.

TIPOS DE CONTEÚDOS

AGORA, VAMOS TRABALHAR os diferentes tipos de conteúdo que você pode produzir para o seu Instagram. Criar uma variedade de conteúdos é essencial para manter seu público engajado e interessado no que você tem a oferecer. Cada tipo de conteúdo tem um propósito específico e pode ajudar a construir uma marca forte, autêntica e conversiva. A seguir, vamos explorar as principais categorias de conteúdos que podem transformar seu perfil e impulsionar seu sucesso na plataforma e nas suas vendas.

CONTEÚDOS DE VENDA

Os conteúdos de venda são fundamentais para qualquer negócio que busca converter seguidores em clientes no Instagram. No entanto, é importante abordar esse tipo de conteúdo de maneira estratégica e cuidadosa para evitar que seu perfil se torne apenas um catálogo de produtos. A ideia é integrar os conteúdos de venda de forma que eles agreguem valor e despertem interesse e desejo no público, em vez de simplesmente promover produtos de maneira direta e repetitiva.

Um dos métodos mais eficazes para criar conteúdos de venda é focar nos benefícios e nas transformações que seus produtos ou serviços proporcionam. No lugar de apenas mostrar o produto, destaque como ele pode melhorar a vida do cliente. Explique os principais benefícios, funcionalidades e vantagens que ele oferece. Isso ajuda a criar uma conexão emocional com o público, mostrando que você entende suas necessidades e pode oferecer soluções reais.

Exemplo: Imagine que você vende produtos de skincare. Em vez de apenas postar uma foto do produto, você pode criar um vídeo explicando como ele ajuda a reduzir a acne, melhorar a textura da pele e aumentar a hidratação. Mostre depoimentos de clientes que tiveram resultados positivos e compartilhe fotos de antes e depois. Após a apresentação, inclua um CTA como "Clique no link na bio para comprar agora" ou outra forma de direcionamento para a realização da compra.

Os detalhes fazem a diferença na percepção de valor dos seus produtos ou serviços. Compartilhe informações específicas que destacam os diferenciais e a qualidade do que você oferece. Isso pode incluir materiais usados, processos de fabricação, ingredientes exclusivos ou qualquer característica e benefício que torne seu produto único.

Se você vende semijoias, explique os materiais utilizados, como a prata 925 ou o banho de ouro. Fale sobre a durabilidade das peças, a resistência à oxidação e o design exclusivo. Mostre o processo de fabricação artesanal, destacando a atenção aos detalhes e a qualidade do acabamento. Finalize com um CTA, como "Acesse o link na bio para explorar nossa coleção e comprar suas peças favoritas".

Mostrar o produto em uso é uma maneira eficaz de ajudar o cliente a visualizar como ele pode se beneficiar dele. Crie conteúdos que demonstrem o produto sendo usado em diferentes situações e por diferentes pessoas. Isso ajuda a criar uma imagem mais realista e tangível do produto, aumentando o desejo de compra.

Caso você venda roupas, publique fotos e vídeos de modelos ou clientes reais usando as peças em várias ocasiões, como no trabalho, em festas ou em eventos casuais. Mostre combinações de looks e dê dicas de estilo para inspirar seu público. Inclua um CTA, como "Gostou desse look? Compre agora através do nosso WhatsApp!".

Agora, se você é um dentista que trabalha com Invisalign, você pode criar um vídeo explicando os benefícios do Invisalign em comparação aos aparelhos tradicionais, destacando a transparência, o conforto e a facilidade de remoção. Mostre depoimentos de pacientes satisfeitos e fotos de antes e depois. Finalize com um CTA como "Agende sua consulta gratuita para saber mais sobre o Invisalign. Clique no link na bio!"

Pensando em um prestador de serviço, cabeleireiro, você pode compartilhar vídeos e fotos de antes e depois de cortes, colorações e tratamentos realizados no salão, destacando o processo e o resultado final. Além disso, crie vídeos explicando técnicas específicas ou tinturas diferenciadas que você utiliza, mostrando por que elas são melhores e como beneficiam o cliente. Inclua depoimentos de clientes satisfeitos e um CTA como "Gostou da transformação? Agende seu horário pelo link na bio!"

É importante que seus conteúdos de venda não sejam excessivamente comerciais ou catalogáveis. Fotos com fundos brancos, mal iluminadas ou visualmente poluídas podem afastar os seguidores. Concentre-se em criar imagens e vídeos de qualidade que sejam visualmente agradáveis e instagramáveis!

Uma foto instagramável é uma imagem que possui qualidades visuais atraentes e é altamente propensa a ser compartilhada e curtida no Instagram. Essas fotos geralmente capturam momentos, lugares, produtos ou situações de maneira estética e envolvente, despertando o interesse e a admiração dos seguidores.

Exemplo: se você tem uma loja de cupcakes, uma foto instagramável não seria apenas uma imagem de um cupcake em uma mesa. Em vez disso, você pode criar uma cena com uma mesa decorada, cupcakes bem apresentados com coberturas atraentes, uma boa iluminação natural que realce as cores dos cupcakes, e talvez alguns utensílios de cozinha vintage ou flores ao fundo para adicionar contexto e beleza à foto. Isso não só destaca o produto, mas também cria uma atmosfera que faz os seguidores quererem ser parte daquela experiência.

Uma foto instagramável de um corte de cabelo em um salão não seria apenas uma imagem do cabelo finalizado. Em vez disso, você poderia criar uma cena com uma cadeira de salão estilosa, em frente a uma bancada organizada, ou com um espelho bem iluminado, A iluminação deve ser natural ou bem ajustada para realçar as cores e o brilho do cabelo. Adicione detalhes como produtos de alta qualidade em segundo plano ou uma decoração elegante do salão para complementar a estética. Isso destaca o trabalho do cabeleireiro e ainda cria uma atmosfera que faz os seguidores quererem vivenciar a experiência no salão.

Para manter o interesse do público, é crucial quebrar padrões e inovar na forma como você apresenta seus produtos ou serviços. Experimente diferentes ângulos, ambientes e contextos para suas fotos e vídeos. Utilize criatividade para destacar o que você entrega de maneira única e envolvente.

Os conteúdos de venda, quando bem executados, não apenas promovem seus produtos ou serviços, mas também educam e engajam seu público, aumentando a percepção de valor e a probabilidade de conversão. Lembre-se de integrar esses conteúdos de forma natural em sua estratégia de marketing, combinando-os com outros tipos de conteúdos para manter um feed equilibrado e atraente.

CONTEÚDOS DE CONEXÃO

Os conteúdos de conexão são essenciais para construir uma relação sólida e autêntica com seus seguidores no Instagram. Ao compartilhar histórias, curiosidades, sua jornada e os bastidores do seu negócio, você humaniza sua marca e cria um vínculo emocional com seu público. Isso não só aumenta o engajamento, mas também fortalece a lealdade dos seus seguidores, transformando-os em clientes fiéis e defensores da marca.

É fundamental lembrar que o Instagram é uma rede de relacionamento e conexões, e criar esses laços é essencial para o sucesso na plataforma. Vou te mostrar alguns exemplos de conteúdos de conexão que você pode produzir a seguir.

CONTE BOAS HISTÓRIAS

Certa vez, decidi que era hora de me dar um presente especial depois de um ano repleto de desafios e conquistas. Entrei em uma boutique de luxo, sabendo que estava prestes a fazer um investimento significativo em uma de suas icônicas bolsas. Fui recebida por um vendedor extremamente atencioso, que me conduziu pela loja e explicou cada detalhe dos produtos com uma paixão impressionante.

Ao chegarmos na seção de bolsas, meus olhos foram imediatamente atraídos por uma peça específica. O vendedor, percebendo meu interesse, começou a compartilhar a história por trás daquela bolsa única. Ele contou que a boutique tem uma longa tradição na escolha dos materiais e no design de suas bolsas. Mas o que realmente me cativou foi a história da fivela da bolsa.

Ele explicou que a fivela dessa linha de bolsas foi inspirada na coleira do cachorro de estimação do fundador da empresa. Esse cachorro, considerado um membro especial da família, tinha uma coleira especialmente desenhada para ele com um fecho exclusivo. Esse detalhe sentimental foi incorporado ao design das bolsas, simbolizando lealdade, proteção e o carinho pelos detalhes que a empresa valoriza.

Essa história fez com que eu visse a bolsa de uma maneira completamente nova. De repente, não era apenas uma peça de luxo, mas um símbolo de tradição, amor e história. Fiquei encantada e decidi que aquela bolsa seria minha. Cada vez que olhava para ela, lembrava-me da história que o vendedor havia compartilhado. E, quando uso a bolsa e encontro alguém que sei que tem interesse, faço questão de compartilhar essa história.

Esse exemplo real reforça a ideia de que contar histórias é uma das maneiras mais eficazes de criar uma conexão emocional com sua audiência. As histórias permitem que seus seguidores vejam o lado humano da sua marca, usem a imaginação e visualizem os detalhes de maneira mais vívida. Nesse sentido, compartilhe histórias envolventes que conectem sua audiência ao seu negócio. Por exemplo, explique como e por que seu produto foi criado, destacando os problemas que ele resolve e as inspirações por trás dele. Compartilhe a jornada da sua empresa desde o início, incluindo desafios, sucessos e aprendizados. Conte também a experiência de um cliente que teve uma transformação positiva com o seu produto ou serviço.

Use storytelling para tornar seu conteúdo mais cativante. *Storytelling* é a arte de contar histórias de maneira envolvente, criando uma conexão emocional com o público. Dessa forma, você torna a experiência mais rica e memorável, aumentando a retenção da atenção do seu seguidor. Por exemplo, em vez de apenas descrever os benefícios de um produto, conte uma história sobre como ele fez a diferença na vida de um cliente.

Vamos a um exemplo de uma história sem storytelling versus uma história com storytelling:

→ **Sem storytelling:** "No meu primeiro ano de operação, lancei um novo produto e fiz uma grande campanha de marketing, mas as vendas foram baixas porque eu não conhecia bem o meu público-alvo. Depois disso, comecei a ouvir mais os clientes através de pesquisas e entrevistas, o que ajudou a melhorar meus produtos e campanhas de marketing. Aprendi que a paciência é importante para o crescimento sustentável, e que não se trata de grandes saltos, mas de pequenos passos diários. Também percebi que o relacionamento pós-venda é crucial para fidelizar clientes e gerar indicações valiosas. Agora, entendo que conhecer o público, ter paciência e valorizar o relacionamento com o cliente são fundamentais para o sucesso do negócio."

→ **Com storytelling:** "Quando comecei minha jornada como empreendedora, eu tinha uma visão clara e muita paixão, mas pouca experiência em lidar com os desafios diários de administrar um negócio. Um dos maiores aprendizados que tive veio de um erro que quase me custou a empresa. No meu primeiro ano de operação, lancei um novo produto com grande expectativa. Passei meses desenvolvendo e aperfeiçoando cada detalhe. Quando finalmente estava pronto, investi tudo o que tinha em uma grande campanha de marketing, esperando um retorno imediato. No entanto, as vendas foram decepcionantes, e eu comecei a entrar em pânico.

Percebi que tinha cometido um grande erro: não conhecia bem o meu público-alvo. Eu estava tão focada em criar o produto perfeito que me esqueci de ouvir meus clientes e entender suas necessidades reais. A campanha de marketing foi um fracasso porque não ressoou com o que eles realmente queriam. Foi um período difícil, mas foi aí que aprendi uma das lições mais valiosas da minha trajetória. Decidi mudar minha abordagem e comecei a investir mais tempo em ouvir meus clientes. Criei pesquisas, fiz entrevistas e passei a prestar atenção às suas sugestões e feedbacks. Isso não só melhorou a qualidade dos meus produtos, mas também me ajudou a criar campanhas de marketing que realmente falavam com meu público.

Uma segunda lição importante que aprendi foi sobre a importância da paciência. No início, eu queria ver resultados rápidos e me frustrei quando isso não aconteceu. Mas com o tempo, percebi que o crescimento sustentável vem de um esforço constante e consistente. Não se trata de grandes saltos, mas de pequenos passos diários. Cada feedback, cada melhoria no produto, cada interação com um cliente contribuiu para o crescimento gradual do meu negócio.

Por fim, aprendi que o relacionamento pós-venda é crucial. Antes, eu acreditava que o trabalho estava feito assim que o cliente comprava o produto. Mas ao começar a investir em um bom atendimento pós-venda, percebi que isso não só fidelizava os clientes, como também gerava indicações valiosas. Hoje, muitos dos meus melhores clientes vieram por meio de recomendações de outros satisfeitos.

Essas lições moldaram a empresária que sou hoje. Aprendi que conhecer o público, ter paciência e valorizar o relacionamento com o cliente são pilares fundamentais para qualquer negócio de sucesso. E agora, compartilho essas histórias para que outros possam aprender com meus erros e acertos, e talvez, evitar alguns dos tropeços que eu enfrentei no caminho."

Percebe a diferença?

Outra maneira de criar conexão, é divulgando fatos interessantes sobre você, sua marca e o seu mercado. Revele hobbies, paixões ou experiências únicas que ajudem os seguidores a conhecê-lo melhor. Informe seu público sobre tendências, novidades ou fatos históricos relevantes para o seu nicho. Explique características exclusivas do seu produto que os consumidores possam não conhecer, como inovações tecnológicas, materiais sustentáveis ou processos de fabricação.

Exemplo: "Oi, pessoal! Eu sou a Luísa Mendes, tenho 35 anos e sou a fundadora da empresa X. Meu hobby favorito é fazer trilhas nas montanhas, adoro passar meu tempo livre explorando a natureza e capturando a beleza ao meu redor com minha câmera fotográfica, nem ligo para os mosquitos! Sempre tive um grande sonho de viajar pelo mundo conhecendo diferentes culturas, e estou trabalhando duro todos os dias para alcançar esse objetivo. O meu destino dos sonhos é a Tailândia. Você já foi lá?

Uma outra curiosidade sobre mim é que minha comida favorita é lasanha, adoro uma lasanha bem recheada com queijo e molho branco. E, ao contrário da maioria das pessoas, eu não gosto de sushi! Sei que é uma opinião polêmica, mas simplesmente não consigo gostar do sabor e da textura, morro de agonia! Um dos maiores sucessos que conquistei foi ser reconhecida como uma das empreendedoras de destaque no setor de artesanato sustentável, o que me mostrou que com dedicação e paixão, tudo é possível.

Um fato curioso e pessoal: eu morro de medo de cachorro porque, quando eu era criança, fui mordida por um. Mas estou trabalhando para superar esse medo, passo a passo. Recentemente, comecei a interagir mais com cães de amigos e até participei de algumas sessões de terapia com cães para ajudar na minha recuperação.

Espero que tenham gostado de saber um pouco mais sobre mim! Agora, conte nos comentários algo interessante sobre você!"

BASTIDORES

Ao abrir as portas do seu dia a dia, você permite que as pessoas se sintam parte do processo, tornando sua marca mais acessível e humana. Tour pelo espaço físico é uma excelente maneira de envolver seus seguidores, levando-os para um passeio pelo seu escritório, consultório, loja, fábrica ou qualquer outro lugar de trabalho.

A apresentação da equipe é outra forma eficaz de humanizar sua marca. Apresente os membros da sua equipe e explique suas funções. Destaque o papel de cada pessoa no sucesso da empresa e compartilhe histórias sobre suas contribuições. Isso também ajuda a fortalecer o senso de comunidade.

Mostrar o estoque e os processos também são conteúdos muito interessantes. Mostre como é o processo de armazenamento, embalagem e envio dos produtos. Explique os cuidados e todo o carinho tomados para garantir a qualidade, eficiência e experiência do cliente. Por exemplo, você pode mostrar como cada pedido é cuidadosamente embalado para garantir que chegue em perfeitas condições, ou como o controle de estoque é mantido para evitar qualquer problema de disponibilidade.

Compartilhar os seus rituais ou os rituais na empresa também cria uma conexão forte com seu público. Por exemplo, você pode mostrar sua rotina matinal, onde acorda, toma um café enquanto revisa seu checklist e planeja as atividades do dia. Ao final da tarde, você pode mostrar como se dedica à produção de conteúdo para manter seu perfil atualizado e engajado. Já na empresa, pode compartilhar tradições como o reconhecimento mensal de um funcionário destaque ou o fechamento do mês com um lanche especial para toda a equipe. Esses momentos não só humanizam a marca, mas também mostram a dedicação e o cuidado com o bem-estar e a motivação da equipe.

Ao abrir esses bastidores, você fortalece a relação com seus seguidores, que passam a se sentir parte da sua jornada. Os clientes passam também a valorizar a autenticidade e o esforço que está por trás dos produtos e serviços que consomem.

SUA VIDA PESSOAL NA MEDIDA CERTA

Mostrar um pouco da sua vida pessoal também traz humanização para o seu perfil e pode ser um tipo de conteúdo eficaz. No entanto, é crucial entender que não se deve exagerar. Eu recomendo manter uma proporção equilibrada, como 70% de conteúdos voltados ao seu negócio e 30% de conteúdos pessoais.

Exagerar no conteúdo pessoal pode confundir o público sobre o que você oferece, fazendo com que você perca o posicionamento. Lembre-se de que o Instagram profissional é para ser usado de forma estratégica, e tudo deve ser pensado para agregar valor ao seu negócio. Entenda que postar sobre sua vida pessoal não significa se expor de forma desnecessária ou compartilhar o que você não quer. Aproveite-se dessa possibilidade de um jeito que faça sentido para você, unindo o pessoal de forma estratégica.

Quando for possível, traga fotos ou vídeos pessoais e contextualize-os com o seu negócio. Por exemplo, ao compartilhar suas viagens, não poste apenas fotos e Stories aleatórios. Crie uma narrativa, peça dicas sobre o local onde está e faça com que seus seguidores participem. Conte sobre uma experiência positiva com um negócio local ou sobre um atendimento mal realizado e ofereça dicas de como poderia ter sido melhor, levando um aprendizado para a sua audiência. Fale também sobre a importância do descanso, destacando que trabalhar é essencial, mas descansar também é importante para manter o equilíbrio. Pergunte aos seus seguidores qual foi o destino favorito deles.

Um exemplo prático poderia ser compartilhar um momento na academia, falando sobre a importância de cuidar da saúde física como empreendedor. Você pode postar um vídeo ou uma foto durante o treino e explicar como isso ajuda a manter a energia e a motivação no dia a dia de trabalho.

Outro exemplo é compartilhar uma leitura de livro e fazer uma recomendação, falando sobre a importância de continuar estudando e se atualizando. Você pode dizer algo como: "Estou lendo este livro incrível sobre estratégias de marketing digital. Manter-se atualizado é fundamental para o crescimento do nosso negócio. E vocês, o que estão lendo no momento?"

Caminhar no parque também se torna uma oportunidade de conteúdo. Compartilhe uma foto ou vídeo durante uma caminhada e fale sobre a importância de cuidar da saúde mental. "Adoro caminhar no parque para relaxar e clarear a mente. É essencial cuidar da saúde mental para sermos mais produtivos e criativos no trabalho. O que você gosta de fazer para relaxar?"

Compartilhar momentos com a família também é uma excelente maneira de criar conexão. Poste uma foto ou vídeo com sua família e explique como eles são sua maior motivação. Pergunte nos comentários: "Qual é a maior motivação de vocês hoje?"

Perceba que, em todas essas postagens, o contexto é essencial. Procure agregar valor ou criar uma conexão genuína com seus seguidores. Não faça postagens "soltas", aleatórias e sem fundamento. Portanto, faça postagens pessoais com inteligência e estratégia, sempre buscando agregar valor e fortalecer seu posicionamento.

PROPOSTA DE EXERCÍCIO

Independentemente do seu produto ou serviço, há várias opções de conteúdos de conexão que você pode produzir. Escreva, no mínimo, cinco ideias de conteúdos de conexão que você pode criar para o seu negócio. Não se limite aos exemplos fornecidos. Quanto mais ideias você conseguir listar, melhor!

1. _____

2. _____

3. _____

4. _____

5. _____

MOTIVAÇÃO

Os conteúdos motivacionais são uma excelente maneira de "pôr o seu público pra cima", trazendo conexão e inspiração. Esses tipos de conteúdo ajudam a criar um vínculo emocional com os seguidores, mostrando que você se importa com eles além do aspecto comercial. Eu, por exemplo, trabalho muita motivação no meu Instagram, falando sobre empreendedorismo, sobre o sentimento de desânimo, sobre persistência e sobre o medo do julgamento. Esse tipo de conteúdo faz muito sentido para o meu público-alvo e agrega muito valor.

No entanto, é importante lembrar que você não pode se tornar uma página motivacional. É crucial equilibrar os conteúdos motivacionais com outros tipos de conteúdo para manter a relevância e o interesse dos seus seguidores. Tenha bom senso e trabalhe o todo, integrando motivações com informações e vendas.

Trabalhar conteúdos motivacionais não é apenas pegar frases prontas e replicá-las no seu perfil. Isso não alavanca seu posicionamento e não agrega nada ao negócio. Em vez disso, você precisa colocar sua visão, seus valores e sua mensagem própria. Assim, as pessoas se identificarão com você e com a sua marca.

Vou compartilhar um exemplo de postagem motivacional que já compartilhei com meus seguidores. Esta mensagem foi escrita de forma genuína, com o intuito de abordar exatamente o que minha audiência precisava ouvir naquele momento, e foi muito bem recebida por todos. Talvez sirva para você também, para além de um exemplo!

"DESABAFO

Essa postagem é para você que tem poucos seguidores e se afeta com isso ou para você que tem muitos seguidores e também se afeta com isso.

Como assim, Júlia?

Ao longo dos meus anos trabalhando com o Instagram, eu vejo dois cenários que me incomodam muito:

Profissionais incríveis, mas que têm poucos seguidores e, por isso, não se sentem tão incríveis assim; e isso me dói. Número de seguidores não define ninguém. Não é porque você tem poucos seguidores em seu perfil que o seu trabalho ou o seu conteúdo não são bons. Não é porque você tem poucos seguidores que você não terá resultados ou não será reconhecido. Tá doido? Conquistar seguidores faz parte de um processo de estratégias e técnicas. Simples assim. Se você quer ter muitos seguidores, você só precisa aprender a fazer isso acontecer, aprender a pôr as campanhas de marketing para rodar da maneira certa. Isso é uma habilidade que se aprende. E, sinceramente? Quando você entende que número de seguidores não é tudo, e realmente não é, as coisas ficam mais leves. Aprenda a usar o Instagram da maneira certa, aprenda as estratégias, dê o seu melhor, se importe com as pessoas de forma genuína. Assim, você conquistará cada vez mais audiência ao longo do tempo.

O segundo cenário é das pessoas que têm muitos seguidores, mas se sentem impostores por isso. Pessoas que têm números, mas não têm resultados, vendas ou monetização. E, por isso, se sentem uma fraude perante os outros. De novo... tá doido? O número, mais uma vez, não te define. Monetização e vendas fazem parte de um processo e de técnicas. De novo, habilidades que podem ser aprendidas. Só precisa descobrir onde está a falha no processo e fazer a correção.

Ter poucos seguidores ou muitos seguidores não define quem você é ou o trabalho que você faz. Não define resultados, não define sucesso, não define felicidade.

Dê o seu melhor, invista em conhecimento, siga um método, se importe com as PESSOAS. Isso te trará resultados; o resto vem como consequência.

Tô com você nessa jornada. Você já sabe, né? 🖤"

CONTEÚDOS DE CREDIBILIDADE

Os conteúdos de credibilidade são essenciais para trazer confiança e segurança ao seu consumidor, valores imprescindíveis para concretizar uma venda. As pessoas só compram de quem confiam, e é aqui que esses conteúdos entram em cena, fortalecendo a percepção de que sua marca é confiável e de alta qualidade.

Um exemplo de conteúdo de credibilidade são as fotos de palestras ou eventos onde você ou sua equipe participaram como especialistas. Mostrar que você está envolvido em discussões importantes no seu setor demonstra autoridade e expertise. Além disso, compartilhar certificações obtidas, sejam de cursos, treinamentos ou reconhecimentos profissionais, reforça ainda mais sua qualificação e compromisso com a excelência.

Publicações em revistas ou jornais também são ótimos para consolidar sua credibilidade. Se sua marca foi destaque em alguma mídia respeitável, compartilhe isso com seus seguidores. Isso mostra que sua empresa está sendo reconhecida por entidades externas e independentes.

Outro recurso poderoso são as pessoas influentes utilizando seus produtos ou falando sobre você. Se uma figura respeitada ou conhecida utiliza e aprova seus produtos, isso pode influenciar positivamente a percepção de seus seguidores. Publique fotos ou vídeos dessas pessoas utilizando seus produtos, ou ainda, reposte o conteúdo gerado por elas.

As fotos de antes e depois são particularmente eficazes em nichos onde os resultados visíveis são importantes, como na indústria da beleza, fitness ou decoração. Mostrar transformações reais que seus produtos ou serviços proporcionaram ajuda os clientes a visualizar os benefícios de escolher você e proporciona mais segurança, quebrando a objeção de que "isso não funciona".

Depoimentos de clientes, seja em vídeo ou texto, são outra forma poderosa de construir credibilidade. Peça aos seus clientes satisfeitos que compartilhem suas experiências. Isso pode ser feito através de vídeos curtos, prints de depoimentos nos comentários, directs ou mensagens de WhatsApp. Mostrar a voz dos seus clientes satisfeitos reforça a confiança em sua marca.

Para conseguir esses depoimentos, é importante criar uma situação de interação que estimule a participação dos seus clientes. Por exemplo, você pode oferecer premiações, como: "Como nosso produto mudou a sua vida? O melhor depoimento ganhará um prêmio!"

Lives no Instagram também são uma ótima forma de entrevistar seus clientes e coletar trechos de depoimentos. Gravar Stories pedindo para os clientes contarem suas experiências ou fazer um post no Instagram pedindo o feedback nos comentários são estratégias eficazes.

Ao solicitar um depoimento, direcione seu cliente com algumas perguntas para obter uma narrativa rica e detalhada:

→ Conte-me um resumo da sua história.
→ Qual era o seu problema antes de conhecer o meu produto e como você se sentia?
→ Quais foram as consequências desse problema na sua vida?
→ Como descobriu o nosso produto?
→ Quais foram os resultados e transformações que o produto trouxe para a sua vida e como você se sente?
→ O que você achou do nosso atendimento?
→ Temos permissão para divulgar o depoimento para ajudar na decisão de outras pessoas que sofrem com o mesmo problema e que estão precisando de ajuda?

Personalize as perguntas conforme necessário para se alinharem ao seu negócio e objetivos e não se limite a essas sugestões.

Outro elemento de credibilidade que você pode usar a seu favor é a repostagem de fotos ou materiais dos seus clientes ou seguidores que estão usando seus produtos ou consumindo seus serviços e compartilhando na internet. Por exemplo, quando um seguidor posta a foto do meu livro e me marca, eu verifico se ela tem qualidade e se está de acordo com o que eu busco levar para os meus seguidores, e então, eu a reposto. Por isso, sempre fico de olho nos materiais que me marcam nos Stories, enviam por directs, WhatsApp ou outros meios.

Lembre-se de que as pessoas amam se sentir especiais e saber que a opinião delas é importante. Quando você mostra a elas que presta atenção, você as fideliza em seu negócio. Repostar conteúdo gerado pelos seus seguidores não só valida a experiência deles com a sua marca, mas também cria uma sensação de comunidade e reconhecimento, o que é altamente valorizado.

Dessa forma, espero que você tenha compreendido a importância dos conteúdos de credibilidade em sua estratégia de marketing no Instagram. Eles são fundamentais para construir uma base sólida de confiança e segurança, elementos essenciais para transformar seguidores em clientes. Agora, vamos explorar o próximo tipo de conteúdo.

PROPOSTA DE EXERCÍCIO

Liste os conteúdos de credibilidade que você pode gerar para o seu Instagram e nomeie clientes aos quais você pode pedir depoimentos.

_____
_____
_____
_____
_____
_____
_____
_____
_____
_____
_____
_____
_____
_____
_____

CONTEÚDOS EDUCATIVOS

Os conteúdos educativos são fundamentais para engajar e educar sua audiência no Instagram. Eles ajudam a esclarecer dúvidas, fornecer informações valiosas e mostrar a expertise do seu negócio. Esse tipo de conteúdo é altamente compartilhável e tende a gerar muitos "salvamentos" por parte dos seguidores, o que é muito importante para o crescimento orgânico do seu perfil. Aqui estão algumas maneiras de criar conteúdos educativos que podem beneficiar sua estratégia de marketing.

Os conteúdos tutoriais são uma excelente forma de ensinar o passo a passo de um processo ou o uso de um produto para sua audiência. Por exemplo, você pode criar vídeos demonstrando como usar um produto específico, como um creme facial, mostrando todas as etapas de aplicação e os benefícios de cada ingrediente. Outra ideia é produzir vídeos ensinando técnicas específicas, como uma técnica de respiração para aliviar o estresse. Além disso, você pode fazer postagens detalhadas explicando como executar um exercício da forma correta na academia ou como usar um aplicativo de edição de vídeos, mostrando todas as funcionalidades da ferramenta.

Se você trabalha com moda, uma ótima ideia é criar tutoriais demonstrando como usar uma peça de roupa de diferentes formas. Por exemplo, mostre várias maneiras de estilizar um lenço, transformando-o em acessório de cabelo, cinto ou bolsa. Demonstrações de como limpar e manter acessórios, como joias ou sapatos, também são muito úteis para os seguidores, proporcionando valor prático e aumentando a longevidade dos produtos.

Os conteúdos explicativos respondem a perguntas frequentes como "o que", "por que", "quando" e "como". O objetivo é educar a audiência, trazendo maior consciência sobre seu produto, serviço ou negócio. Por exemplo, explique por que produzir conteúdo no Instagram é importante para as vendas, abordando os benefícios de engajamento e alcance orgânico. Você pode também criar um vídeo explicando como perder a vergonha de gravar vídeos para o Instagram, oferecendo dicas práticas para se sentir mais à vontade diante das câmeras.

Outro exemplo de conteúdo explicativo é detalhar a diferença entre o feed e os Stories do Instagram, explicando como cada um pode ser utilizado de maneira estratégica. Ou então esclarecer o que é engajamento e por que ele é crucial para o sucesso do seu negócio, ajudando a audiência a entender melhor a importância das interações e do relacionamento com os seguidores.

Incorporar um quadro de perguntas e respostas, como #JuResponde, também é uma ótima maneira de interagir com a sua audiência e fornecer informações valiosas. Responda às dúvidas mais frequentes dos seus consumidores, criando uma conexão direta e mostrando que você está atento às necessidades deles.

Os conteúdos educativos agregam valor e conhecimento aos seguidores, que se sentirão gratos por estarem aprendendo algo novo e interessante. Esse tipo de conteúdo aciona o gatilho da reciprocidade, onde as pessoas sentem uma necessidade natural de retribuir quando recebem algo de valor. Quando você oferece conhecimento de forma gratuita e útil, os seguidores ficam mais inclinados a confiar em você e em seu negócio, o que facilita o processo de conversão de seguidores em clientes.

Por exemplo, ao ensinar uma técnica específica de maquiagem em um tutorial, você não está apenas demonstrando sua expertise, mas também ajudando sua audiência a resolver um problema ou aprender algo novo. Esse tipo de engajamento cria uma sensação de gratidão e reconhecimento, fazendo com que os seguidores se sintam mais próximos de você e valorizem seu conteúdo. Quando eles percebem que estão ganhando algo valioso sem nenhum custo, tendem a retribuir comprando seus produtos ou serviços.

Além disso, conteúdos educativos fortalecem sua posição como autoridade no seu nicho. Quando você explica conceitos importantes, responde a perguntas frequentes ou oferece dicas práticas, você demonstra conhecimento profundo e habilidade, o que aumenta sua credibilidade. Essa percepção positiva pode levar os seguidores a escolherem sua marca em vez de concorrentes, porque eles confiam que você tem a experiência necessária para atender às suas necessidades.

Ao fornecer informações valiosas regularmente, você mantém sua audiência engajada e interessada. Isso não só melhora o engajamento com suas postagens, mas também aumenta a probabilidade de seus seguidores compartilharem seu conteúdo com outras pessoas. Quanto mais seu conteúdo é compartilhado, maior é seu alcance e, consequentemente, sua base de seguidores.

PROPOSTA DE EXERCÍCIO

Liste pelo menos cinco conteúdos educativos que você pode criar para a sua audiência.

1. _____
_____
_____
_____

2. _____
_____
_____
_____

3. _____
_____
_____
_____

4. _____
_____
_____
_____

5. _____
_____
_____
_____

TIPOS DE CONTEÚDOS

CONTEÚDOS PROBLEMA-SOLUÇÃO

Eu poderia ter incorporado esse tipo de conteúdo no tópico anterior, mas resolvi trabalhá-lo à parte para trazer mais profundidade. Os conteúdos problema-solução são uma forma poderosa de mostrar como seu produto ou serviço pode resolver os problemas e atender às necessidades do público.

Independentemente do setor em que você atua, sempre existem dores, incômodos ou desafios que seus clientes enfrentam. Identificar esses problemas e oferecer soluções práticas através de seu conteúdo pode não só atrair a atenção do público, mas também posicionar sua marca como uma referência confiável e útil, como temos falado constantemente por aqui.

Para criar esses conteúdos, comece identificando os problemas comuns que seu público enfrenta. Pense nas perguntas e preocupações que você ouve com frequência dos seus clientes. A seguir, apresente sua solução de forma clara e convincente, mostrando como seu produto ou serviço pode fazer a diferença. Vamos ver alguns exemplos:

→ **Você tem algum problema com mau hálito? Este vídeo é para você!** Mostre os produtos que ajudam a combater o mau hálito e explique como usá-los corretamente.

→ **Não sabe montar looks?** Crie um carrossel com sugestões de combinações de roupas para diferentes ocasiões.

→ **Está cansado de fazer dietas e não emagrecer? Eu posso te ajudar!** Compartilhe dicas de alimentação saudável e fale sobre programas de coaching nutricional.

→ **Você sofre com ansiedade? Esta técnica vai te ajudar!** Demonstre técnicas de respiração e meditação que podem ajudar a aliviar a ansiedade.

→ **Não sabe fazer uma combinação de colares?** Publique um vídeo mostrando como combinar diferentes estilos de colares para criar looks harmoniosos.

→ **Tem vontade de se maquiar, mas não sabe por onde começar? Eu vou lhe ensinar!** Ofereça tutoriais de maquiagem para iniciantes, explicando cada passo detalhadamente.

→ **Quer pular de paraquedas, mas tem medo?** Fale sobre cursos de preparação mental e física para saltos de paraquedas.

Esses exemplos ilustram como você pode identificar um problema específico e oferecer uma solução prática e atraente. O importante é ser direto e relevante, abordando questões reais que afetam seu público.

PROPOSTA DE EXERCÍCIO

Liste pelo menos três conteúdos problema-solução que você pode criar para a sua audiência.

1. _____
_____
_____
_____

2. _____
_____
_____
_____

3. _____
_____
_____
_____

CONTEÚDOS MATA-OBJEÇÕES

Todo negócio enfrenta objeções clássicas e específicas. Essas objeções podem variar desde preocupações com o preço até dúvidas sobre a eficácia do produto ou serviço. Abordar essas objeções de maneira eficaz é crucial para conquistar a confiança do cliente e facilitar a decisão de compra.

Ao final do livro, dedicarei um capítulo inteiro às estratégias de vendas no Instagram, no qual explorarei este tópico em profundidade. Abordaremos como lidar com objeções clássicas e específicas e como utilizar gatilhos mentais para superá-las de maneira eficaz. Você aprenderá a responder às principais preocupações dos seus clientes, transformando objeções em oportunidades de venda.

ATENÇÃO!

SEM A ATENÇÃO DO CONSUMIDOR, você não tem nada. Não adianta você produzir todos os conteúdos incríveis que falamos anteriormente se você não aprender a chamar a atenção do seu seguidor para que ele consuma o seu material.

Veja você, quando entra no Instagram: é bombardeado por postagens, anúncios, Stories e lives, tudo de uma vez só. Você não consome todo o conteúdo e não para em todas as postagens. Você para naqueles conteúdos advindos de pessoas as quais você tem interesse ou conexão ou naqueles conteúdos que chamaram a sua atenção de forma imediata.

Nesse sentido, um objetivo primordial na hora de executar a produção de conteúdos é capturar a atenção do público. No Instagram, isso pode ser feito através de várias estratégias eficazes. Use imagens vibrantes e de alta qualidade que se destaquem no feed. Vídeos ou postagens com títulos marcantes e intrigantes também são ótimos para prender o olhar do usuário. Crie postagens que quebrem o padrão, usando contrastes de cores, ângulos inesperados ou elementos visuais únicos que chamem a atenção.

Além disso, utilize recursos visuais como gifs, animações leves e textos em negrito ou coloridos para destacar pontos importantes. A primeira imagem ou os primeiros segundos do vídeo são cruciais — eles precisam ser impactantes o suficiente para fazer com que o usuário queira ver mais.

Para ajudar você a criar postagens atrativas, vou deixar aqui três dicas de ferramentas que eu uso bastante para construir as minhas postagens e fazer os meus vídeos:

1. **Canva:** é uma ferramenta de design gráfico fácil de usar que permite criar postagens, Stories, banners e muito mais. O Canva oferece uma vasta gama de templates prontos que podem ser personalizados de acordo com sua marca, além de recursos para adicionar animações e efeitos.

2. **Mojo:** esta é uma excelente ferramenta para criar Stories animados e vídeos curtos que se destacam. O Mojo oferece diversos templates dinâmicos que podem ser editados rapidamente, adicionando textos, músicas e efeitos visuais para chamar a atenção.

3. **CapCut:** um aplicativo de edição de vídeo muito popular, que oferece uma série de funcionalidades avançadas como corte de vídeos, adição de músicas, efeitos visuais e transições. No CapCut, você também pode adicionar legendas aos seus vídeos, o que é extremamente importante considerando que a maioria das pessoas navega no Instagram sem som. As legendas garantem que sua mensagem

seja compreendida mesmo sem áudio, aumentando o alcance e o consumo do seu conteúdo.

Se você ainda não está familiarizado com essas ferramentas, uma ótima maneira de começar é procurando tutoriais no YouTube. Existem muitos vídeos que ensinam passo a passo como usar o Canva, Mojo e CapCut, com dicas e truques para tirar o máximo proveito dessas ferramentas.

Lembre-se de que a atenção é a porta de entrada para o restante do conteúdo. Você precisa capturar a atenção do seu público desde o início! Utilize essas estratégias e ferramentas para garantir que suas postagens se destaquem no feed e atraiam o olhar curioso de seus seguidores.

EXEMPLOS DE BOAS POSTAGENS

PARA INSPIRAR SUAS FUTURAS criações de conteúdo, vamos explorar alguns exemplos de boas postagens que podem servir como modelo. Esses exemplos demonstram como diferentes tipos de conteúdos podem ser usados de forma chamativa para promover o seu negócio e impulsionar suas vendas.

Observe os títulos, as composições, os elementos visuais, os cenários e a qualidade das postagens. Todos esses aspectos são cruciais para que você desenvolva uma percepção de imagem que destaque seu conteúdo no feed dos seguidores. Um título atraente e relevante capta a atenção imediata, enquanto uma composição bem equilibrada e harmoniosa torna a postagem visualmente agradável. Os elementos visuais, como cores, contrastes e tipografias, devem ser escolhidos cuidadosamente para reforçar a mensagem e a identidade da marca, como já falamos. Cenários pensados proporcionam um contexto autêntico e envolvente.

Ao prestar atenção a esses detalhes, você cria um conteúdo mais eficaz, que não apenas atrai a atenção, mas também mantém o interesse e engajamento do seu público.

PRODUÇÃO DE CONTEÚDO

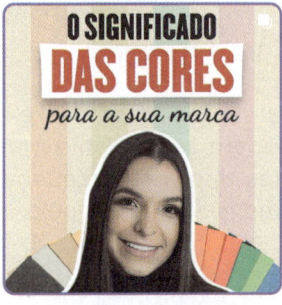

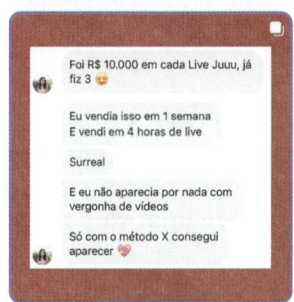

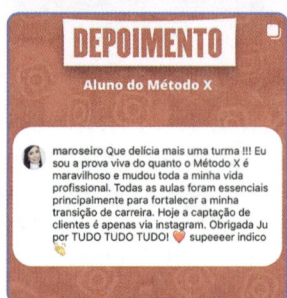

Ações que podem Bloquear ou excluir a sua conta

▶ 11.1K

@JUMUNHOZ
NÃO POSTE REELS SEM:
T
L
H
C
I
M

curte aí!

▶ 64K

Curiosidades sobre mim!

▶ 33.6K

Significado das CORES para a sua marca

▶ 42.5K

EXEMPLOS DE BOAS POSTAGENS

PRODUÇÃO DE CONTEÚDO

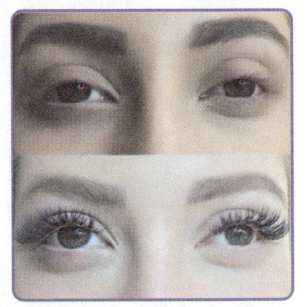

Adquirir um senso de estética é fundamental para criar conteúdos visualmente atraentes e eficazes. Navegar pelo Instagram e observar fotos que chamam a atenção, que são bonitas e bem compostas, pode servir como uma excelente fonte de referências e inspiração. Além do Instagram, o Pinterest também é uma plataforma fantástica para buscar ideias e aprender sobre composições, paletas de cores e estilos visuais. Investir tempo em analisar e entender o que faz uma imagem se destacar ajudará você a desenvolver um olhar crítico e aprimorar a qualidade das suas próprias postagens.

Incorporar essas boas práticas em suas postagens aumentará significativamente suas chances de capturar e manter a atenção do público, promovendo seu negócio de maneira mais eficaz.

PLANEJAMENTO E ORGANIZAÇÃO DE CONTEÚDOS

TER UM PLANEJAMENTO DE execução e uma organização clara do que precisa ser feito é fundamental para manter a consistência e a qualidade na sua produção de conteúdos para o Instagram sem se tornar um "refém". Quando monta um sistema de produção, você começa a ter mais liberdade de tempo e não fica preocupado a todo momento sobre o que vai postar no feed, gravar nos Reels, escrever nas legendas ou falar nos Stories. Essa preocupação constante pode ser prejudicial até para a sua saúde mental.

O Instagram deve ser visto como uma parte do seu trabalho, e devemos deixar o processo mais leve sempre que possível para que você consiga manter a consistência e o ânimo para usar as redes sociais em seu negócio. Aqui estão algumas etapas para ajudar você a se organizar e planejar seus conteúdos de forma eficiente:

1. **Monte uma planilha de temas e ideias de conteúdos:** crie uma planilha onde você possa listar todos os temas relevantes para o seu nicho e as ideias de conteúdos que podem ser desenvolvidas. Utilize essa ferramenta para organizar suas ideias e centralizá-las em um só lugar. Com o tempo, essa planilha se tornará uma valiosa fonte de inspiração e planejamento para seus conteúdos no Instagram, facilitando a criação de posts consistentes e alinhados com sua estratégia de marketing.

2. **Defina a quantidade de postagens mensais:** decida quantas postagens você gostaria de publicar em um mês. Isso ajudará você a visualizar a carga de trabalho, permitindo que você se organize para gerar a produção e mantenha um fluxo constante de conteúdo.
3. **Escolha os formatos de conteúdo:** decida quais formatos de conteúdo você vai produzir, como vídeos, imagens, carrosséis, Reels e Stories. Defina quantos de cada formato você vai publicar mensalmente para manter uma variedade interessante para seu público.
4. **Defina um dia e horário para produção de conteúdo:** escolha um dia e horário fixos na sua semana para se dedicar à produção de conteúdo. Tornar esse dia uma regra ajudará você a manter a disciplina e a garantir que o conteúdo seja produzido com regularidade.
5. **Siga a sua agenda:** mantenha-se fiel à sua agenda e ao seu planejamento, sempre que possível. A consistência é uma das chaves para o sucesso.
6. **Agende suas publicações no Meta Business Suite:** utilize ferramentas como o Meta Business Suite para agendar suas publicações. Isso permitirá que você mantenha um fluxo constante de postagens sem a necessidade de estar sempre online para publicar manualmente.[7]

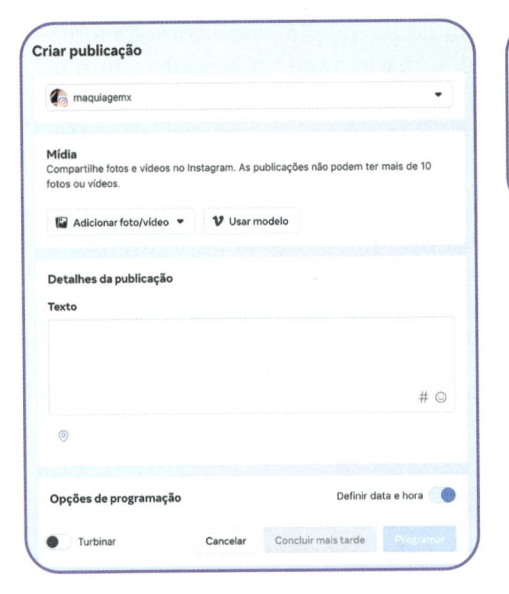

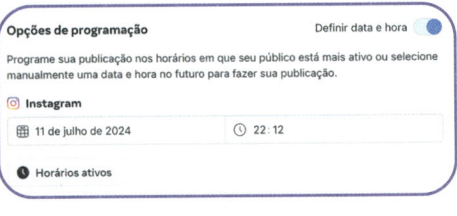

---

[7] Para acessar a ferramenta pelo desktop, visite *www.facebook.com/business/tools/meta-business-suite* ou acesse através do aplicativo Meta Business Suite para iOS ou Android.

7. **Utilize a planilha para organizar o seu conteúdo:** use sua planilha para acompanhar o progresso da sua produção de conteúdo, verificar o que já foi feito e o que ainda precisa ser produzido. Essa organização ajudará a manter a clareza e a produtividade, garantindo que nada seja esquecido ou deixado para trás.

> Como bônus, disponibilizo uma planilha que você pode usar diretamente no seu negócio ou como inspiração para criar a sua própria. Para baixar, basta apontar a câmera do seu celular para o QR code ao lado.

Lembre-se de que organização e planejamento podem ser algo bem pessoal, e você deve achar uma maneira que funcione para você de acordo com a sua rotina, estilo e jeito de trabalhar. A proposta aqui não é criar uma regra a ser seguida à risca, e sim uma sugestão para você experimentar caso não tenha um sistema de produção e organização definido.

Para muitos, esse planejamento ajuda a manter as coisas em ordem, as produções em dia e proporciona uma sensação de controle. Tenho visto resultados positivos tanto na minha experiência quanto entre centenas de alunos que adotaram essas práticas. No entanto, é importante destacar que outros podem encontrar métodos diferentes que funcionam melhor para suas necessidades específicas.

Cada pessoa tem particularidades, e o que funciona para um pode não funcionar para outro. A chave é experimentar e ajustar conforme necessário. Talvez você descubra que prefere planejar seus conteúdos de maneira mais espontânea ou que uma abordagem híbrida funciona melhor para você. O importante é encontrar um sistema que te ajude a ser consistente e a manter a qualidade sem se tornar uma fonte de estresse.

Portanto, veja essas etapas como um ponto de partida. Adapte-as e ajuste-as de acordo com o que melhor se encaixa na sua rotina e estilo de vida. Não existe uma regra universal ou uma receita de bolo para isso. O importante é que você se sinta confortável e motivado a continuar produzindo conteúdo de qualidade.

BÔNUS

DICAS PARA QUANDO VOCÊ PRECISAR GERAR UM CONTEÚDO E ESTIVER SEM IDEIAS

1. Revise seus conteúdos antigos que tiveram muitas curtidas, comentários e visualizações. Se um tópico gerou alto engajamento, isso indica que muitas pessoas se interessaram por ele. Você pode aproveitar essa popularidade e criar novos conteúdos sobre o mesmo assunto, abordando diferentes perspectivas ou aprofundando pontos específicos.

2. Fique de olho nos canais de comunicação como a televisão, que frequentemente criam antecipação para conteúdos que serão abordados. Use essas tendências para gerar conteúdo relevante e atual. Por exemplo, se um noticiário anuncia uma nova descoberta científica sobre os benefícios da meditação para a saúde mental, e você atua na área de bem-estar, aproveite o interesse gerado pela matéria para criar um post sobre como incorporar a meditação na rotina diária, os benefícios dessa prática e algumas técnicas simples para iniciantes.

3. Interaja diretamente com sua audiência perguntando quais assuntos eles gostariam que você abordasse. Isso não só gera novas ideias de conteúdo, mas também aumenta o engajamento e mostra que você se importa com as opiniões e necessidades dos seus seguidores. Abra uma caixinha de perguntas no Instagram Stories ou faça uma enquete perguntando "Quais tópicos vocês gostariam de ver mais por aqui?". Use as respostas para planejar seu conteúdo.

4. Revisite conteúdos antigos que podem estar desatualizados. Adicione novos dados, informações ou mudanças relevantes para trazer esses conteúdos de volta à vida, adaptados ao contexto atual. Por exemplo, se você escreveu um post sobre "Tendências de Marketing Digital em 2021", atualize-o para "Tendências de Marketing Digital em 2024", incorporando as últimas novidades e estatísticas.

5. Transforme conteúdos que você já produziu em novos formatos. Por exemplo, um carrossel pode ser transformado em um Reel, um Story pode virar um post e um reels pode ser adaptado para Stories. Essa abordagem atende a diferentes preferências de consumo de conteúdo do seu público.

6. Volte sempre a este livro para se inspirar. No capítulo sobre conteúdos, você encontra diversos exemplos e ideias que podem ser adaptados e reutilizados conforme a necessidade. Revise os exemplos abordados e veja como você pode aplicá-los ao seu contexto atual.
7. Utilize ferramentas de inteligência artificial que podem ser excelentes fontes de inspiração. Você pode pedir sugestões de tópicos, maneiras de abordar um tema ou até mesmo ajudar a estruturar suas ideias de conteúdo. Por exemplo, se você está sem ideias para novos posts, use uma IA para gerar sugestões de conteúdo baseadas no seu nicho de atuação e nos interesses do seu público-alvo.

Lembre-se, conteúdo e consistência são a chave para o sucesso!

VÍDEOS

REELS, LIVES, STORIES, ANÚNCIOS... os vídeos estão por toda a parte! Atualmente, o Instagram é uma plataforma predominantemente de vídeo, e quem utiliza a plataforma espera por conteúdos nesses formatos para consumir. Os usuários adoram vídeos. Portanto, é essencial entender que, se você não produzir vídeos em seu perfil, outra pessoa poderá captar a atenção do seu seguidor e tomar o seu lugar.

Os vídeos impactam cada vez mais a decisão de compra dos consumidores e fazem parte da rotina deles, que absorvem mais o seu conteúdo. E, como já mencionamos, consumidor educado é consumidor comprador. Nesse sentido, os vídeos são poderosos para aumentar a consciência do seu cliente e, consequentemente, aumentar suas conversões.

Os vídeos também trazem maior presença digital e posicionam você como uma autoridade. Quando uma pessoa visita um perfil com vários conteúdos de vídeo, ela percebe um domínio sobre o tema, potencializando a figura do expert e trazendo maior credibilidade, fundamental para as vendas.

Além de toda a educação e credibilidade, os vídeos trazem conexão. Neles, os consumidores percebem o seu jeito de falar, o seu tom de voz, sua linguagem corporal e todos os elementos de identificação, proporcionando uma maior aproximação.

Ser você mesmo é a chave para gravar vídeos a longo prazo. Você não precisa ser engraçado se isso não faz parte da sua essência, nem precisa se mostrar extrovertido se essa não for uma característica sua. Não se esforce para ser quem você não é ou para seguir uma tendência incompatível com sua personalidade. É a sua autenticidade, o seu conteúdo e a empatia que você cria com o seu próprio jeitinho que irão passar a mensagem de forma envolvente, criando conexão e conquistando sua audiência.

VERGONHA DE GRAVAR VÍDEOS?

AO LONGO DA MINHA jornada, vi muitas pessoas perdendo oportunidades de crescer por vergonha de gravar vídeos, e eu entendo perfeitamente, porque já passei por isso também. Mil pensamentos podem vir à nossa cabeça, trazendo medos e inseguranças, especialmente sobre o que os outros irão pensar. Mas pense comigo: hoje os vídeos fazem parte do cotidiano, e o público está cada vez mais acostumado com pessoas e empresas gravando conteúdos e aparecendo. Viver com medo do que os outros podem pensar sobre você é limitador e impede que você alcance seu verdadeiro potencial.

E, sinceramente, na maioria das vezes, as pessoas estão muito mais preocupadas com elas mesmas do que com os outros. Aqueles que realmente importam irão apoiar você ao longo do processo. Além disso, sua autenticidade atrairá o público certo. Quem se identifica com você valorizará seu conteúdo e será grato pelo seu esforço.

Lembre-se de que, ao compartilhar seu conhecimento e suas soluções, você está contribuindo para melhorar a vida das pessoas, ajudando-as a resolver problemas, a alcançar objetivos, a realizar sonhos ou a se livrar de dores e incômodos. Seu conteúdo pode ser exatamente o que alguém precisa para dar o próximo passo, superar uma dificuldade ou encontrar uma nova inspiração. Isso é poderoso e transformador.

Além disso, considere o impacto positivo que o sucesso do seu negócio terá na sua própria vida. Cada vídeo bem-sucedido pode aproximar você dos seus sonhos e objetivos pessoais. Imagine o conforto e a segurança que você pode proporcionar para a sua família com os melhores resultados do seu negócio. Pense nas oportunidades que surgirão, nas conquistas que você alcançará e na satisfação de ver seu empreendimento prosperar.

Visualize a realização dos seus sonhos: a viagem dos seus sonhos, a casa que você sempre quis, a liberdade financeira para fazer as escolhas que realmente importam para você. Todo esse crescimento e sucesso vêm como resultado do seu esforço e da sua coragem de superar a vergonha e a insegurança e de se desafiar, de forma geral. Gravar vídeos não é apenas uma estratégia de marketing; é uma ferramenta poderosa para você transformar o seu negócio no digital e, consequentemente, crescer o seu negócio, impactando a sua realidade.

Vamos buscar formas de resolver essa insegurança juntos. Aqui estão algumas dicas para ajudar você a superar a vergonha de gravar vídeos:

1. **Pratique em particular**: comece gravando vídeos para você mesmo. Não precisa compartilhar esses vídeos de imediato. Apenas pratique falar para a câmera, acostume-se com a ideia e observe como você se sente.
2. **Comece pequeno**: não se pressione a fazer vídeos longos ou perfeitos desde o início. Comece com vídeos curtos e simples, e vá aumentando a complexidade à medida que se sentir mais confortável.
3. **Lembre-se do propósito**: mantenha em mente o porquê de você estar fazendo isso. Visualize o impacto positivo que seus vídeos podem ter na sua vida e na vida das pessoas.
4. **Gravou, postou:** não fique assistindo ao vídeo inúmeras vezes procurando imperfeições. Tenha bom senso e confiança de que o material está bom o suficiente para ser compartilhado. Poste e veja que não é o monstro que você criou na sua cabeça. O perfeccionismo muitas vezes nos paralisa, mas lembre-se de que a perfeição é inimiga do progresso.
5. **Grave com frequência:** quanto mais você praticar, mais à vontade e natural você se tornará na frente da câmera. No início, é importante não dar um espaço grande entre um vídeo e outro para que você normalize e naturalize o processo. Quanto mais dificuldade você tiver em gravar, mais vídeos deve gravar. Essa prática constante ajuda a reduzir a ansiedade e o nervosismo, tornando a gravação de vídeos uma parte rotineira do seu trabalho. Com o tempo, você se sentirá mais confiante e confortável.
6. **Comemore pequenos resultados:** cada passo à frente é uma vitória e merece ser reconhecido. Gravou e postou seu primeiro vídeo? Comemore! Recebeu um feedback positivo de um seguidor? Comemore! Essas pequenas conquistas são fundamentais para manter uma mentalidade positiva e reforçar que você está no caminho certo. Lembre-se de que o crescimento é um processo gradual e cada progresso, por menor que pareça, é um indicativo de que você está evoluindo e se aproximando dos seus objetivos maiores. Reconhecer e celebrar essas vitórias ajuda a alimentar sua determinação e a continuar avançando com mais entusiasmo e energia.

A jornada pode não ser fácil, mas cada passo que você dá para superar essa barreira é um passo em direção ao sucesso e à realização dos seus objetivos. Você tem muito a oferecer, e o mundo está esperando para ouvir o que você tem a dizer. Não deixe a vergonha impedir você de brilhar e transformar vidas. Vá em frente, grave seus vídeos e faça a diferença!

FERRAMENTAS PARA GRAVAR VÍDEOS

DE MANEIRA GERAL, ARRISCO dizer que as melhores ferramentas para você começar a gravar vídeos são as que você já tem em mãos hoje. Não precisa sair comprando máquinas profissionais, equipamentos caros ou acessórios sofisticados. O essencial é começar com o que está disponível e ir aprimorando ao longo do processo.

Para uma gravação de qualidade na imagem, os smartphones modernos são mais do que suficientes, pois já vêm com câmeras de alta resolução, muitas vezes Full HD e 4K. A qualidade da imagem é fundamental para atrair e manter a atenção do seu público, então aproveite ao máximo o que seu dispositivo oferece.

A iluminação é um aspecto crucial para qualquer gravação de vídeo. Uma boa iluminação pode fazer toda a diferença na percepção do seu conteúdo. A luz natural é uma excelente opção para começar; grave perto de uma janela durante o dia. Lembre-se de evitar sombras fortes no rosto e garantir que a luz esteja uniformemente distribuída. Um ring light no futuro pode ser um acessório útil e necessário.

O som é outro componente vital. Para garantir uma boa qualidade de áudio, procure gravar em um ambiente silencioso e controlado. A maioria dos smartphones também possui um bom microfone. Caso ache que um fone de ouvido com microfone te ajuda a captar sua voz de maneira mais clara, reduzindo os ruídos de fundo, use-o. Um áudio claro e nítido torna o conteúdo mais agradável e fácil de entender. Para aqueles que queiram investir, um microfone lapela é sempre bem-vindo.

Para manter o celular estável durante a gravação, não é necessário um tripé de imediato, apesar de existirem várias opções de tripé de mesa com preços bem reduzidos. Uma pilha de livros ou qualquer superfície plana e estável pode servir como um suporte improvisado. O importante é evitar tremores e movimentos bruscos que possam distrair o espectador.

Viu só? Sem desculpas para começar a gravar. Comece com o que está acessível a você no momento e vá melhorando aos poucos.

Se você prefere gravar com um script, existem ferramentas que podem facilitar esse processo. Aplicativos como "BigVu" ou "Teleprompter" permitem que você coloque o script do seu vídeo e leia-o enquanto grava, controlando a velocidade e o tamanho da letra para uma leitura natural e fluida.

Começar a gravar vídeos não precisa ser complicado ou caro. Com algumas adaptações e ferramentas simples, você pode criar conteúdos de alta qualidade e impactar positivamente a audiência.

> ## PROPOSTA DE EXERCÍCIO
>
> Escolha um dos tipos de conteúdo que discutimos ao longo deste livro e marque uma data nos próximos dias para gravar um vídeo.
>
> Tema do vídeo: _____
>
> Data de gravação: _____

TÉCNICA VLVC

A TÉCNICA VLVC (Vídeos Longos, Vídeos Curtos) é uma estratégia poderosa para aumentar significativamente sua produção de conteúdos, otimizando tempo e esforço. Com essa técnica, você pode utilizar vídeos longos e curtos para criar uma variedade de conteúdos atraentes e relevantes para o seu público.

Os vídeos curtos são aqueles com duração de até dez minutos, onde você compartilha conteúdo de forma um pouco mais superficial e direta. São ideais para engajar rapidamente o público com informações rápidas e interessantes. Já os vídeos longos, permitem um mergulho mais profundo no conteúdo, proporcionando uma experiência de imersão para os espectadores. Esses vídeos são perfeitos para aulas, lives, seminários e palestras, onde o objetivo é fornecer um conteúdo detalhado e extenso.

Ambos os tipos de vídeos são importantes e têm seus próprios objetivos e reações do público. Uma pessoa que acompanha você por 40 minutos está mais preparada para comprar de você do que uma que o acompanha por um minuto. No entanto, para uma pessoa acompanhá-lo por 40 minutos, ela provavelmente passou pelos vídeos curtos anteriormente. Ou seja, os vídeos curtos ajudam a captar a atenção inicial, enquanto os vídeos longos aprofundam o relacionamento e aumentam a confiança do público.

A técnica VLVC consiste em gravar vídeos mais longos e, na edição, extrair partes menores, criando assim vídeos curtos. Dessa forma, você multiplica sua produção de conteúdo a partir de um único material, economizando tempo e esforço. Por exemplo, se você grava uma aula de uma hora sobre "Como usar hashtags de forma eficaz no Instagram", pode extrair trechos específicos dessa aula, como "Dicas rápidas para escolher hashtags relevantes" ou "Erros comuns ao usar hashtags e como evitá-los". Isso cria vídeos curtos de 2 a 3 minutos cada, para postar em outro momento, multiplicando o alcance e a eficácia do conteúdo.

Outro exemplo é uma live de 45 minutos sobre "Dicas de Beleza para o Verão". Você pode criar vídeos curtos focando em temas específicos como "Como proteger sua pele do sol", "Maquiagem leve para dias quentes" ou "Cuidados com o cabelo no verão". Da mesma forma, um tutorial de uma hora sobre "Receitas Saudáveis para o Café da Manhã" pode ser dividido em partes menores, como "Receita de Smoothie Energizante", "Como fazer Panquecas de Aveia" ou "Ideias de Café da Manhã Rápido e Nutritivo".

A técnica VLVC oferece várias vantagens. Primeiro, ela economiza tempo, pois com um único vídeo longo, você pode gerar vários vídeos curtos, aumentando sua produção de conteúdo sem precisar criar materiais do zero. Segundo, ao utilizar o mesmo material-base, você mantém uma linha de comunicação consistente com o seu público. Terceiro, diferentes formatos e durações de vídeos atendem a diferentes preferências do público, aumentando o alcance e o engajamento. Finalmente, mais vídeos significam mais oportunidades de aparecer no feed dos seus seguidores e atrair novos seguidores, aumentando sua presença digital. Experimente essa técnica e veja como ela pode ajudar a sua estratégia de marketing de conteúdo.

Outro ponto interessante, é que estamos vivendo em um mundo de evoluções rápidas e inovações constantes e, enquanto escrevo esse conteúdo para você, é bem possível que novas ferramentas de edição de vídeo com o uso de inteligência artificial estejam sendo desenvolvidas ou se tornem mais acessíveis ao público. Aliás, algumas já existem e podem facilitar muito o seu trabalho.

Por isso, sugiro que você procure na internet se há alguma inteligência artificial acessível no momento que possa fazer os cortes, criar pílulas de conteúdo e extrair vídeos curtos dos vídeos maiores de forma rápida e prática para você. Essas ferramentas podem analisar seu conteúdo, identificar pontos-chave e criar clipes curtos automaticamente, economizando tempo e esforço significativos. Além disso, elas podem oferecer sugestões de edição, melhorar a qualidade do vídeo e até adicionar legendas ou transições de maneira automatizada.

Adotar essas tecnologias pode ser um grande diferencial na sua estratégia de produção de conteúdo. Ferramentas como essas permitem que você se concentre mais na criação do conteúdo em si e menos nas tarefas repetitivas de edição. Elas não só agilizam o processo de produção, como também garantem que você tenha uma presença constante e variada no Instagram, aproveitando ao máximo cada material produzido.

Portanto, mantenha-se atualizado com as últimas inovações em edição de vídeo e inteligência artificial. Faça uma busca periódica para descobrir novas ferramentas e recursos que possam otimizar ainda mais sua estratégia de conteúdo. A tecnologia está em constante avanço, e aqueles que aproveitam essas inovações conseguem se destacar e se manter à frente no competitivo mundo digital.

TÍTULOS SÃO ESSENCIAIS!

OS TÍTULOS OU HEADLINES são fundamentais para chamar a atenção do usuário no Instagram, que é bombardeado a todo momento com centenas de informações. É muito mais fácil alguém ser fisgado por uma postagem ou consumir um conteúdo quando se tem o interesse ou a curiosidade despertada anteriormente. Por isso, os títulos são tão poderosos nos vídeos, nos posts escritos, nas divulgações de lives, nos anúncios e nos Stories.

A construção de um título que se torne irresistível exige um profundo conhecimento do seu cliente ideal. Conhecer as dores, os desejos e os sonhos do seu consumidor é essencial para criar um título que ressoe e chame a atenção. Esse entendimento foi abordado nos capítulos iniciais do livro e é a base para qualquer estratégia de marketing bem-sucedida.

Pense nas situações cotidianas onde você mesmo é persuadido por títulos. Eles estão presentes nos livros, nas redes sociais, nas manchetes de jornais, nas capas de revistas e nos outdoors. Observar essas fontes pode ser uma excelente maneira de aprender e se inspirar. Quando estiver em uma livraria ou banca de jornal, preste atenção nas headlines. Elas são criadas para atrair e prender a atenção rapidamente.

No entanto, um erro comum e que deve ser evitado a todo custo é criar um título irresistível apenas para atrair e persuadir, sem entregar o prometido no conteúdo. Esse tipo de abordagem sensacionalista frustra o seguidor, levando-o a se sentir enganado. A credibilidade é fundamental nas redes sociais, e títulos enganadores podem prejudicar seriamente a confiança que seus seguidores têm em você.

Portanto, sempre que quiser chamar a atenção para o seu conteúdo através de boas headlines, seja coerente com a promessa e com a entrega do conteúdo. Um título irresistível deve ser acompanhado por um conteúdo igualmente valioso. Se você promete algo na headline, entregue isso no corpo do post, no vídeo ou na live. A coerência entre o título e o conteúdo reforça a sua credibilidade e mantém o interesse do seguidor.

A seguir, vou lhe apresentar alguns elementos e métodos que irão facilitar a criação dos seus títulos irresistíveis:

MÉTODO "HOW TO" OU "COMO FAZER"

Sempre tenha em mente o desejo, a necessidade e a dor do seu cliente ideal. Com essa clareza, você consegue trabalhar melhor os seus títulos. Observe: "Como adestrar o seu cachorro em duas semanas, sem sair de casa." Para uma pessoa que tem a necessidade de adestrar logo o seu cachorro, seja porque o bichinho está comendo os sapatos, seja porque está sendo desobediente, esse título tem uma grande persuasão, pois demonstra que existe uma solução específica e fácil de aplicar. A menção do tempo "duas semanas" e a condição "sem sair de casa" tornam a oferta ainda mais atraente e prática.

Outros exemplos de títulos persuasivos:

→ Como fazer títulos impossíveis de serem ignorados.
→ Como encontrar seu estilo pessoal sem gastar muito.
→ Como fazer uma maquiagem para trabalho em três passos.
→ Como planejar uma viagem dos sonhos com um orçamento apertado.
→ Como aumentar as visualizações dos seus Stories.
→ Como produzir 30 títulos em 1 hora.

Esses títulos são eficazes porque atendem diretamente às necessidades e desejos do público. Eles oferecem soluções claras e específicas, facilitando a identificação e o engajamento do seguidor. Vamos analisar mais profundamente o porquê de esses títulos funcionarem.

Primeiro, os títulos que começam com "Como" prometem ensinar algo, o que já cria uma expectativa positiva. Elas sugerem que o conteúdo é educativo e útil. Além disso, muitos desses títulos podem especificar um número de passos ou um período, como "em 3 passos" ou "em 1 hora", o que indica que a solução é alcançável e bem definida, falaremos do elemento da especificidade em breve.

O exemplo "Como encontrar seu estilo pessoal sem gastar muito" aborda um desejo comum entre pessoas que querem melhorar sua aparência e autoestima sem comprometer o orçamento. O elemento "sem gastar muito" torna a promessa ainda mais relevante e acessível para um público amplo.

Outro exemplo, "Como fazer uma maquiagem para trabalho em 3 passos" é eficaz porque promete uma solução rápida e prática para um problema cotidiano. Muitas pessoas procuram maneiras de simplificar suas rotinas matinais, e essa headline sugere que a resposta é simples e rápida.

Quando você for escrever seus títulos, pense sempre nas perguntas que seu público pode ter e nos problemas que eles enfrentam. Crie títulos que ofereçam soluções diretas e rápidas, destacando a praticidade e a eficácia da sua abordagem.

ESPECIFICIDADE

Trabalhar a especificidade nas headlines é uma técnica poderosa que traz veracidade e curiosidade para a mensagem. Títulos específicos, como "Perca 3kg em até duas semanas", são mais convincentes do que generalizações como "Perca peso rapidamente". A especificidade oferece precisão e clareza, aumentando a credibilidade da promessa. Quando você especifica detalhes, cria uma imagem mental mais clara na mente do leitor, o que aumenta a confiança na mensagem.

Exemplos:

→ Os dez passos infalíveis para fazer títulos impossíveis de serem ignorados.
→ Cinco técnicas para adestrar o seu cachorro.
→ Três produtos imprescindíveis para uma boa maquiagem.
→ Como reduzir 50% do tempo gasto na criação de conteúdo.
→ Sete dicas para melhorar sua produtividade no trabalho em home office.
→ 1 camisa, 3 looks.

Esses exemplos mostram como a especificidade pode ser aplicada para criar títulos que não apenas chamam a atenção, mas também fornecem uma expectativa clara sobre o que o conteúdo irá oferecer. Ao especificar números, prazos e resultados, você torna a promessa mais tangível e, portanto, mais confiável na mente do seguidor.

É importante variar os métodos para não saturar seu público com títulos excessivamente específicos, o que pode parecer repetitivo ou mecânico. A combinação de diferentes técnicas de headlines mantém o conteúdo fresco e atraente, maximiza o impacto e mantém a audiência engajada.

ASPIRAÇÕES

O elemento aspiração é poderoso para criar títulos que apelam diretamente aos desejos e aspirações do seu público-alvo. Ele utiliza gatilhos mentais que incentivam as pessoas a agir com base na promessa de ganho ou benefício. A ideia é focar nos sonhos, desejos e nas transformações que seu cliente ideal busca.

Pergunte-se:

- O que o seu cliente ideal aspira?
- Quais são seus sonhos e desejos?
- De quais transformações ele precisa?

Responder a essas perguntas ajudará a moldar seus títulos de maneira que eles ressoem profundamente com seu público, como falamos anteriormente.

Exemplos:

- Quer ser uma nutricionista de sucesso?
- Quer aumentar suas vendas no Instagram?
- Essa técnica fará com que você fature mais, investindo menos.
- Quer alcançar a sua liberdade financeira?
- Quer conquistar a sua liberdade emocional? Este vídeo é para você!

Esses títulos são projetados para provocar uma resposta emocional imediata, tocando nas aspirações mais profundas do leitor. Eles são diretos e focam nos benefícios concretos que o seu público deseja alcançar. Ao usar esses tipos de títulos, você está prometendo uma transformação significativa, o que aumenta a probabilidade de engajamento e também o risco de frustração. Dessa forma, mais uma vez, entregue aquilo que você está prometendo para não gerar uma experiência frustrante para o seguidor.

INDICADORES DE FACILIDADE

Indicadores de facilidade são eficazes porque quebram a objeção de complexidade que muitas pessoas têm quando se deparam com uma nova tarefa ou conhecimento. A mensagem é que o processo é simples e acessível, mesmo para aqueles que podem se sentir intimidados.

Exemplos:

- Primeiros passos para criar um blog de sucesso.
- Edição de fotos para leigos.
- O passo a passo para montar um look de festa completo.
- Os primeiros passos para se fazer anúncios no Facebook.
- Como criar um website profissional mesmo sem experiência.
- Os passos mais simples para você conquistar X.
- Guia fácil para decorar sua casa com estilo.

Esses exemplos demonstram como você pode criar uma sensação de facilidade e acessibilidade em seus títulos. Eles tranquilizam o leitor, sugerindo que a tarefa é simples e que eles podem alcançar o sucesso sem esforço excessivo.

COMPARAÇÃO

O elemento comparação é uma técnica eficaz para criar títulos que destacam a superioridade ou inferioridade de um método, produto ou ideia em relação a outro. Usar palavras como "a melhor", "o pior" ou "faça como" sugere que já houve uma análise ou estudo comparativo, o que traz uma sensação de autoridade e segurança para o leitor. Este método é persuasivo porque as pessoas buscam constantemente por validação e a melhor forma de alcançar seus objetivos com o mínimo de risco.

Exemplos:

→ A melhor maneira de produzir títulos irresistíveis.
→ O pior jeito de gravar vídeos para o YouTube.
→ Faça como Maria fez para emagrecer 5kg em um mês.
→ A pior experiência de viagem que eu já tive.
→ As cinco melhores estratégias para aumentar suas vendas online.
→ Os três piores erros ao criar uma loja virtual.
→ A melhor técnica para dobrar sua produtividade em uma semana.
→ Veja como João triplicou suas vendas em apenas três meses.

Os exemplos mostram como o elemento pode ser utilizado para enfatizar a eficácia ou ineficácia de uma abordagem.

NOVIDADE

O ser humano tem uma forte atração pelo que é novo. A novidade, por si só, já chama a atenção e gera curiosidade. Além desse fator, o método da novidade ajuda a quebrar objeções criadas por conta de crenças adquiridas. Quando alguém acha que já tentou de tudo para alcançar um objetivo, como emagrecer, e não obteve os resultados desejados, essa pessoa sente-se frustrada e desiludida. Ao lhe ser apresentada uma "nova descoberta", uma "nova técnica" ou um "novo método", a objeção "não funciona para mim" perde força. Isso acontece porque a pessoa é levada a acreditar que, desta vez, os resultados podem ser diferentes e melhores.

A novidade não apenas atrai a atenção, mas também renova a esperança em alguns contextos. Essa expectativa de algo novo e potencialmente mais eficaz pode ser um poderoso motivador para levar as pessoas a se engajar com seu conteúdo.

Exemplos:

- Como lidar com as mudanças do algoritmo no Instagram.
- Estratégias de marketing para 2024.
- O mais novo método para perda de peso.
- Nova técnica para fazer contorno de pele!

APRENDIZAGEM

O método da aprendizagem é eficaz para criar títulos que apelam diretamente ao desejo do seu público-alvo de adquirir novas habilidades e conhecimentos. Ao utilizar esse método, você se posiciona como um guia que oferece um caminho claro e direto para a transformação desejada.

Os títulos baseados na aprendizagem devem ser simples, diretos e específicos, deixando claro o benefício que o seguidor obterá ao consumir o conteúdo. Aqui estão alguns exemplos:

- Aprenda tudo sobre a sua cartela de cores.
- Aprenda como começar a se maquiar sem gastar centenas de reais.
- Aprenda como fazer dieta sem sofrimento.
- Você precisa aprender isso se quer aumentar as suas vendas online.
- Aprenda a anunciar no Instagram em 5 passos.
- Controle mais os seus gastos aprendendo essa técnica.
- Neste vídeo você vai aprender a transformar seguidores em clientes.

CURIOSIDADE

Os títulos que despertam curiosidade são uma ferramenta poderosa para atrair a atenção dos usuários no Instagram. Eles tendem a ser leves, divertidos, rápidos e fáceis de entender, mas também são bastante comuns. Ao utilizar o gatilho da curiosidade, você cria um espaço em branco na mente do usuário, que precisa ser preenchido conferindo a informação prometida. Esse método é eficaz porque desperta uma necessidade natural de saber mais, levando o usuário a clicar e interagir com o conteúdo.

Para que esses títulos mantenham sua eficácia, é importante variar e inovar constantemente, evitando que se tornem previsíveis ou monótonos.

Aqui estão alguns exemplos:

- Descubra como emagrecer sem cortar o chocolate.
- Descubra como produzir mais, em menos tempo.

- → O segredo para bombar as visualizações dos Stories.
- → A verdade oculta sobre os maquiadores de sucesso.
- → Descubra em que os melhores investidores do Brasil estão investindo.

Suponha que você esteja criando um post sobre estratégias de marketing digital. Um título utilizando o método da curiosidade poderia ser: "Descubra a estratégia de marketing que aumentou minhas vendas em 200%". Esse título é eficaz porque promete revelar uma informação valiosa e específica, despertando a curiosidade do leitor sobre a estratégia mencionada.

TÍTULOS COM IA – CRIANDO TÍTULOS USANDO O CHATGPT

A tecnologia de inteligência artificial revolucionou a criação de conteúdo, incluindo a elaboração de títulos irresistíveis. Utilizar IA para gerar títulos não só economiza tempo, mas também oferece ideias inovadoras. Ferramentas de IA analisam tendências de mercado, comportamento do consumidor e desempenho de conteúdos anteriores para sugerir títulos atrativos e relevantes para o público.

Uma das grandes vantagens de usar IA é a personalização. Essas ferramentas ajustam os títulos conforme o perfil do seu público-alvo, considerando aspectos como idade, interesses, localização e comportamento online. Isso resulta em títulos adaptados que ressoam mais profundamente com diferentes segmentos do seu público, aumentando o engajamento.

Para começar a utilizar a IA na criação de títulos, existem diversas ferramentas disponíveis no mercado, como o ChatGPT. Aqui está um modo como você pode obter ideias.

Exemplo de mensagem para enviar ao ChatGPT:

"Sou uma nutricionista infantil e preciso de ajuda para criar títulos irresistíveis para minhas postagens no Instagram. Meu público-alvo são pais e cuidadores de crianças pequenas, e eu quero que meus títulos sejam atraentes, informativos e envolventes. Aqui estão alguns temas que gostaria de abordar:

- → Dicas para introdução alimentar
- → Lanches saudáveis para crianças
- → Como lidar com crianças seletivas para comer
- → Receitas nutritivas e fáceis
- → A importância de uma alimentação equilibrada para o desenvolvimento infantil

Por favor, crie títulos que sejam chamativos e que incentivem meu público a clicar e ler mais sobre esses temas."

Enviando essa mensagem, a resposta gerada pelo ChatGPT foi a seguinte:

1. Dicas para Introdução Alimentar
    - "Introdução Alimentar Descomplicada: 5 Dicas para Começar com Sucesso!"
    - "Primeiras Comidas: Como Introduzir Alimentos Sólidos de Forma Segura"
    - "Alimentação para Bebês: Guia Prático para Pais de Primeira Viagem"
- Lanches Saudáveis para Crianças
    - "Lanches Saudáveis e Divertidos: Ideias Que Seu Filho Vai Adorar!"
    - "Transforme a Hora do Lanche: Receitas Saudáveis para Pequenos!"
    - "10 Lanchinhos Nutritivos para Manter a Energia das Crianças!"
2. Como Lidar com Crianças Seletivas para Comer
    - "Meu Filho Não Come? 7 Estratégias para Crianças Seletivas"
    - "Como Vencer a Seletividade Alimentar com Amor e Paciência"
    - "Crianças Seletivas: Dicas para Tornar as Refeições Mais Prazerosas"
3. Receitas Nutritivas e Fáceis
    - "Receitas Nutritivas e Práticas: Alimentação Saudável Sem Complicação!"
    - "Janta Rápida e Saudável: Receitas que Toda Mamãe Vai Amar!"
    - "Nutrição Fácil: Receitas Simples para Crianças Felizes e Saudáveis"
4. A Importância de uma Alimentação Equilibrada para o Desenvolvimento Infantil
    - "Alimentação Equilibrada: O Segredo para o Desenvolvimento Saudável das Crianças"
    - "Por que a Alimentação Balanceada é Crucial para o Crescimento do Seu Filho"
    - "Desenvolvimento Infantil e Nutrição: Como a Comida Impacta o Crescimento"

Perceba como a IA é uma aliada poderosa na criação de títulos irresistíveis. Ela otimiza o processo de brainstorming e oferece insights valiosos baseados em dados, ajudando você a se destacar em um ambiente digital competitivo.

Para finalizar o tema, lembre-se de que esses títulos não são apenas para vídeos, mas também podem ser usados em outros tipos de postagens de conteúdo, anúncios, chamadas nos Stories e nomes para aulas. Use a criatividade e adapte os títulos para maximizar o impacto em seu público-alvo.

Apesar de todos os exemplos dados e da sugestão do uso de IA, é essencial manter a autenticidade e personalizar os títulos. A originalidade é o que trará dinamismo ao seu conteúdo e evitará que sua conta pareça igual a tantas outras. Cada título deve refletir sua voz, seu posicionamento e o valor único que você oferece. Nesse sentido, personalize seus títulos para que ressoem com seu público específico, transmitindo sua mensagem de maneira autêntica e envolvente. Assim, você não só atrai a atenção, mas também constrói uma conexão mais profunda com a sua audiência. A autenticidade e a personalização são chaves para destacar-se e manter o interesse do seu público ao longo do tempo.

REELS

POR QUE GRAVAR REELS?

OS REELS SÃO UMA excelente maneira de distribuir seu conteúdo em vídeo no Instagram. Como mencionado anteriormente, eles funcionam muito bem tanto para alcançar sua base de seguidores quanto para atrair novas pessoas que ainda não conhecem seu perfil. Reels equilibram perfeitamente o entretenimento e a conexão pessoal, tornando-os uma ferramenta poderosa para engajar seu público.

Os Reels representam mais da metade do conteúdo recompartilhado em mensagens privadas, segundo dados do Instagram.[8] Essa alta taxa de interação destaca a importância de utilizar a ferramenta em sua estratégia de conteúdo, aumentando a visibilidade do seu perfil e potencializando a atração de novos seguidores.

Para incentivar as pessoas a interagirem com seus Reels, é essencial captar a atenção nos primeiros três segundos. Por exemplo, você pode começar o seu vídeo com uma pergunta intrigante ou uma declaração impactante, como "Três maneiras de bombar seus Reels". Isso desperta a curiosidade do público e os incentiva a assistir até o final. Escolher uma capa atraente para o seu Reel também é crucial. Capas interessantes que possuem títulos claros permitem que as pessoas que visitarem o seu perfil identifiquem imediatamente o conteúdo do vídeo e se interessem por ele. Por exemplo:

---

[8] Fonte: *https://business.instagram.com/instagram-reels?locale=pt_BR*. Acesso em: setembro de 2024.

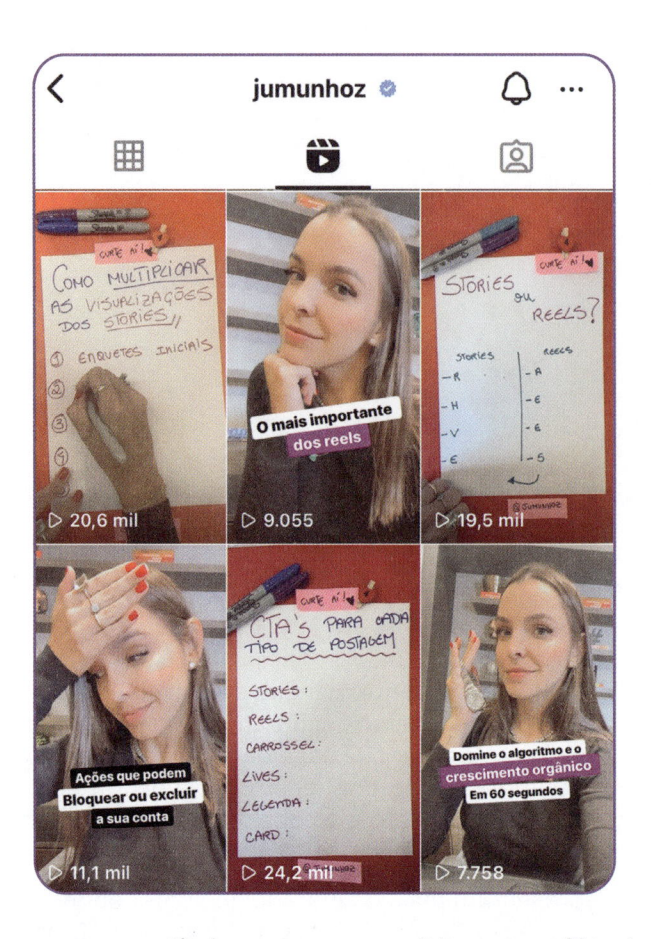

Sem uma capa com título, a pessoa que visita seu perfil teria que clicar nos Reels e assisti-los para descobrir sobre o que são. Esse processo é pouco provável de acontecer. O visitante precisa saber do que se trata o seu vídeo de forma antecipada para despertar o interesse. Portanto, nunca subestime a importância de uma boa capa com um título claro e atrativo. Isso facilita a identificação do conteúdo e aumenta as chances de visualização.

Você pode criar a capa dos seus Reels diretamente pelo Instagram, selecionando uma parte do vídeo, ou carregar uma imagem do seu álbum de fotos. O Canva também pode ser um grande aliado na criação de capas personalizadas.

Na imagem abaixo, você pode ver dois exemplos de capas que criei: em uma, utilizei uma foto minha e adicionei o título usando a ferramenta de edição dos Stories do Instagram; na outra, selecionei uma parte do próprio vídeo e a defini como capa.

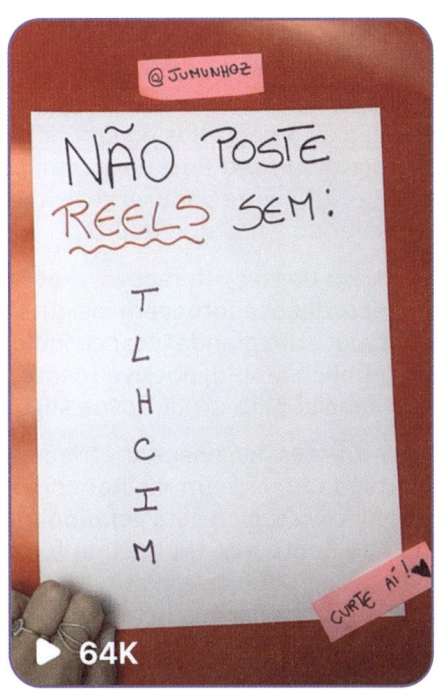

Engajar seus seguidores é outro ponto fundamental. Incentive-os a compartilhar *feedback* nos comentários e responda a eles, criando um senso de comunidade e diálogo contínuo. Mostre à audiência que você realmente se importa com ela.

Outro ponto interessante é que, de acordo com o Instagram, Reels com menos de 90 segundos têm maior chance de serem recomendados e vistos por mais pessoas na plataforma, aumentando ainda mais o alcance do conteúdo.[9] É importante ter isso em mente ao planejar sua estratégia de conteúdo, equilibrando vídeos curtos, que são mais fáceis de consumir e compartilhar, com vídeos mais longos, que trazem mais profundidade e conscientização para quem já te segue.

Analisar as métricas dos seus Reels é crucial para entender o desempenho do seu conteúdo e ajustar sua estratégia de acordo. Ao acessar os insights, você obtém uma visão detalhada de como seu público está interagindo com seus vídeos. Métricas como curtidas, comentários, salvamentos e compartilhamentos indicam o nível de engajamento e a relevância do seu conteúdo para os seguidores.

---

9   Fonte: *https://business.instagram.com/instagram-reels?locale=pt_BR*. Acesso em: setembro de 2024.

Por exemplo, um alto número de compartilhamentos pode sugerir que o conteúdo é considerado valioso e digno de ser espalhado pela sua audiência. Curtidas podem ser reflexo de que o conteúdo agradou o seu público e comentários podem refletir uma conexão emocional e interesse imediato que seu Reel despertou. Salvamentos indicam que o conteúdo é útil o suficiente para ser revisitado no futuro, mostrando que você está fornecendo valor duradouro.

Além dessas interações, métricas como contas alcançadas e número de reproduções fornecem insights sobre o alcance e a visibilidade do seu conteúdo. Um grande alcance indica que seu Reel está sendo exibido para um público amplo, possivelmente além de seus seguidores atuais, o que é essencial para atrair novos seguidores e expandir sua base.

Ao entender essas métricas, você pode identificar quais tipos de conteúdo funcionam melhor com seu público. Se um determinado estilo de vídeo ou tópico está gerando mais engajamento, você pode focar esse tipo de conteúdo. Da mesma forma, se um Reel não está performando bem, você pode reavaliar e ajustar sua abordagem para futuros vídeos.

Por exemplo, se você notar que Reels com dicas práticas ou tutoriais recebeM mais salvamentos e compartilhamentos, pode ser uma indicação de que seu público valoriza conteúdos educativos. Com essa informação, você pode planejar mais vídeos nesse estilo, atendendo melhor às expectativas e necessidades da sua audiência.

Para visualizar as métricas dos seus Reels, vá até a aba Reels no seu perfil do Instagram. Selecione o Reel que deseja analisar, toque nos três pontos e selecione "Ver insights". Veja o exemplo:

Além dessas dicas, é importante manter uma consistência na publicação dos Reels. A regularidade nas postagens ajuda a manter seu perfil ativo e relevante, aumentando as chances de aparecer no feed dos seus seguidores e na aba explorar do Instagram. Além disso, variando o conteúdo dos seus Reels — como tutoriais, dicas rápidas, bastidores, histórias inspiradoras, desafios e etc. —, você mantém o interesse do público e atende a diferentes preferências e necessidades. A diversidade no conteúdo, combinada com a regularidade, faz com que seu perfil seja dinâmico e interessante, incentivando os seguidores a voltarem sempre para ver o que há de novo.

POR QUE GRAVAR REELS

RECURSOS DOS REELS

OS REELS OFERECEM UMA variedade de ferramentas que podem ajudar a destacar sua marca e comunicar sua mensagem de forma criativa e dinâmica.

Embora eu não consiga passar um tutorial passo a passo de edições de Reels através deste livro, existem inúmeros tutoriais no YouTube que ensinam como fazer edições de vídeo de maneira simples e eficaz. Esses vídeos são uma excelente maneira de aprender novas técnicas e se inspirar para criar Reels mais criativos e envolventes. Pesquisar e assistir a esses tutoriais pode ser um grande diferencial na sua estratégia de conteúdo, ajudando você a dominar habilidades de edição e a inovar no formato dos seus vídeos.

Vamos explorar brevemente cada um dos recursos dos Reels que aparecem na imagem:

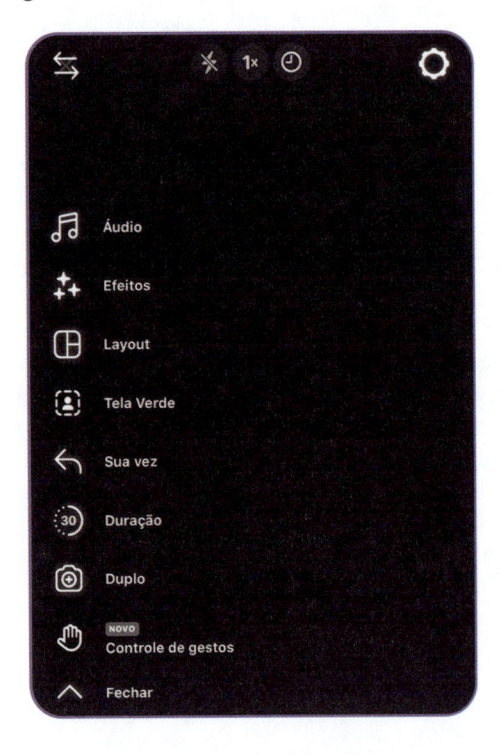

1. **Áudio**: permite adicionar música ou áudio aos seus Reels. Você pode escolher músicas da biblioteca do Instagram ou usar sons originais.
2. **Efeitos**: fornece uma variedade de filtros e efeitos visuais para tornar seus vídeos mais atraentes e dinâmicos.

3. **Layout**: permite dividir a tela em várias partes para criar colagens ou diferentes composições de vídeo dentro de um único Reel.
4. **Tela Verde**: esse recurso permite substituir o fundo do seu vídeo por uma imagem ou vídeo diferente, simulando um efeito de tela verde.
5. **Sua vez**: incentiva a interação do público com a criação de desafios ou prompts para que os seguidores possam participar e criar seus próprios Reels relacionados ao seu conteúdo.
6. **Duração**: permite escolher a duração do seu Reel, podendo ser de até 90 segundos, para ajustar o vídeo de acordo com a mensagem que deseja transmitir.
7. **Duplo**: possibilita a gravação usando as câmeras frontal e traseira ao mesmo tempo, permitindo capturar diferentes perspectivas ou reações simultaneamente.
8. **Controle de Gestos**: um recurso que permite iniciar e parar a gravação com gestos, facilitando a criação de conteúdo sem precisar tocar no dispositivo.

ELEMENTOS CRUCIAIS PARA REELS DE SUCESSO

PARA CRIAR REELS EFICAZES e envolventes no Instagram, é fundamental prestar atenção a diversos elementos que podem aumentar o impacto do seu conteúdo. Aqui estão os elementos importantes para os seus Reels:

MÚSICAS

A música é um componente vital dos Reels, ajudando a definir o tom e a atmosfera do vídeo. Escolher a música certa pode aumentar significativamente o apelo emocional e o engajamento do seu conteúdo. Músicas adequadas podem fazer seu vídeo se destacar e ressoar melhor com o público, tornando a experiência mais agradável e memorável.

Além disso, utilizar músicas que estão em alta nas tendências do Instagram pode aumentar a propagação do seu vídeo de forma orgânica. Vídeos que utilizam músicas populares têm maior probabilidade de serem promovidos pelo algoritmo do Instagram, alcançando um público maior. Portanto, se for criar Reels que cabem músicas, invista tempo na seleção da trilha sonora, certificando-se de que ela complementa e eleva o conteúdo do seu vídeo e esteja alinhada com o seu público-alvo.

SOBREPOSIÇÃO DE VOZ

Utilizar a sobreposição de voz é uma excelente maneira de fornecer explicações detalhadas ou narrativas enquanto as imagens ou vídeos são exibidos. Por exemplo, se você está mostrando um vídeo de receita, a sobreposição de voz pode guiar os espectadores pelo processo passo a passo, dando dicas adicionais que não estão visíveis no vídeo.

TÍTULOS E CAPAS

Os títulos cativantes são essenciais para atrair a atenção do espectador nos primeiros segundos do vídeo. Um bom título deve ser claro, direto e relevante para o conteúdo do Reel. Use palavras-chave que ressoem com seu público e despertem curiosidade. Títulos como "3 Dicas Infalíveis para...", "Como Fazer...", "O Segredo para..." são exemplos eficazes, como já vimos anteriormente. Ao escolher uma capa para os seus Reels, certifique-se de que o título esteja presente.

FORMATOS

Quando falamos dos Reels, precisamos nos atentar com três formatos: o formato de visualização em tela cheia; formato que aparecerá no feed dos seguidores e o formato que aparecerá na grade do feed do seu perfil. Como você pode ver a seguir:

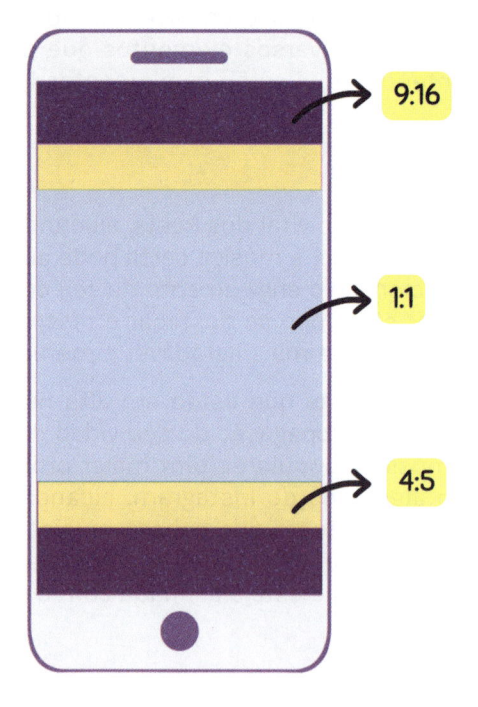

Formato Vertical Completo (9:16) — roxo: este formato preenche a tela inteira do dispositivo móvel, proporcionando uma experiência de visualização imersiva. Pensando nisso, grave seus vídeos na orientação vertical desde o início. Isso garante que você não precise recortar ou ajustar o vídeo posteriormente, preservando a qualidade e a integridade do conteúdo.

Formato do Feed dos Seguidores (4:5) — amarelo: quando um usuário visualiza seu Reel através do feed, ele verá o vídeo ajustado para a proporção 4:5. Esse formato ainda é vertical, mas menos alongado que o 9:16. Portanto, é importante considerar na hora de criar seus Reels, que textos, legendas e elementos importantes devem estar dentro dessa área para garantir que não sejam cortados quando o vídeo for exibido no feed dos seguidores.

Formato da Grade do Perfil (1:1) — azul: na grade do seu perfil, a capa do Reel será exibida no formato quadrado (1:1). Por isso, é crucial criar uma capa personalizada para cada Reel, com títulos e elementos visuais centrados. Garantir que a mensagem principal do seu vídeo seja clara e atraente, mesmo em um formato menor e quadrado, é essencial. Isso significa que seu título e os elementos visuais mais importantes devem estar centralizados e bem visíveis, de modo a capturar a atenção do visitante imediatamente.

Observação importante: atualmente, o Instagram tem feito testes e atualizado contas para que a grade do perfil não apareça mais em formato quadrado, e sim em formato 4:5. Nesse sentido, verifique como está a configuração da sua conta para utilizar o formato correto de capa, garantindo que seus Reels fiquem visualmente alinhados com a apresentação desejada na grade do perfil.

LEGENDAS

A maioria das pessoas assiste aos vídeos no Instagram sem som. Portanto, adicionar legendas garante que sua mensagem seja compreendida por todos os espectadores, aumentando o consumo do seu conteúdo. É fundamental utilizar legendas ou adicionar textos que acompanhem o áudio do vídeo de maneira sincronizada e fácil de ler. Existem muitos aplicativos que ajudam a adicionar legendas automaticamente, como CapCut, Captions, ou até mesmo as legendas automáticas do próprio Instagram. Utilizar legendas melhora a acessibilidade e garante que seu conteúdo seja compreendido mesmo sem som, aumentando o engajamento do seu público.

TEXTOS

Quando você fizer Reels em que não houver sentido em colocar legendas, você pode incluir textos para ajudar a reforçar a mensagem e a manter o espectador engajado. Os textos podem destacar pontos-chave e garantir que sua mensagem seja compreendida, mesmo sem som e sem transcrição. Para isso, use fontes legíveis e cores contrastantes e use os textos em momentos-chave do vídeo.

CTA'S (CHAMADAS PARA AÇÃO)

Os Calls to Action (CTAs) são fundamentais para direcionar o engajamento do seu público. Eles incentivam os espectadores a realizar uma ação específica, como curtir, comentar, compartilhar ou visitar o link na bio. Incorporar CTAs efetivos em seus Reels pode aumentar significativamente a interação e ajudar a construir uma comunidade mais engajada.

Exemplos de CTAs:

→ O que você achou? Conta pra mim nos comentários!
→ Se curtiu, dá um like!"
→ Mostre esse vídeo para um amigo!
→ Quer saber mais? Clica no link da bio!
→ Quer mais dicas? Siga o meu perfil!
→ Quer aprender mais comigo? Acompanhe meus conteúdos!

Ao final do vídeo, não se esqueça de reforçar o CTA, direcionando claramente o que você gostaria que o espectador fizesse a seguir.

MARGENS DE SEGURANÇA

Ao criar Reels, é essencial considerar as margens de segurança para garantir que textos e outros elementos visuais não sejam cortados. Lembre-se de que os Reels são visualizados em diferentes dispositivos, e o Instagram tem áreas específicas onde os controles de navegação aparecem, que também podem sobrepor seu conteúdo.

Considere a imagem abaixo, onde a área amarela representa a parte de fora da margem de segurança. O ideal é manter todos os elementos críticos, como textos, na parte preta. Visualize também que o nome de usuário, a legenda, o botão de curtidas, comentários e compartilhamento, são elementos que também aparecem quando o usuário assiste ao vídeo em tela cheia.

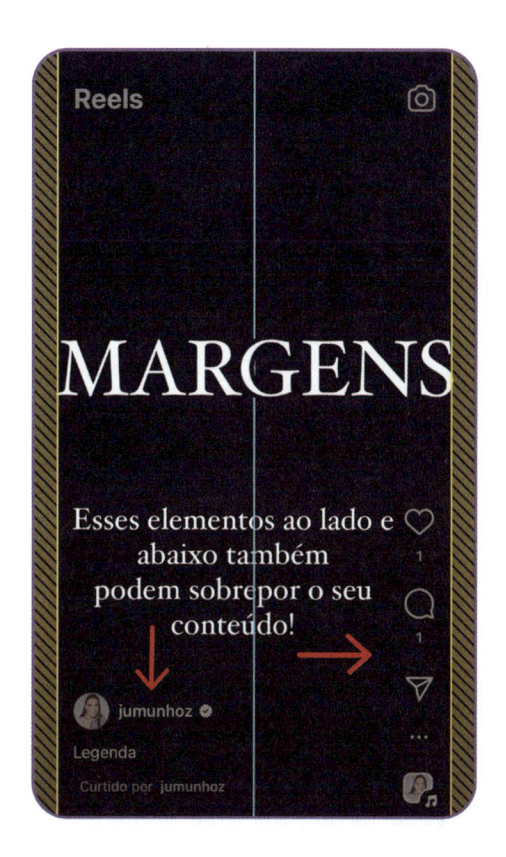

Considere esses pontos na hora de editar os seus Reels. Dessa forma, as margens de segurança ajudarão a manter a integridade visual e a mensagem clara, independentemente do dispositivo ou formato em que o vídeo for visualizado.

POR FIM...

OUTRA BOA PRÁTICA É passar um tempo navegando pelos Reels na aba Explorar do Instagram. Observe como outros criadores de conteúdo estão utilizando os elementos mencionados anteriormente, como músicas, sobreposições de voz, títulos, legendas, CTAs e margens de segurança. Analisar esses exemplos práticos ajudará você a entender melhor como aplicar essas técnicas nos seus próprios vídeos.

E, para encerrar, lembre-se de que a autenticidade é um dos elementos-chave para o sucesso dos seus Reels no Instagram. Seus seguidores querem ver quem você realmente é, sua essência e o que faz você único. Autenticidade cria uma conexão genuína com seu público, aumentando a confiança e o engajamento. Seja você mesmo!

STORIES

PORQUE USAR OS STORIES DIARIAMENTE?

OS STORIES SÃO UM dos recursos mais poderosos e versáteis no Instagram. Eles são consumidos por milhões de pessoas ao redor do mundo diariamente e se tornaram uma das ferramentas mais utilizadas na plataforma. Nesse sentido, se a atenção do seu consumidor está lá, é fundamental que você também esteja presente, bem posicionado e ativo nos Stories.

Dessa forma, deixar de usar os Stories significa deixar oportunidades valiosas na mesa e correr o risco de ser esquecido pelos consumidores. Pior ainda, correr o risco de ser rapidamente substituído por outra empresa ou pessoa que utiliza essa ferramenta de forma inteligente e ativa. Utilizar os Stories diariamente é uma vantagem estratégica para aumentar a presença digital, tornando sua marca mais relevante e uma autoridade no Instagram. Além de tudo isso, temos outras vantagens em seu uso, como:

HUMANIZAÇÃO DE MARCA

Já vimos que os tempos mudaram, e o comportamento dos consumidores também. Antigamente, preço e qualidade eram os principais fatores nas relações comerciais. Hoje, os consumidores esperam mais. Eles buscam marcas bem posicionadas, que demonstrem compromisso e atenção com os clientes. Ninguém mais quer interagir com empresas frias e impessoais. Pelo contrário, os consumidores desejam marcas próximas e amigáveis, que se preocupam com a experiência do cliente e suas necessidades.

Os Stories permitem levar toda essa humanização da marca, aproximando o consumidor e tornando sua marca cada vez mais especial e valiosa sob a ótica do cliente. Essa é uma das vantagens mais impactantes dos sStories, refletindo diretamente no engajamento do Instagram e na conversão das vendas.

PRODUÇÃO DE CONTEÚDO PRÁTICA

Já falamos que uma das chaves do sucesso no Instagram é a produção de conteúdo de valor. Empresas que apenas postam produtos ou serviços não conquistarão um bom retorno, pois o conteúdo é rei. Nos Stories, você tem a vantagem de levar esse conteúdo de valor ao seu seguidor de maneira prática e diária.

A simplicidade, naturalidade e rapidez dos Stories encantam os usuários do Instagram, tornando-os aliados dos produtores de conteúdo. Você não precisa de vídeos supereditados nem de fotos superelaboradas para transmitir o seu conteúdo. Pelo contrário, basta você compartilhar os seus bastidores, gravar vídeos rápidos e simples contendo boas informações e se manter consistente. Com essa humanização e produção de valor, você traz dinamismo para o seu perfil, leveza no consumo de informações e conexão com os seguidores. Além disso, como os Stories desaparecem após 24 horas, você tem mais flexibilidade para compartilhar informações sem sobrecarregar o feed.

IMPACTO NA DECISÃO DE COMPRAS

Você sabia que grande parte das pessoas que usam o Instagram afirmam que os Stories são ótimos para conhecer novos produtos ou serviços?

Isso mostra o enorme poder que os Stories podem ter para as empresas quando bem utilizados. A produção de conteúdo aliada ao relacionamento com o consumidor é uma combinação poderosa para as vendas. Se seu consumidor é influenciado pelo que ele vê nos Stories, você precisa levar os elementos certos para convertê-lo em cliente.

AUMENTO NO ENGAJAMENTO

A conexão criada a partir dos Stories estimula seus seguidores a interagirem mais com você. Essa interação ajuda na entrega do seu conteúdo e no crescimento orgânico do seu perfil. Os recursos que os Stories oferecem, como enquetes, caixas de perguntas e respostas, e envios de directs potencializam ainda mais essa interação e participação da audiência e são importantíssimos para a estratégia do seu perfil.

PROMOÇÃO DE STORIES PARA ALCANÇAR NOVOS SEGUIDORES

Você pode promover seus Stories ou criar anúncios nesses formatos. Isso significa que é possível escalar sua mensagem ou conteúdo para mais pessoas, alcançando potenciais clientes e novos seguidores para seu perfil. Promover os Stories pode ser muito vantajoso na construção de audiência no Instagram e é uma estratégia eficiente para negócios. Falaremos mais sobre os anúncios em um capítulo à parte.

OS MAIORES ERROS NO USO DOS STORIES

AO LONGO DA MINHA experiência no mundo do marketing digital, vi muitas pessoas e empresas usando o recurso dos Stories de forma errada e, consequentemente, perdendo oportunidades valiosas de negócio. Os Stories são uma ferramenta poderosa para aumentar a visibilidade, engajar com a audiência e impulsionar as vendas, mas seu uso inadequado pode levar a resultados insatisfatórios. É essencial entender as melhores práticas e evitar erros comuns para maximizar o potencial dessa funcionalidade no Instagram. Vamos explorar alguns dos erros mais frequentes que vejo as pessoas cometerem ao usar Stories para negócios e como corrigi-los para garantir que você esteja tirando o máximo proveito dessa ferramenta incrível.

POSTAR APENAS FOTOS

Quando falamos dos Stories, estamos falando de um recurso predominantemente de vídeos, portanto, não fique restrito apenas a fotos, textos ou reposts. Misture conteúdos e traga dinamismo.

Os usuários que assistem aos Stories buscam por conexão e querem ver um rosto por trás do perfil, ouvir uma voz e ver uma variedade de cenas. Saia da sua zona de conforto e apareça! Um rosto por trás do perfil é crucial para criar confiança e credibilidade. Estar presente todos os dias no seu Instagram, colocando a "cara a tapa", traz segurança para a sua marca. Isso gera uma sensação de confiança nos seguidores: "Esta pessoa está sempre aqui, eu posso confiar neste produtor, neste produto, neste serviço". Essa segurança é essencial para que uma venda aconteça e para quebrar as objeções dos clientes.

NÃO RESPEITAR O FORMATO DOS STORIES

Os Stories têm um formato próprio: o vertical, 9:16. É essencial evitar postar fotos ou vídeos quadrados que não preenchem toda a tela. Isso pode frustrar os seguidores, que esperam uma experiência de visualização imersiva. Muitas vezes, as pessoas cometem esse erro ao tentar reaproveitar fotos tiradas para o feed nos Stories. A dica é tirar suas fotos e gravar seus vídeos nos dois formatos desde o início, evitando esse problema e mantendo a qualidade do conteúdo.

FAZER POUCOS STORIES OU NÃO MANTER A CONSISTÊNCIA

A consistência é crucial nos Stories. Nosso objetivo é entrar na mente das pessoas e educar nossos seguidores sobre o nosso negócio. Embora não haja um número exato de Stories que você deve postar por dia, gosto de fazer, no mínimo, dez Stories diários. Mas não se apegue a esse número, o mais importante é levar conteúdo de qualidade e criar conexão com seus seguidores. Isso pode ser feito em 5, 10, 15 ou 20 Stories, dependendo de como sua audiência responde. É natural que o primeiro Story tenha mais visualizações do que o último — não se assuste com isso, continue produzindo.

NÃO CHAMAR ATENÇÃO

Assim como no feed, é necessário causar impacto visual nos Stories. Você está competindo pela atenção dos seguidores com centenas de outros vídeos. Para chamar atenção, é importante quebrar padrões visuais e usar elementos e cores diferentes. Uma boa estratégia é começar o Story com um texto que indique o assunto do conteúdo. Por exemplo, se o tema for "como ganhar dinheiro no Instagram", escreva isso já no primeiro vídeo da sequência. Isso atrai a atenção das pessoas interessadas no assunto. Ao longo dos Stories, use palavras-chave em texto, enquetes, gifs e outros elementos que agreguem dinamismo e quebrem padrões visuais. Os recursos que os Stories oferecem são valiosíssimos para chamar a atenção e desenvolver a interação com o seguidor. Falaremos mais deles adiante.

DESLEIXO

Embora os Stories sejam mais rápidos, simples e exijam menos produção, isso não significa que você deve ser desleixado. Lembre-se, é a sua imagem que está em jogo. Apareça nos Stories sempre cuidando da sua aparência e do ambiente ao redor. Não significa que você precise estar sempre entusiasmado ou impecável, mas é importante passar a imagem que você deseja para a sua marca.

Por exemplo, se você está promovendo um produto de beleza, apareça nos Stories com uma aparência bem cuidada e em um ambiente organizado. Isso reforça a mensagem que você está transmitindo e aumenta a credibilidade do seu conteúdo e produto. Por outro lado, se você aparecer desleixado, com roupas desarrumadas e em um ambiente bagunçado, isso pode passar uma imagem negativa e antiprofissional, prejudicando a percepção que os seguidores têm da sua marca.

RECURSOS DOS STORIES

OS STORIES DO INSTAGRAM oferecem uma variedade de recursos interativos que podem ser usados para engajar seu público, coletar feedback e direcionar tráfego para o seu site ou outros conteúdos. Como disse anteriormente, são recursos valiosíssimos e devemos usá-los diariamente.

Vamos explorar alguns dos recursos mais úteis e como você pode utilizá-los efetivamente:

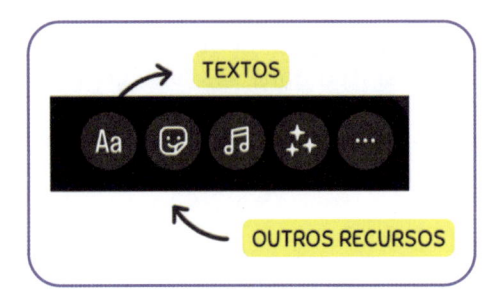

TEXTOS

Adicionar textos aos seus Stories é uma maneira eficaz de produzir o conteúdo em si ou de fornecer contexto adicional e destacar informações importantes. Textos podem ser usados para reforçar a mensagem do seu vídeo ou imagem, guiar a narrativa do Story e incentivar a interação do público.

Os textos ajudam a captar a atenção dos seguidores rapidamente, especialmente quando estão apenas passando pelos Stories sem som. Eles oferecem uma maneira de transmitir informações essenciais de forma direta e clara, o que é crucial em um ambiente onde a atenção do usuário é limitada e concorrida. Escolher fontes legíveis e cores contrastantes é fundamental para garantir que o texto seja fácil de ler e se destaque no fundo do seu Story. Utilize frases curtas e impactantes para resumir o conteúdo e incentivar a ação do espectador.

Além disso, é importante posicionar estrategicamente os textos em áreas que não obstruam elementos visuais importantes. Certifique-se também de que o texto não seja cortado pelas margens.

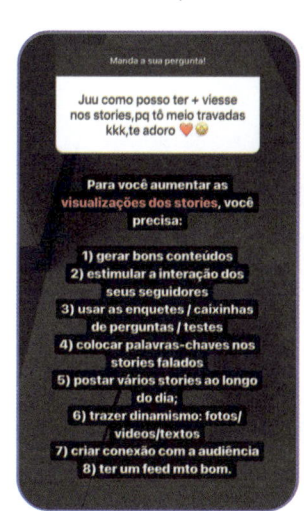

CAIXINHA DE PERGUNTAS E RESPOSTAS

A caixinha de perguntas e respostas é uma excelente ferramenta para promover a interação com seus seguidores. Este recurso permite que seus seguidores façam perguntas diretamente para você, promovendo uma comunicação bidirecional.

Você pode utilizar as perguntas para criar conteúdo personalizado, respondendo diretamente nos Stories e mostrando que valoriza a opinião e as dúvidas dos seus seguidores. Isso não só aumenta a interação, mas também fortalece a relação de confiança com sua audiência. Além disso, é uma excelente forma de produzir conteúdo, coletar depoimentos ou simplesmente iniciar uma conversa. Esse recurso é especialmente útil para entender as necessidades e interesses do seu público. Por exemplo:

Você pode responder às perguntas tanto em formato de vídeo quanto de texto, variando para manter o dinamismo na sua sequência de Stories. Ao abrir a caixinha, tente responder algumas perguntas ainda nos primeiros minutos para mostrar que está atento e incentivar mais participação ao longo do dia. Isso quebra a barreira do "nem vou perder meu tempo, não serei respondido mesmo".

Se você ainda não recebe muitas perguntas, não desanime. Continue abrindo a caixinha de perguntas com alta frequência por pelo menos três meses. A constância é fundamental para estimular a participação e fazer com que seus seguidores se acostumem a essa interação. No início, não vejo problema em enviar perguntas para si mesmo com base nas dúvidas frequentes dos seus seguidores ou clientes. Essa prática não é nenhuma farsa, mas uma estratégia inteligente para gerar conteúdo relevante e interessante, incentivando a participação ativa.

Por exemplo, se eu não recebesse muitas interações, eu poderia começar com perguntas como: "Qual é a diferença entre Stories e o feed?" ou "Como aumentar o engajamento do perfil?". Ao responder essas perguntas, eu estaria fornecendo informações valiosas para os meus seguidores e, ao mesmo tempo, mostrando que estou aberta e disposta a interagir com eles. Essa abordagem também serviria como um incentivo para que os seguidores vejam valor em enviar suas próprias perguntas, percebendo que estou realmente interessada em ajudar e compartilhar conhecimento.

Perceba, isso é muito diferente de enviar elogios ou depoimentos falsos para si mesmo. Essa conduta seria péssima e prejudicial para sua credibilidade. Transparência e autenticidade são fundamentais nas redes sociais. Quando você cria perguntas baseadas nas dúvidas frequentes dos seus seguidores ou clientes, está proporcionando um conteúdo relevante e valioso, sem enganar ou manipular a audiência.

Por outro lado, falsificar elogios ou depoimentos pode rapidamente erodir a confiança da sua audiência. Os seguidores são inteligentes e podem facilmente perceber quando algo não parece autêntico. A autenticidade é um dos pilares das redes sociais, e quando você compromete isso, pode danificar sua reputação e afastar seu público. Portanto, mantenha a integridade e a honestidade ao interagir com seus seguidores e use a caixinha de perguntas para criar um diálogo verdadeiro e enriquecedor.

Outra estratégia eficaz é contextualizar seus seguidores antes de abrir a caixinha. Crie uma sequência de Stories explicando a importância das perguntas ou destacando a oportunidade que seus seguidores têm para interagir. Teste diferentes abordagens para ver o que funciona melhor com sua audiência.

Use também a caixinha de perguntas para pedir opiniões e sugestões, criando um ambiente de interação mais pessoal e informal. Por exemplo, se você está de férias em um novo destino, peça sugestões de lugares para visitar. Ou, se está pensando em mudar o visual, pergunte aos seguidores se preferem cabelo curto ou longo. Esse tipo de interação não só aumenta o engajamento, mas também fortalece a conexão entre você e sua audiência.

Com o tempo, ao usar essas estratégias, você verá um aumento na interação e no engajamento dos seus seguidores. Eles se sentirão mais conectados e valorizados, o que, em última análise, beneficiará o crescimento e a presença digital do seu perfil no Instagram.

ENQUETE

As enquetes são uma forma divertida e rápida de envolver seus seguidores. Você pode usar enquetes para obter a opinião do público sobre um novo produto, decidir o tema de um próximo post ou simplesmente para entretenimento. As enquetes são simples de criar e oferecem feedback instantâneo.

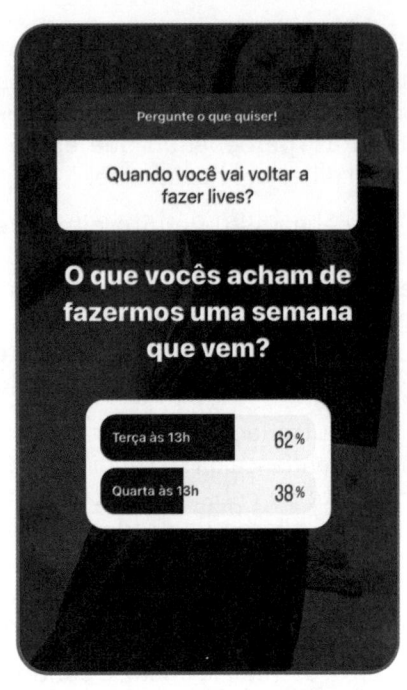

Quando você utiliza as enquetes em seus Stories, está adicionando um elemento interativo que pode impulsionar significativamente a entrega do seu conteúdo para mais pessoas. Enquetes incentivam a participação ativa dos seguidores, o que, por sua vez, sinaliza ao algoritmo do Instagram que seu conteúdo é envolvente e digno de ser mostrado a mais usuários.

Ao fazer perguntas simples e relevantes nas enquetes, você promove uma interação rápida e fácil. Isso aumenta as chances de o seguidor clicar e participar, mesmo que ele esteja apenas rolando rapidamente pelo Instagram. Quanto mais pessoas interagem com suas enquetes, mais o algoritmo favorece seus Stories, aumentando a visibilidade do seu perfil.

Por exemplo, você pode fazer perguntas relacionadas ao seu nicho ou à sua vida pessoal, como "Qual produto você prefere?" ou "Devo escolher a cor azul ou verde para a próxima coleção?" Essas perguntas não apenas engajam seu público, mas também fornecem insights valiosos sobre as preferências e opiniões dos seus seguidores.

Além disso, elas ajudam a criar um senso de comunidade, onde seus seguidores sentem que suas opiniões são valorizadas e têm um impacto. Isso fortalece o relacionamento com a audiência e aumenta a lealdade ao seu perfil. Enquetes podem ser usadas estrategicamente para tomar decisões baseadas no feedback direto do consumidor, tornando seus seguidores parte ativa do desenvolvimento do seu negócio.

CONTAGEM REGRESSIVA

A contagem regressiva é uma ferramenta excelente para criar expectativa e antecipação para eventos, lançamentos de produtos, promoções e lives marcadas. Ao adicionar uma contagem regressiva aos seus Stories, você não apenas lembra os seguidores sobre datas importantes, mas também mantém o interesse e a ansiedade positiva em alta.

Por exemplo, imagine que você está se preparando para a Black Friday, um dos eventos mais esperados do ano para consumidores e empresas. Você pode usar a contagem regressiva para lembrar seus seguidores de que grandes descontos e promoções estão a caminho.

Vamos supor que sua promoção comece em uma semana. Você pode adicionar uma contagem regressiva ao Story dizendo: "Faltam 7 dias para a Black Friday! Prepare-se para os melhores descontos do ano!" À medida que os dias passam, você pode atualizar a contagem: "Faltam 3 dias para a Black Friday! Não perca nossos superdescontos!"

Quando a contagem regressiva chega ao fim, seus seguidores que ativaram o lembrete receberão uma notificação, garantindo que não percam o evento. Isso aumenta a probabilidade de engajamento e participação.

Agora, suponha que eu tenha uma live agendada sobre anúncios no Instagram. Aqui está um exemplo de como eu poderia utilizar a contagem regressiva para promover a live:

Primeiro, gravaria um vídeo explicando brevemente a importância dos anúncios no Instagram. Eu poderia dizer algo como: "Opa! Você sabia que os anúncios no Instagram podem transformar o seu negócio? Eles são uma ferramenta poderosa para alcançar novos clientes e aumentar suas vendas. É essencial entender como utilizá-los corretamente para obter os melhores resultados."

Depois de abordar a importância do tema, eu continuaria falando sobre o conteúdo da live: "E é por isso que eu estou organizando um aulão especial sobre anúncios no Instagram! Vamos falar sobre as melhores práticas, estratégias eficazes e dicas que você precisa saber para dominar essa ferramenta. Ao final, vou te mostrar o passo a passo para você montar um anúncio impecável!"

Finalizaria a sequência com uma chamada para ação, incentivando os seguidores a ativarem o lembrete: "Não perca essa oportunidade! Ative o lembrete para nossa live e esteja pronto para aprender tudo sobre anúncios no Instagram. Clique no lembrete agora mesmo para ser avisado no dia da live!"

Em seguida, adicionaria a contagem regressiva com o texto: "Live: Aulão sobre Anúncios no Insta". Esta contagem regressiva aparecerá em cada Story até o dia da live, mantendo seus seguidores informados e ansiosos pelo evento. Durante os dias que antecedem a live, continue compartilhando mais detalhes, dicas e teasers sobre o que será abordado, sempre lembrando os seguidores de ativarem o lembrete.

Dessa forma, eu criaria uma expectativa e engajamento contínuos, garantindo que mais pessoas estejam cientes e prontas para participar do meu aulão. Isso não só aumentaria a visibilidade do evento, mas também asseguraria que os seguidores estivessem motivados e ansiosos para aprender sobre anúncios no Instagram, aproveitando ao máximo o conteúdo que eu tenho a oferecer.

REAÇÕES RÁPIDAS

A barra de reação é uma ferramenta eficaz para medir o envolvimento emocional dos seus seguidores com o seu conteúdo. Ela permite que seus seguidores expressem o nível de como se sentem arrastando um emoji para a direita ou esquerda. Isso proporciona um feedback imediato e visual sobre a reação do público ao seu conteúdo, ajudando a entender melhor o que ressoa com eles.

Além da barra de reação, o Instagram oferece a possibilidade de usar os "Quick Reactions" ou reações rápidas, que permitem aos seguidores responder de forma instantânea e visual aos seus Stories. Este recurso apresenta uma seleção de emojis que representam diferentes emoções e reações, como risadas, aplausos, corações, e muito mais. Ao tocar em um desses emojis, o seguidor pode enviar rapidamente sua reação, criando uma interação visual e imediata com o conteúdo.

Escolher emojis que representem emoções ou reações específicas pode incentivar ainda mais a interação. Por exemplo, se você compartilhar uma notícia emocionante, usar emojis de foguete ou aplausos pode estimular respostas positivas. Por outro lado, para conteúdos que envolvem momentos especiais ou declarações emocionais, emojis como corações ou carinhas apaixonadas podem ser mais apropriados.

Esses recursos são extremamente eficazes para aumentar a interação de maneira simples e rápida nos seus Stories. Ao utilizar elementos como a barra de reação e os emojis personalizados, você torna a experiência do usuário mais dinâmica. Cada interação, por menor que seja, sinaliza ao algoritmo do Instagram que seu conteúdo é relevante e interessante, o que pode aumentar a visibilidade dos seus Stories. Então, adicione essa estratégia!

LINKS

Adicionar um link aos seus Stories é uma ferramenta poderosa que pode direcionar tráfego diretamente para seu site, blog, loja online, WhatsApp ou qualquer outra página externa relevante. O link é um recurso importante no processo de conversão de um seguidor para cliente.

Para maximizar a eficácia do uso de links nos Stories, é crucial utilizar uma CTA clara e persuasiva. Use frases como "Clique no link para saber mais", "Acesse o site e compre agora", "Alguma dúvida? Nos chame no WhatsApp!"

Além disso, é interessante contextualizar o link dentro do conteúdo do Story. Por exemplo, se você está promovendo um novo produto, faça uma introdução destacando os principais benefícios e diferenciais desse produto antes de direcionar os seguidores ao link para compra.

Para ilustrar, vamos imaginar que você esteja lançando um novo curso online sobre Instagram para negócios. Você poderia criar uma série de Stories explicando os principais tópicos que o curso abordará, compartilhando depoimentos de alunos anteriores e destacando os benefícios do curso. No final dessa série, você adiciona um Story com um CTA claro: "Clique no link para se inscrever no curso e transforme seu Instagram!"

Outro exemplo prático para quem deseja fechar agendamentos através do WhatsApp pode ser da seguinte forma: crie uma sequência de Stories explicando os serviços que você oferece, mostrando depoimentos de clientes satisfeitos ou destacando alguma promoção especial. No último Story da sequência, adicione um link para o WhatsApp com um CTA direto, como: "Quer agendar? Clique no link e fale comigo no WhatsApp!"

Ao utilizar links nos Stories de forma estratégica e com CTAs eficazes, você consegue aumentar significativamente o tráfego para as suas páginas externas e, consequentemente, promover seus produtos, serviços ou conteúdos de maneira mais eficaz.

GIFS

Os GIFs são animações curtas que podem ser usadas para adicionar humor, ênfase ou contexto visual aos seus Stories. Eles são uma ótima maneira de tornar o conteúdo mais divertido e envolvente. Existem várias maneiras de usar GIFs nos Stories:

→ **Expressar emoções:** GIFs são excelentes para mostrar emoções de forma visual. Por exemplo, um GIF de aplausos pode ser usado para celebrar uma conquista, enquanto um GIF de risada pode adicionar um toque humorístico a uma situação engraçada.

→ **Chamar a atenção:** GIFs animados podem ser usados para destacar partes importantes do seu Story. Por exemplo, um GIF piscando com a palavra "Novo" pode ser colocado ao lado de um produto recém-lançado para atrair a atenção.

→ **Adicionar personalidade:** usar GIFs relacionados ao seu nicho ou à sua marca pode ajudar a humanizar seu conteúdo e torná-lo mais relatable. Por exemplo, um GIF de um chef preparando comida pode ser usado por uma marca de alimentos para adicionar um toque temático.

LOCALIZAÇÃO, MENÇÃO E HASHTAGS

Você pode colocar a localização, mencionar outras contas e colocar hashtags também nos seus Stories. No entanto, é crucial usar esses recursos de forma estratégica e não como elementos de distração. Afinal, se o usuário clicar em um desses elementos, será direcionado para outra página, interrompendo a sequência dos seus Stories e reduzindo a retenção, o que pode ser prejudicial.

Nesse sentido, a localização pode ser útil quando você está em um evento, loja, restaurante ou qualquer outro local relevante para o conteúdo que está compartilhando.

Mencionar outras contas é uma excelente forma de criar colaborações, dar créditos ou engajar com outros perfis. Quando você menciona outra conta, essa pessoa é notificada e pode compartilhar o seu Story, aumentando ainda mais o seu alcance.

Quando se trata de usar hashtags nos Stories, os benefícios são limitados e, em muitos casos, as hashtags podem acabar funcionando mais como um elemento de distração do que como uma ferramenta útil. Por isso, acredito que o uso de hashtags nos Stories deve ser feito de maneira muito criteriosa e em situações muito específicas, como a promoção de uma hashtag própria ou uma campanha de marketing.

Tenha em mente que as hashtags nos Stories não aumentarão as visualizações de seus vídeos e não atrairão novos seguidores. Por isso, é melhor focar em elementos que realmente aumentam a interação e mantêm a atenção do público, como os recursos que vimos anteriormente.

FILTROS

Usar filtros nos Stories do Instagram é uma prática comum e pode ser bastante benéfica para corrigir pequenos detalhes, melhorar a aparência geral nos vídeos ou fazer com que você se sinta mais confiante ao compartilhar conteúdo. No entanto, é crucial usar esses filtros com moderação para manter a autenticidade. Filtros que tampam o seu rosto, distorcem suas características ou mostram uma edição excessiva podem ter um efeito contrário ao desejado, causando rejeição e desconexão.

Nesse sentido, escolha filtros que melhoram a iluminação e suavizam a pele, mas que ainda mantenham suas características naturais e evite filtros que distorcem a realidade ou adicionam elementos exagerados ao seu rosto. Sempre teste os filtros antes de usá-los em uma publicação para garantir que eles não alterem significativamente sua aparência.

COMO AUMENTAR AS VISUALIZAÇÕES DOS STORIES

PARA AUMENTAR O NÚMERO de visualizações dos seus Stories no Instagram, é essencial ser constante na produção de conteúdo e oferecer informações valiosas que conectem com seu público. Mostrar aos seus seguidores que vale a pena acompanhar seus Stories é crucial. Aqui estão algumas estratégias e truques para aumentar as visualizações:

POSTAR VÁRIAS VEZES AO LONGO DO DIA

Em vez de concentrar todas as postagens em um único horário, espalhe suas publicações ao longo do dia. Isso mantém seu perfil ativo e presente na mente dos seguidores, aumentando a chance de eles verem seus Stories em diferentes momentos. Além disso, essa estratégia ajuda a alcançar pessoas que estão online em horários variados. Não se esqueça de postar também aos finais de semana. Muitas pessoas têm mais tempo livre durante esses dias e podem estar mais propensas a interagir com o conteúdo nas redes sociais.

POSTAGENS FREQUENTES NO FEED

Manter uma presença constante no feed do Instagram também influencia as visualizações dos Stories. Quando suas postagens no feed recebem mais visualizações e interações, isso pode direcionar mais tráfego para os Stories. Você ainda pode utilizar o feed para atrair atenção e direcionar seus seguidores para conferir seus Stories para mais conteúdo.

PRODUZIR CONTEÚDOS DE CONEXÃO

Mostrar os bastidores do seu dia a dia, contar histórias pessoais e humanizar sua marca são maneiras eficazes de prender a atenção das pessoas. Conteúdos autênticos e pessoais criam uma conexão mais forte com seu público, fazendo com que eles queiram acompanhar mais de perto o que você está fazendo.

LEGENDAR OS STORIES

Lembre-se: a maioria das pessoas assiste aos Stories sem som. Portanto, adicionar legendas ou textos com palavras-chave em seus vídeos é fundamental para garantir que a mensagem seja compreendida. As legendas aumentam a retenção e fazem com que o conteúdo seja acessível para todos, independentemente de estarem assistindo com som ou não.

MUDAR DE CENÁRIO

Evite postar uma sequência longa de Stories no mesmo cenário ou posição. A monotonia visual pode levar à perda de interesse. Mudanças de cenário, ângulos diferentes e variações no enquadramento ajudam a manter a atenção do público. Leve seus seguidores a diferentes locais e contextos, mostrando diversos aspectos do seu dia a dia ou do seu negócio.

USAR OS RECURSOS INTERATIVOS

Colocar elementos interativos, como enquetes, caixas de perguntas e respostas, reações rápidas ou barras de reação nos seus Stories ajuda a impulsionar o engajamento, sinalizando para o algoritmo do Instagram que seu conteúdo é interessante e aumentando a entrega para mais pessoas.

Usar esses recursos logo no início e continuar a utilizá-los durante a narrativa ao longo do dia pode ser extremamente benéfico para aumentar suas visualizações. No entanto, é preciso cuidar para não haver exageros. Mantenha um equilíbrio para garantir que os elementos interativos complementem seu conteúdo, em vez de sobrecarregá-lo.

ANALISAR MÉTRICAS E AJUSTAR A ESTRATÉGIA

Utilizar as métricas do Instagram para entender o desempenho dos seus Stories é superimportante. Métricas como visualizações, respostas e interações, incluindo curtidas, compartilhamentos e envios de directs ajudam a identificar o que está funcionando e o que pode ser melhorado.

Além disso, é possível ver quantas pessoas visitaram seu perfil a partir do seu Story, o que indica o interesse dos visualizadores em saber mais sobre você. Outra métrica importante é o número de cliques no seu link, crucial para medir a conversão e o direcionamento de tráfego para outros conteúdos ou sites.

Os insights também mostram o número de toques para ver o Story da próxima conta, ajudando a entender quando os espectadores decidem parar de visualizar seu conteúdo. Além disso, o número de toques para sair dos Stories e retornar ao feed pode indicar se os espectadores perderam interesse no seu conteúdo.

Essas informações, juntamente com outras métricas, fornecem uma visão abrangente do desempenho dos seus Stories, permitindo ajustes estratégicos.

CATEGORIAS E DESTAQUES

AS CATEGORIAS E DESTAQUES dos Stories ajudam a organizar seu conteúdo e a mantê-lo em evidência no seu perfil do Instagram. Essas categorias permitem que você agrupe Stories relevantes em temas específicos, perpetuando-os para que sempre estejam acessíveis aos seus seguidores. Usar essas categorias de forma estratégica reforça seu posicionamento e guia seus seguidores para as informações mais importantes.

Exemplos de categorias relevantes:

→ Dúvidas frequentes: responda às perguntas mais comuns sobre seus serviços ou produtos.
→ Depoimentos: compartilhe feedback positivo de clientes satisfeitos.
→ Espaço físico: mostre seu ambiente de trabalho ou local de atendimento.
→ Dicas úteis: ofereça conselhos práticos relacionados ao seu nicho.
→ Categorias de produtos: organize e destaque diferentes produtos que você oferece.
→ Como funciona o seu serviço: explique detalhadamente como seus serviços são prestados.
→ Sua história: conte a história da sua marca ou empresa, criando uma conexão pessoal com seu público.
→ Antes e depois: mostre transformações e resultados de seus serviços ou produtos.
→ Novidades: atualizações sobre novos produtos, serviços ou eventos.
→ Parcerias: informações sobre colaborações e parcerias com outras marcas ou influenciadores.

Fazer a manutenção e atualização dos destaques é importante. Você não deve abandonar essas categorias. Não adianta postar e deixar o conteúdo estático para sempre. Se os seguidores perceberem que o conteúdo está muito desatualizado, podem perder o interesse. Portanto, é importante repaginar os Stories destacados periodicamente para trazer novidades e manter o interesse do público.

Também é importante ter em mente que criar dezenas e dezenas de categorias pode acabar perdendo o sentido e a eficácia da função. Em vez disso, é fundamental selecionar estrategicamente as categorias que mais fazem sentido para o seu negócio. Concentre-se em destacar os conteúdos mais relevantes e importantes para seu público, aqueles que realmente reforçam seu posicionamento e oferecem valor. Dessa forma, você garante que seus seguidores tenham acesso fácil às informações mais úteis e impactantes, mantendo seu perfil organizado e profissional. Nesse sentido, mantenha um número gerenciável de categorias.

Outro aspecto crucial é a criação de capas para essas categorias. As capas devem ser atraentes e profissionais, reforçando a identidade visual do seu perfil. Use ferramentas como o Canva para criar capas de forma rápida e simples. O Canva oferece diversos templates que podem ser personalizados para refletir a estética da sua marca.

Exemplos:

COMO CRIAR CATEGORIAS E DESTACAR STORIES

É importante lembrar que os destaques só podem ser criados a partir dos seus Stories já publicados. Ou seja, não é possível adicionar diretamente um vídeo ou uma imagem aos destaques sem antes publicá-los como Stories.

Para isso, existem dois caminhos:

1. Se você postou um Story que ainda está disponível no seu perfil, basta abri-lo e clicar em "Destacar" na parte inferior da tela. Caso ainda não tenha criado nenhuma categoria, clique em "Novo", escolha um nome para a categoria e clique em "Adicionar" para destacar o Story.
2. Se o Story que você deseja destacar já expirou, vá até o seu perfil, clique nos três tracinhos no canto superior direito, selecione "Itens Arquivados" e escolha "Arquivo de Stories". Encontre o Story desejado, clique em "Destacar" no canto inferior da tela e, se necessário, crie uma nova categoria seguindo os mesmos passos acima.

PROPOSTA DE EXERCÍCIO

Escreva as categorias que você pode criar em seu Instagram e crie suas respectivas capas:

_____
_____
_____
_____
_____
_____
_____
_____
_____
_____
_____
_____

POR FIM...

APROVEITE TODAS AS OPORTUNIDADES que os Stories oferecem para interagir de maneira significativa com seus seguidores. Siga as estratégias discutidas neste capítulo e esteja sempre atento às tendências e inovações do Instagram para garantir que seu conteúdo continue relevante e envolvente. Ao implementar essas estratégias e práticas, você não só aumentará a visibilidade da sua marca, mas também criará uma comunidade leal e engajada, essencial para o sucesso a longo prazo no Instagram.

Lembre-se: a chave para o sucesso nos Stories é a combinação de autenticidade, consistência e interação. Mantenha-se criativo, atento ao feedback dos seguidores e comprometido com a qualidade do seu conteúdo. Assim, você estará no caminho certo para aproveitar ao máximo todo o potencial que os Stories do Instagram têm a oferecer.

LIVES

AS LIVES SÃO VÍDEOS ao vivo que permitem conectar-se em tempo real com sua audiência, criando uma interação autêntica e sem edições. São excelentes para entregar conteúdo relevante e criar uma conexão genuína com os seguidores, que podem interagir por meio de comentários, perguntas, elogios ou emojis. Esse engajamento tem um impacto positivo no seu perfil e esse é um excelente recurso para aproximar você do seu seguidor e humanizar a sua marca.

Além disso, fazer vídeos ao vivo também pode te posicionar como uma autoridade mais rapidamente, afinal, você demonstra muito mais expertise, confiança e segurança. A sua audiência percebe tudo isso, aumentando o nível de credibilidade.

Porém, não adianta você fazer uma live de vez em quando. A consistência também se aplica aqui. Só assim para aumentar as suas visualizações, agregar valor de verdade e aumentar o seu posicionamento. Manter um dia e horário fixos para suas transmissões, como "toda terça-feira às 19h", pode ser útil para criar um hábito entre seus seguidores, garantindo uma audiência consistente, mas não é obrigatório.

Durante a live, é crucial trabalhar com uma estratégia bem definida, evitando falar sobre tópicos aleatórios. Pense sempre em agregar valor, fazendo com que seus seguidores saiam da transmissão melhores do que entraram. Aproveite também para conhecer melhor sua audiência, fazendo perguntas simples sobre seus negócios, dúvidas e interesses, o que pode fornecer informações valiosas para o seu conteúdo futuro.

Outro ponto positivo é a possibilidade de realizar lives com outras pessoas, conhecidas como lives duplas. Você pode convidar parceiros, clientes ou outras figuras relevantes para trazer conteúdos diferentes e aumentar a divulgação do seu Instagram. Isso não só diversifica o conteúdo, mas também ajuda no crescimento do seu perfil, alcançando novas audiências.

DICAS ÚTEIS PARA LIVES

DIVULGAÇÃO ANTECIPADA: PROMOVA SUA live com antecedência usando diversos canais, como Stories, contagem regressiva, e-mails, Telegram, entre outros. Essa divulgação antecipada é importante para criar expectativa e garantir uma audiência maior. Ao informar seus seguidores com antecedência, você permite que eles se planejem para estar presentes no dia e horário marcados, aumentando a probabilidade de participação.

Outra forma eficaz de divulgar a live é através de anúncios pagos. Direcione esses anúncios tanto para seus seguidores quanto para pessoas que ainda não conhecem seu trabalho. Utilize segmentação precisa para alcançar um público relevante e interessado no tema da live. Informar o tema da live e fazer um convite claro nos anúncios ajuda a atrair mais visualizações e participações. Embora abordemos os anúncios pagos em detalhes em um capítulo separado, é importante ter em mente que essa estratégia funciona nesse contexto e pode aumentar significativamente o alcance e a audiência da sua live.

→ **Título e roteiro:** para garantir uma live organizada e impactante, é essencial planejar com antecedência. Escrever o título da live antes de entrar ao vivo e preparar um roteiro básico são passos fundamentais para manter a clareza e a direção do seu conteúdo.

Um bom título deve criar expectativa e despertar o interesse. Use frases que indiquem transformação, benefícios ou curiosidade, como "Dicas Essenciais para Aumentar suas Vendas Online" ou "Como Transformar Seu Instagram em uma Máquina de Engajamento", como já falamos em tópico anterior no livro.

→ **Cumprimento e apresentação**: comece a live cumprimentando sua audiência. Apresente-se brevemente, mencionando seu nome e o que você faz. Isso é importante, especialmente para novos seguidores que estão assistindo pela primeira vez.

Explique também, de forma breve, o que será abordado na live e a importância do tema. Destaque os benefícios e a transformação que o conteúdo pode proporcionar aos espectadores.

- **Estruture a sua live em seções:** por exemplo, se a live é sobre estratégias de marketing no Instagram, as seções poderiam ser: otimização de perfil, criação de conteúdo, uso de hashtags, e estratégias de engajamento. Defina um tempo aproximado para cada seção. Isso ajuda a manter o controle de tempo e garante que todos os pontos importantes sejam abordados.
- **Interação com a audiência**: incentive a participação dos espectadores, respondendo perguntas e interagindo com os comentários. Você também pode fazer perguntas durante a live para conhecer melhor o seu público e as suas necessidades.
- **Perguntas e respostas**: reserve momentos específicos para responder perguntas dos espectadores. Isso pode ser feito ao final de cada seção ou em um bloco dedicado de perguntas e respostas no final da live.
- **Seja sincero**: se você não souber a resposta para alguma pergunta durante a live, seja honesto e diga que irá pesquisar a informação. Não há problema nenhum em admitir que você não sabe algo. Essa honestidade criará uma conexão mais humana e verdadeira com a sua audiência. As pessoas apreciam a transparência e a autenticidade; ao ser sincero, você reforça a confiança e o respeito que seus seguidores têm por você. Afinal, ninguém espera que você saiba tudo, e reconhecer isso demonstra humildade e compromisso com a verdade.
- **Objetividade:** concentre-se em entregar conteúdo relevante de forma clara e objetiva durante sua live. Não se preocupe excessivamente com a duração da transmissão; o mais importante é evitar enrolar. Seja direto e vá ao ponto, garantindo que cada minuto seja valioso para sua audiência. Mantenha a atenção dos espectadores oferecendo informações práticas e insights significativos, sempre mantendo a fluidez e o engajamento.
- **Resumo dos pontos principais**: ao final da live, faça um breve resumo dos principais pontos abordados. Reforce as mensagens-chave e os benefícios discutidos para garantir que sua audiência saia com uma compreensão clara e sólida do conteúdo. Recapitule os tópicos de maneira concisa, destacando os insights mais importantes e as ações recomendadas. Isso ajuda a fixar a informação e a deixar uma impressão duradoura nos espectadores, incentivando-os a aplicar o que aprenderam.

- **Chamada para ação (CTA)**: finalize a live com uma chamada para ação clara e específica. Isso pode incluir pedir aos seguidores para seguir seu perfil, visitar seu site, recomendar o seu perfil para outros, comentar no feed o que acharam da live em algum post específico, pedir para que comentem na live o que acharam do conteúdo ou qualquer outro direcionamento que seja relevante.
- **Agradecimento**: agradeça sinceramente aos espectadores por participarem da live. Diga algo como: "Muito obrigado por estarem aqui hoje e por interagirem comigo. Sua presença e participação são muito valiosas. Fiquem atentos às próximas lives, onde continuaremos trazendo mais conteúdos interessantes e úteis. Espero vê-los novamente em breve!" Isso cria um senso de comunidade e mantém os seguidores engajados para futuras transmissões.
- **Aproveitamento de conteúdo**: após a live, aproveite ao máximo o conteúdo gerado compartilhando e publicando-o em seu feed. Isso permitirá que mais pessoas assistam e se beneficiem das informações compartilhadas. Certifique-se de ter uma capa atraente e pronta antes de iniciar a live para facilitar o processo de publicação. Uma capa bem feita não só chama a atenção, mas também dá um aspecto profissional ao seu conteúdo, aumentando as chances de visualizações e engajamento.
- **Ver insights:** após a realização de uma live no Instagram, é crucial analisar os insights para entender o desempenho da transmissão e identificar áreas de melhoria. Os insights fornecem dados valiosos sobre o engajamento e a interação da audiência, ajudando você a ajustar suas futuras lives para obter resultados ainda melhores. Além disso, os insights permitem que você identifique quantas contas foram alcançadas,

o número máximo de espectadores simultâneos presentes durante a transmissão ao vivo, e o total de comentários e compartilhamentos feitos durante a live. Esses dados são essenciais para avaliar o impacto do seu conteúdo e para otimizar suas estratégias de engajamento.

→ **Consistência**: realizar lives regularmente é fundamental para melhorar suas habilidades e aumentar a eficácia das transmissões. A prática constante aprimora a qualidade do conteúdo e a interação com os seguidores, permitindo que você se torne cada vez mais confortável e eficiente ao vivo. Ao estabelecer uma rotina consistente, você cria um hábito entre seus seguidores, que passam a antecipar e aguardar suas lives, aumentando o engajamento e a fidelidade do público.

→ **Extras**: antes de iniciar sua live, utilize um tripé ou outro tipo de suporte para estabilizar o celular, garantindo uma imagem estável. Verifique a conexão da internet para evitar quedas durante a transmissão. Coloque o celular no modo avião com o Wi-Fi ligado para evitar interrupções, como possíveis ligações, que podem interromper a live. Além disso, limpe a lente da câmera do celular para garantir uma boa qualidade de imagem. Esses preparativos ajudam a assegurar uma transmissão mais profissional e sem problemas técnicos.

RECURSOS DAS LIVES

DURANTE UMA LIVE NO Instagram, você tem acesso a vários recursos visuais e interativos que podem melhorar a qualidade da transmissão e a experiência dos espectadores. A imagem abaixo mostra diversas opções e ferramentas que podem ser usadas durante a live. Vamos detalhar cada uma delas:

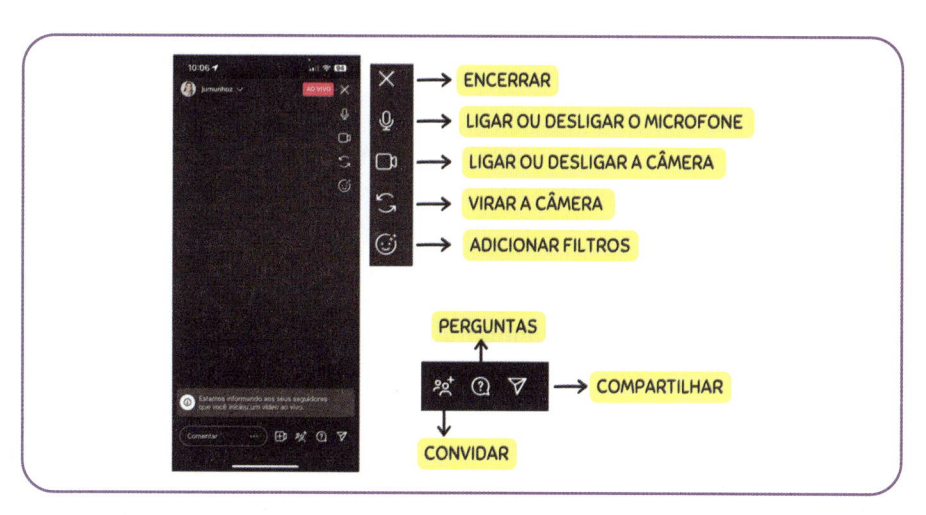

- ENCERRAR
- LIGAR OU DESLIGAR O MICROFONE
- LIGAR OU DESLIGAR A CÂMERA
- VIRAR A CÂMERA
- ADICIONAR FILTROS
- PERGUNTAS
- COMPARTILHAR
- CONVIDAR

Para encerrar a transmissão ao vivo, clique no "X" no canto superior da tela. Esse botão permite finalizar a live quando você tiver terminado sua apresentação ou interação com a audiência, garantindo um encerramento adequado.

Você pode ligar ou desligar o microfone conforme necessário. Essa funcionalidade é útil para silenciar seu áudio se precisar de um momento de silêncio ou se houver ruído de fundo que você deseja evitar. Assim, você mantém a clareza da transmissão.

Da mesma forma, é possível ligar ou desligar a câmera durante a live. Desligar a câmera pode ser útil se você precisar de um momento de privacidade ou para resolver algum problema técnico sem encerrar a transmissão ao vivo. Isso permite maior flexibilidade na gestão da live.

Para alternar entre a câmera frontal e traseira do dispositivo, utilize o botão de virar a câmera. Esse recurso é especialmente útil para mostrar diferentes ângulos ou perspectivas durante a live, como destacar um produto ou o ambiente ao seu redor, tornando a transmissão mais dinâmica.

Adicionar filtros à transmissão pode ajudar na correção de pequenos detalhes, melhorar a aparência geral no vídeo ou fazer com que você se sinta mais confiante ao compartilhar conteúdo. No entanto, é crucial usar esses filtros com moderação para manter a autenticidade, como já falamos anteriormente, no capítulo sobre Stories.

Durante a live, você pode clicar no ícone de perguntas para visualizar o que os espectadores enviaram. Responder às perguntas ao vivo torna a transmissão mais interativa e engaja a audiência, criando uma conexão mais forte com os espectadores. Além disso, fique atento aos comentários da live, pois neles surgem muitas perguntas e interações. Responder tanto às perguntas enviadas pelo ícone específico quanto aos comentários ajuda a manter a audiência engajada e demonstra que você está atento e valorizando a participação de todos.

Para convidar outros usuários para participar da live, toque no ícone com dois rostos. Essa funcionalidade permite adicionar um convidado à sua live, criando uma transmissão dupla. Lives duplas são excelentes para aumentar o engajamento e trazer diferentes perspectivas para o conteúdo.

Compartilhar a live com outros usuários ou em outras plataformas é uma ótima maneira de aumentar a audiência. Utilize o recurso de compartilhamento para enviar o link da live para seguidores específicos ou para divulgar em redes sociais, atraindo mais espectadores em tempo real.

OUTROS RECURSOS

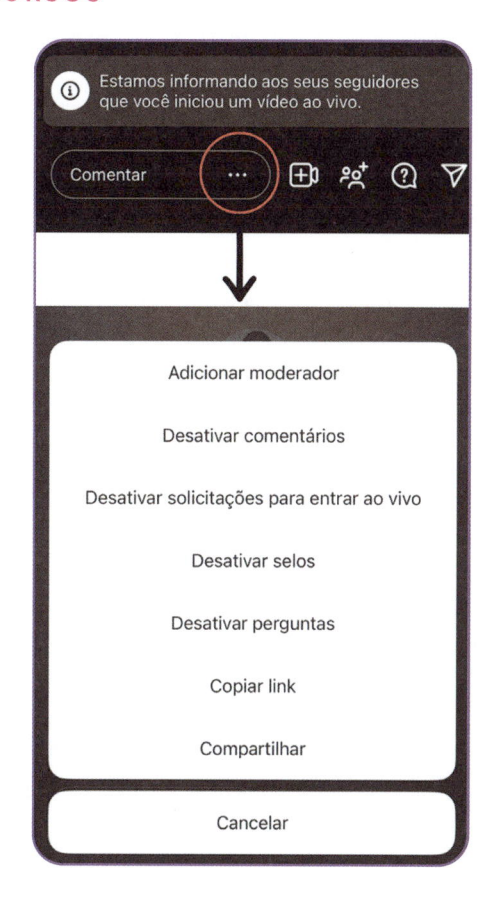

[Captura de tela mostrando o menu de opções durante uma live, com as opções: Adicionar moderador, Desativar comentários, Desativar solicitações para entrar ao vivo, Desativar selos, Desativar perguntas, Copiar link, Compartilhar, Cancelar.]

→ **Adicionar moderadores:** se você espera um grande público ou discussões intensas, adicionar moderadores pode ser uma excelente maneira de manter a live organizada e garantir que todas as perguntas e comentários relevantes sejam destacados.

→ **Controle de comentários e solicitações:** utilize as opções de desativação de comentários e solicitações para manter o foco na apresentação quando necessário. Isso é especialmente útil durante sessões informativas ou entrevistas onde a interrupção pode prejudicar o fluxo da conversa.

→ **Monetização e perguntas:** se a live tem o objetivo de engajar a comunidade ou arrecadar fundos, manter os selos ativados pode ser benéfico. Da mesma forma, se você está promovendo uma sessão interativa, permitir perguntas pode aumentar significativamente o engajamento.

→ **Divulgação em tempo real:** utilize as opções de copiar link e compartilhar para maximizar o alcance da sua live. Envie o link para listas de e-mails, grupos de WhatsApp, ou poste em outras redes sociais para atrair mais espectadores.

Ao entender e utilizar esses recursos, você pode conduzir lives mais eficazes, engajar melhor sua audiência e alcançar seus objetivos de maneira mais eficiente.

LIVES DUPLAS

OUTRA FORMA EFICAZ DE diversificar o conteúdo no seu Instagram é através das lives duplas. Essa modalidade não só permite a criação de conteúdos diferentes, mas também ajuda a divulgar seu perfil para novas audiências, aumentando seu alcance e engajamento. Lives duplas são uma excelente maneira de colaborar com outras pessoas e trazer perspectivas variadas para o público.

Você pode organizar uma live dupla de duas maneiras: convidando alguém para participar da sua live ou sendo convidado para participar da live de outra pessoa. Ambas as opções são valiosas para o seu negócio, permitindo a troca de conhecimentos e a criação de conteúdo rico e diversificado.

As lives duplas no Instagram oferecem diversas vantagens que podem enriquecer seu conteúdo e expandir seu alcance. Aqui estão algumas das principais vantagens:

→ **Entrega de conteúdo por parceiros ou especialistas**: convidar especialistas ou parceiros para participar da sua live pode enriquecer significativamente o conteúdo, oferecendo aos seus seguidores informações de alta qualidade e diferentes perspectivas sobre temas relevantes. Isso não só diversifica o conteúdo, mas também aumenta a credibilidade do seu perfil.

→ **Depoimentos ao vivo**: compartilhar depoimentos de clientes ao vivo é uma maneira poderosa de construir confiança e credibilidade. Durante a live, você pode fazer perguntas e permitir que os clientes falem sobre suas experiências com seus produtos ou serviços. Esses depoimentos autênticos podem influenciar positivamente a percepção dos espectadores e incentivar novas aquisições.

→ **Entrevistas**: realizar entrevistas com pessoas relevantes do seu nicho é uma excelente maneira de agregar valor adicional aos seus seguidores. As entrevistas podem ser com influenciadores, especialistas do setor ou até mesmo membros da sua equipe, proporcionando insights valiosos e conhecimentos diversificados que beneficiam sua audiência.

→ **Acesso a novas audiências**: participar de lives de outras pessoas ou convidá-las para suas lives é uma estratégia eficaz para alcançar novos públicos que ainda não conhecem seu trabalho. Isso pode aumentar significativamente o número de seguidores e engajar pessoas interessadas no seu conteúdo. A colaboração com outros perfis amplia seu alcance e introduz sua marca a audiências mais amplas.

Aproveitar as lives duplas pode transformar a maneira como você se conecta com seu público, fornecendo conteúdo valioso e construindo uma comunidade mais engajada e diversificada.

> **Convidar para participar**
>
> 🔍 Pesquisar
>
> Quando alguém entra, todos que podem ver os vídeos ao vivo dessa pessoa também podem assistir a este.

LIVE SHOPPING

LIVE SHOPPING, OU "LIVESHOP", é uma tendência crescente que combina transmissão ao vivo com vendas online, permitindo que você mostre produtos em tempo real, interaja com a audiência e ofereça uma experiência de compra mais dinâmica e envolvente. Essa abordagem não só aumenta a confiança dos consumidores ao verem os produtos em uso, mas também cria um senso de urgência, incentivando compras instantâneas. Além disso, o live shopping humaniza o processo de compra, permitindo que os consumidores vejam o rosto por trás da marca e se conectem de maneira mais pessoal.

Para começar, selecione cuidadosamente os produtos que serão apresentados na live, optando por itens que têm grande apelo e que podem ser demonstrados facilmente ao vivo. Estruture a live de forma organizada, definindo quais produtos serão apresentados e em que ordem, e planeje momentos para interação com a audiência, como perguntas e respostas. Prepare um ambiente bem iluminado e visualmente agradável, utilizando um tripé para manter o celular estável e verificando a qualidade do áudio e vídeo antes de começar. Crie ofertas especiais ou descontos exclusivos para os espectadores da live, aumentando a motivação para a compra imediata.

Durante a live, comece apresentando-se e explicando o que será abordado, dando boas-vindas aos novos espectadores e agradecendo a todos pela participação. Apresente cada produto de maneira detalhada, destacando suas características, benefícios e usos práticos, mostrando o produto em diferentes ângulos e, se possível, em uso. Encoraje os espectadores a fazer perguntas e interagir nos comentários, respondendo às perguntas ao vivo para manter o engajamento e esclarecer quaisquer dúvidas. Use chamadas para ação claras, como "Clique no link da bio para comprar agora" ou "Chama agora a gente no WhatsApp" (fixe o número na live para que as pessoas possam vê-lo facilmente), para lembrar os espectadores de que os produtos estão disponíveis para compra. Peça aos espectadores para compartilharem suas opiniões e experiências com os produtos, criando um ambiente de comunidade e aumentando a confiança de novos clientes.

Para maximizar o sucesso da live shop, promova sua transmissão com antecedência usando Stories, postagens no feed, e-mails e outros canais de comunicação, utilizando contagens regressivas e lembretes para garantir que a audiência esteja preparada para participar. Realize lives de shopping regularmente para manter a audiência engajada e criar expectativa, construindo uma base de espectadores leais. Após a live, analise os insights e dados de desempenho para entender o que funcionou bem e o que pode ser melhorado, ajustando suas estratégias com base no feedback e nas métricas de engajamento e vendas.

Para ilustrar o poder do live shopping, tenho uma aluna da área de maquiagens que fez dez mil reais em um único dia, consecutivas vezes, utilizando essa estratégia. Isso demonstra o enorme potencial que o live shopping possui para impulsionar as vendas e engajar a audiência.

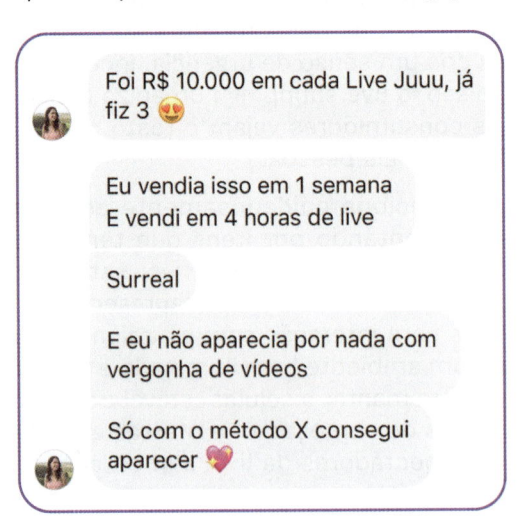

> Foi R$ 10.000 em cada Live Juuu, já fiz 3 😍
>
> Eu vendia isso em 1 semana
> E vendi em 4 horas de live
>
> Surreal
>
> E eu não aparecia por nada com vergonha de vídeos
>
> Só com o método X consegui aparecer 💖

Como você pode ver, live shopping é uma poderosa ferramenta de vendas que combina a interatividade das transmissões ao vivo com a conveniência das compras online. Ao preparar-se adequadamente e conduzir a live de maneira envolvente, você pode aumentar significativamente suas vendas e fortalecer a conexão com seus clientes. Aproveite todas as oportunidades que o live shopping oferece para criar uma experiência de compra única e memorável para sua audiência.

SEJA FLEXÍVEL

DURANTE UMA LIVE, É essencial estar preparado para imprevistos e ser flexível para adaptar a transmissão conforme necessário. Imprevistos podem ocorrer de várias formas, como problemas técnicos, perguntas inesperadas dos espectadores, ou até mesmo interrupções no ambiente ao seu redor. A flexibilidade permite que você mantenha a calma e gerencie essas situações de forma eficaz, garantindo que a live continue a ser uma experiência positiva para sua audiência.

Aqui estão algumas dicas para ser flexível durante a live:

→ **Prepare-se para problemas técnicos**: tenha um plano B caso ocorram problemas técnicos, como falhas na conexão de internet ou problemas com o áudio e vídeo. Por exemplo, caso a sua Wi-Fi esteja deixando a desejar, mantenha a calma, explique aos seus espectadores e troque para o 4G.

→ **Gerencie perguntas inesperadas**: esteja pronto para lidar com perguntas inesperadas dos espectadores. Se uma pergunta surgir e você não souber a resposta, não hesite em ser honesto e prometer pesquisar a informação, como já falamos anteriormente. Isso demonstra autenticidade e comprometimento.

→ **Adapte o conteúdo**: durante uma live, é crucial estar disposto a ajustar seu roteiro conforme necessário para maximizar o engajamento e a relevância do conteúdo. Se você perceber que um determinado tópico está gerando mais interesse e interação dos espectadores, considere dedicar mais tempo a ele. Da mesma forma, se um assunto não está funcionando ou não está ressoando com a audiência, esteja preparado para mudar de direção rapidamente.

Além disso, se surgir algo inesperado que pareça interessante explorar, não hesite em seguir essa nova direção. A flexibilidade para adaptar o conteúdo em tempo real demonstra sua capacidade de responder às necessidades e interesses da audiência, tornando a live mais dinâmica e envolvente.

- → **Lide com interrupções**: se houver interrupções no ambiente ao seu redor, mantenha a calma e lide com elas com naturalidade. Isso pode incluir desde ruídos inesperados até pessoas entrando na sala. Mostre serenidade e profissionalismo, continuando a transmissão da melhor forma possível.
- → **Interação com a audiência**: flexibilidade também significa estar aberto a interações espontâneas com a audiência. Se os espectadores começarem a compartilhar experiências ou fazer sugestões, considere incorporar esses elementos na live. Isso torna a transmissão mais dinâmica e envolvente.
- → **Planeje com margem**: tenha uma estrutura de roteiro, mas deixe espaço para ajustes. Um roteiro rígido pode dificultar a adaptação a novas situações. Em vez disso, tenha pontos principais que você deseja cobrir, mas permita-se flexibilidade na ordem e no tempo dedicado a cada tópico.

Ser flexível durante uma live não só ajuda a lidar com imprevistos de maneira eficaz, mas também demonstra sua capacidade de adaptação e resiliência. Essa abordagem torna a experiência mais agradável e autêntica para sua audiência, fortalecendo a conexão e a confiança que eles têm em você. Ao preparar-se adequadamente e manter uma atitude aberta, você pode transformar possíveis desafios em oportunidades para mostrar seu profissionalismo e engajamento.

RESPIRA E... AÇÃO!

FAZER LIVES PODE SER desafiador, especialmente para quem nunca fez antes. É normal sentir vergonha, medo ou desconforto ao falar ao vivo para uma audiência. A incerteza sobre o que pode acontecer durante a transmissão ao vivo pode aumentar ainda mais a ansiedade. No entanto, é importante lembrar que todos que hoje fazem lives de forma fluente e natural já passaram por esses sentimentos em algum momento. A chave para superar esses desafios é preparação, prática e, acima de tudo, a vontade de se conectar genuinamente com sua audiência.

Lembre-se de que a prática leva à perfeição. Quanto mais você pratica, mais confortável se sentirá diante da câmera. Além disso, tenha um roteiro básico do que você vai falar, mas mantenha a flexibilidade. Saber que você está preparado pode reduzir a ansiedade e aumentar sua confiança.

Concentre-se no valor que você está oferecendo aos seus espectadores. A live não é sobre você, mas sobre o conteúdo que você está compartilhando e como ele pode ajudar ou inspirar sua audiência. Entenda que cometer erros faz parte do processo. Pequenos deslizes ou momentos de hesitação são normais e podem até tornar você mais humano e acessível para sua audiência. Respire fundo algumas vezes antes de começar para acalmar os nervos e melhorar sua concentração. Se a ideia de fazer uma live longa é intimidante, comece com transmissões mais curtas e aumente a duração gradualmente à medida que você se sentir mais confortável.

Envolver a audiência pode tornar a experiência mais agradável. Faça perguntas, responda comentários e agradeça aos espectadores pela participação. Isso cria uma sensação de conversa, em vez de um monólogo. Esteja preparado para imprevistos, mas não se preocupe excessivamente com eles. Uma preocupação comum é o medo de que ninguém apareça para assistir. Não há problema nisso. Se você está começando, é até melhor começar com uma pequena audiência e crescer aos poucos conforme você for fazendo mais lives e se desenvolvendo. E lembre-se: se a pessoa não assistir na hora, ela pode assistir depois no seu feed. Além disso, isso é uma ótima oportunidade para você treinar o vídeo ao vivo sem a pressão de uma grande audiência.

Respire fundo e lembre-se de que cada live é uma oportunidade de se conectar com sua audiência, compartilhar valor e crescer como comunicador, além trazer benefícios para o seu negócio. O caminho pode ser desafiador, mas com preparação, prática e uma atitude positiva, você pode superar seus medos e se tornar mais confiante a cada transmissão. Quanto mais você fizer, mais tranquilo ficará. Nas minhas primeiras lives, eu estava tensa, a boca ficava até seca. Com o passar do tempo, foi se tornando tão natural quanto mandar um áudio no WhatsApp. Acredite em si mesmo, confie no processo e, mais importante, aproveite a jornada. Cada passo dado é um avanço em direção ao sucesso.

ZONA DE ENGAJAMENTO

AFINAL, O QUE É ENGAJAMENTO?

ENGAJAMENTO É O CORAÇÃO do Instagram e representa qualquer tipo de ação que os usuários realizam em relação ao seu conteúdo ou ao seu perfil. Curtidas, comentários, compartilhamentos, salvamentos, visualizações e até mesmo respostas a Stories e mensagens diretas são formas de engajamento. É um indicador vital de como o seu público está respondendo ao que você publica, mostrando o nível de interesse e interação dos seguidores. Além de refletir a popularidade e a relevância do seu conteúdo, o engajamento também influencia o algoritmo do Instagram, afetando o alcance das suas postagens. Vamos detalhar alguns componentes do engajamento para entender melhor sua importância e impacto.

VISITAS AO PERFIL

As visitas ao perfil são um sinal claro de interesse. Quando alguém visita seu perfil, geralmente está procurando saber mais sobre você, seus produtos ou serviços. Isso pode ser resultado de uma postagem interessante, uma recomendação, um anúncio ou um compartilhamento. O número de visitas ao perfil é uma métrica importante, pois mostra quantas pessoas estão interessadas em explorar mais do seu conteúdo e o quanto você tem alcançado.

CURTIDAS

As curtidas são uma forma rápida e fácil de interação. Elas indicam que alguém gostou do seu post. Embora sejam a forma mais básica de engajamento, curtidas ainda são importantes porque aumentam a visibilidade do seu post no feed de outros usuários, graças ao algoritmo do Instagram. Quanto mais curtidas, maior a chance de seu conteúdo ser visto por mais pessoas.

COMENTÁRIOS

Comentários são uma forma mais profunda de engajamento, pois exigem mais esforço e tempo do usuário. Eles permitem que os seguidores expressem suas opiniões, façam perguntas ou simplesmente deixem um feedback. Responder aos comentários é muito útil para construir um relacionamento com sua audiência e aumentar a interação em seu perfil.

VISUALIZAÇÕES

As visualizações de vídeos e Stories indicam quantas pessoas assistiram ao seu conteúdo. Esta métrica é essencial para avaliar o impacto dos seus vídeos. Diferentes durações de visualização (como 10 segundos vs. 5 minutos) também podem indicar o nível de interesse e envolvimento dos espectadores.

COMPARTILHAMENTOS

Quando alguém compartilha sua postagem ou perfil, está essencialmente recomendando você para seus amigos e seguidores. Isso não só aumenta o alcance do seu conteúdo, mas também adiciona uma camada de credibilidade, pois uma recomendação pessoal é uma das formas mais poderosas de marketing, o famoso boca a boca.

DIRECTS

Os directs são mensagens privadas enviadas diretamente para você. Eles podem indicar um interesse mais profundo ou uma intenção de compra. Directs são oportunidades valiosas para engajamento personalizado e podem levar a conversas que transformam seguidores em clientes.

SALVAR POSTS

Quando um seguidor salva seu post, isso indica que ele encontrou valor suficiente no conteúdo para querer revisitá-lo. Essa métrica é especialmente relevante para conteúdos educativos, informativos ou inspiradores. Posts salvos têm uma vida útil mais longa, pois os usuários podem acessá-los novamente a qualquer momento.

Esses foram alguns exemplos de interação, porém existem muitos outros, como enviar comentários e curtidas durante uma live, buscar o seu perfil, fazer uma marcação de foto, repostar um conteúdo nos Stories, entre outros. Em resumo, engajamento compreende todas as ações interativas que as pessoas realizam relacionadas ao seu perfil ou ao seu conteúdo. Cada uma dessas ações é um indicador valioso do quanto seu público está se conectando com o que você oferece e pode ajudar a fortalecer a presença do seu perfil no Instagram.

TRIPÉ DO ENGAJAMENTO

PARA MAXIMIZAR O ENGAJAMENTO no Instagram, é fundamental alinhar três elementos essenciais: atrair os seguidores certos, oferecer conteúdo de valor e cultivar um relacionamento genuíno com a audiência. Ao longo deste livro, temos enfatizado a importância desses pilares para construir uma presença forte e engajada na plataforma. Além de impulsionar as vendas do seu negócio, o alinhamento desses três elementos é crucial para o crescimento do seu perfil. Sem essa harmonia, é improvável que seu perfil cresça e você pode sentir que está falando sozinho no Instagram.

SEGUIDORES CERTOS

Atrair a audiência certa é crucial para garantir a participação nas lives, postagens, directs, Stories e nas conversões. Um Instagram com seguidores errados, ou seja, com pessoas que não têm interesse no seu conteúdo, produto ou serviço, não irão interagir com você. Afinal, nenhum conteúdo será relevante o suficiente para essas pessoas. Por exemplo, se você tem uma página sobre nutrição infantil, mas seus seguidores são em grande parte adolescentes interessados em estética, o engajamento será mínimo, pois o conteúdo não ressoa com o interesse deles.

CONTEÚDO DE VALOR

O conteúdo de valor é aquele que está alinhado ao que o seu público precisa e quer ouvir de você. Se ele não estiver sendo bem trabalhado, não será relevante ou interessante para quem o segue, não gerando estímulos para interação. Seu seguidor precisa encontrar seu post e pensar: "Uau! Este conteúdo é tão bom que eu vou compartilhar/curtir/comentar".

Trabalhar a consistência e a variedade de conteúdos também é importante para manter o seu público sempre engajado e interessado no que você tem a oferecer. Por exemplo, postagens educacionais, dicas práticas, histórias de clientes e até humor podem ser combinados para criar um feed diversificado e interessante. Se você é um nutricionista infantil, um conteúdo de valor poderia ser um vídeo curto mostrando como preparar um lanche saudável e divertido para crianças, ou um infográfico destacando os benefícios de diferentes vitaminas para o desenvolvimento infantil. Esse tipo de conteúdo não só informa, mas também engaja os seguidores, incentivando-os a salvar, compartilhar e comentar, como já abordamos no capítulo de produção de conteúdo.

RELACIONAMENTO COM OS SEGUIDORES

Nunca se esqueça de que pessoas se conectam com pessoas. Se o seu perfil for distante da audiência, não criar uma humanização, agir como uma mera conta comercial, o engajamento ficará prejudicado. É preciso trabalhar a conexão e trazer elementos de identidade para seu seguidor entender que, por trás daquele perfil, existe um ser humano que vai cuidar dele, que se importa, que está pensando em oferecer a melhor experiência. Por isso, é importante aparecer no Instagram, postar fotos, vídeos, fazer lives e Stories. São esses elementos de conexão e de identidade que farão as pessoas interagirem com você.

Ninguém quer conversar com um robô, com um sistema, com um CNPJ. Seja uma pessoa presente para a sua audiência e, assim, conquistará a interação dela. Por exemplo, compartilhe momentos do seu dia a dia, faça perguntas aos seus seguidores, responda aos comentários e mensagens diretas de maneira pessoal e autêntica. Pratique as estratégias abordadas ao longo desse livro que envolvem conexão, humanização e construção de relacionamento com a audiência.

Ao alinhar esses três elementos — seguidores certos, conteúdo de valor e relacionamento com a audiência —, você estará no caminho certo para aumentar significativamente o engajamento no Instagram. Cada um desses componentes desempenha um papel vital em como seu público percebe e interage com seu perfil, e juntos eles formam a base para uma presença online bem-sucedida e impactante.

DIFERENTES NÍVEIS DE ENGAJAMENTO

ALÉM DO TRIPÉ DO engajamento, é importante entender que existem diferentes níveis de engajamento no Instagram, e você deve trabalhar sempre o todo. Quer comparar os pesos? Veja o que aparenta ter mais valor para você:

- → **Comentários ou curtidas?** Comentários geralmente indicam um nível de engajamento mais profundo, pois exigem mais esforço do seguidor.
- → **Visitas no perfil ou directs?** Directs podem indicar um interesse mais específico ou uma intenção de compra.
- → **Comentários escritos ou comentários de emojis?** Comentários escritos tendem a ser mais significativos, mostrando que o seguidor realmente se envolveu com o conteúdo.
- → **Compartilhamento ou comentário?** Compartilhamentos ampliam o alcance do seu conteúdo, enquanto comentários aumentam o engajamento direto.
- → **Salvar um post ou curtir?** Salvar um post indica que o seguidor encontrou valor no conteúdo e quer revisitá-lo, enquanto curtidas são uma forma mais imediata de engajamento.

Tudo isso é importante para você ficar de olho em como as pessoas andam reagindo às suas publicações e à sua produção de conteúdo como um todo. Quando você observa esses pontos, consegue aprender o que gera mais resultados com o seu público.

Entenda que todo tipo de interação no seu Instagram é importante e que diferentes conteúdos atrairão diferentes tipos de interação. Além disso, é crucial analisar as conversões, como quantas pessoas clicaram nos seus links, quantas finalizaram a compra de um produto ou serviço.

Não caia no erro de apenas olhar para o engajamento, pois engajamento não significa necessariamente conversão. Por exemplo, muitas vezes, quando postamos uma foto mais pessoal, conquistamos mais curtidas e comentários, porém não gera vendas. Outras vezes, postamos anúncios e postagens de vendas diretas que terão menos interação, mas mais conversão. Outro erro é achar que, quando não há muitas curtidas e comentários, é porque o conteúdo fracassou e nem sempre é isso. Você sempre comenta e curte postagens ou conteúdos de que você gosta? Acredito que não, assim como a maioria das pessoas. Por isso, cuidado! As pessoas têm reações e comportamentos diferentes, sempre olhe para os seus resultados como um todo.

O CÍRCULO DE OURO

QUANTO MAIS INTERAÇÃO OU engajamento você tiver, mais o algoritmo do Instagram perceberá sua importância para as pessoas que interagem com o seu conteúdo. Cada curtida, comentário, compartilhamento e visualização sinaliza ao algoritmo que seu perfil é relevante. Ao proporcionar uma boa experiência aos seus seguidores, o algoritmo reconhecerá a sua relevância para a plataforma.

Isso resulta em um aumento do alcance das suas publicações. Seu conteúdo começará a aparecer mais frequentemente no feed daqueles que já te seguem, além de alcançar novas pessoas que ainda não conhecem seu perfil. Com isso, você e sua marca ganham mais visibilidade, aumentando as chances de atrair visitantes que podem se tornar seguidores e de novos seguidores se engajarem com seu conteúdo.

À medida que mais pessoas começam a seguir e interagir com suas postagens, ocorre um efeito bola de neve. Mais interações geram mais visualizações, que por sua vez podem levar a mais seguidores e mais interações. Esse processo é conhecido como crescimento orgânico, essencial para um perfil saudável e sustentável no Instagram. O crescimento orgânico é o resultado natural de um ciclo de engajamento bem-sucedido.

Este é o verdadeiro "Círculo de Ouro" do engajamento no Instagram: cada elemento alimenta o próximo, construindo uma base sólida de seguidores engajados e leais.

ESTRATÉGIAS PARA AUMENTAR O ENGAJAMENTO

AGORA QUE JÁ COMPREENDEMOS a importância do engajamento no Instagram, é hora de explorar algumas estratégias práticas para aumentar a interação com seus seguidores. Vamos abordar a seguir conteúdos interativos, como utilizar legendas e chamadas para ação (CTAs) eficazes, a importância de responder a comentários e directs, além de considerar os melhores horários para postar e manter uma frequência consistente. Essas táticas ajudarão a transformar a zona de engajamento do seu perfil, onde os seguidores não apenas consomem, mas participam ativamente do seu conteúdo. Vamos começar?

CONTEÚDOS INTERATIVOS

Para aumentar o engajamento no Instagram, os conteúdos interativos que incentivem a participação ativa dos seus seguidores são extremamente eficazes. Já discutimos essa abordagem de forma indireta ao longo do livro, mas vale a pena destacar algumas estratégias específicas. Utilizar carrosséis de imagens, Reels dinâmicos e perguntas diretas em suas postagens pode promover uma interação significativa.

Por exemplo, uma loja de moda pode publicar um carrossel com diferentes looks e perguntar aos seguidores qual é o seu favorito. Isso não apenas engaja os seguidores, mas também proporciona feedback valioso sobre suas preferências de estilo, além de ser uma oportunidade de mostrar diferentes produtos. Outra ideia é criar um Reel com transições de uma blusa em diferentes cores e perguntar qual cor eles preferem. Essa abordagem visualmente atraente capta a atenção e incentiva a interação.

Outra ideia eficaz é a "batalha de looks", em que duas opções de roupas são apresentadas lado a lado, e os seguidores são convidados a votar em sua favorita, por exemplo. Essa técnica é divertida e envolvente, incentivando os seguidores a interagirem diretamente com seu conteúdo. Alternativamente, você pode postar uma foto com quatro vestidos de cores diferentes, perguntando qual é o mais bonito. Esse tipo de pergunta simples, mas direta, pode gerar muitos comentários.

Para prestadores de serviços, a criação de carrosséis que abordem as maiores dificuldades enfrentadas pelos clientes no seu setor pode ser extremamente eficaz. Por exemplo, um consultor de marketing digital pode fazer uma série de posts sobre os principais desafios que as pessoas enfrentam no Instagram e, no final do post, perguntar: "Qual é a sua maior dificuldade?" Isso não só engaja os seguidores, mas também fornece insights valiosos sobre suas necessidades e preocupações. Pense em como você pode adaptar esses exemplos ao seu negócio.

Além dos conteúdos interativos propriamente ditos, recursos como enquetes, caixas de perguntas nos Stories, e desafios que incentivam os seguidores a compartilharem suas próprias experiências, também são excelentes formas de aumentar o engajamento. Por exemplo, uma academia pode usar enquetes para perguntar sobre preferências de treino ou usar caixas de perguntas para responder dúvidas sobre exercícios e nutrição. Essas interações tornam o conteúdo mais pessoal e relevante, fortalecendo a conexão com a audiência.

LEGENDAS E CTAS

As legendas são um elemento fundamental para gerar engajamento no Instagram. Elas não são apenas um complemento para as suas fotos ou vídeos, mas um espaço valioso para comunicar com sua audiência de maneira mais profunda e significativa. Uma legenda bem trabalhada pode transformar uma postagem comum em uma oportunidade de conscientização, interação e conexão com seus seguidores. Veja as comparações a seguir:

Legenda sem estratégia:

"Scarpin Nude – temos todas as numerações disponíveis!

Valor: R$230,00.

Entregamos para todo o Brasil.

Chame no direct ou no WhatsApp para mais informações!"

Legenda envolvente:

"Scarpin: o sapato que nunca sai de moda!

O scarpin é um dos sapatos mais versáteis do guarda-roupa. É um ótimo investimento, pois combina com várias ocasiões: desde looks despojados até trajes para trabalho, dia a dia ou festas.

Quer ver como usar o scarpin de diferentes formas? Arraste para o lado e confira as possíveis combinações!

Deixe aqui seu comentário: qual foi o look com o Scarpin que você mais gostou? 1, 2 ou 3?"

O segundo texto é melhor porque começa com uma afirmação interessante: "Scarpin: o sapato que nunca sai de moda!", que capta a atenção e desperta interesse. Ele também destaca a versatilidade do scarpin, explicando por que é um ótimo investimento e como pode ser usado em diferentes ocasiões, ajudando os leitores a visualizar o produto em suas próprias vidas. Além disso, o texto ensina a usar o mesmo sapato de formas diferentes, aumentando a percepção de valor. Ele inclui uma chamada para ação ao convidar os leitores a interagir, gerando mais engajamento na postagem. Em contraste, o primeiro texto é mais factual e menos envolvente, apenas mencionando a disponibilidade e o preço sem explicar por que o produto é desejável ou incentivar a interação. Veja outro exemplo:

Legenda sem graça

"Extensão de cílios — agende seu horário agora!

Preço: R$150,00.

Entre em contato pelo direct ou WhatsApp para mais informações. Venha realçar sua beleza com a gente!"

Legenda envolvente:

"Transforme o seu olhar com nossa extensão de cílios! ◉✨

Nossos serviços de extensão de cílios não só aumentam o volume e o comprimento dos seus cílios naturais, mas também realçam a sua beleza de forma natural e elegante. Imagine acordar todos os dias com cílios perfeitos, sem a necessidade de máscara!

Perfeito para qualquer ocasião — desde o dia a dia até eventos especiais. Quer ver como a extensão de cílios pode fazer a diferença? Arraste para o lado e veja nossos incríveis antes e depois!

Qual estilo você prefere? Natural ou glam? Deixe seu comentário e agende seu horário hoje mesmo!"

Deu para perceber a diferença, certo? Use a legenda de forma inteligente para educar o seu público, complementar o seu conteúdo e criar mais incentivos à interação.

Além do conteúdo, é importante escrever textos fáceis de serem lidos para garantir que suas legendas no Instagram sejam atraentes e envolventes. Para isso, pular linhas e utilizar espaçamentos para separar ideias pode tornar a legenda visualmente mais atraente e facilitar a compreensão do conteúdo.

Uma linguagem leve e menos formal é bem-vinda. Usar uma comunicação mais acessível ajuda a criar uma conexão mais próxima com seu público. Nesse sentido, evite jargões técnicos e fale de maneira que seu público se sinta à vontade para interagir. No entanto, se o seu público-alvo prefere uma linguagem mais formal, adapte seu estilo conforme necessário.

O uso estratégico de emojis pode destacar pontos importantes ou adicionar um toque de personalidade à sua legenda. Emojis são ótimos para atrair a atenção e dividir o texto de maneira que fique mais dinâmico e divertido. Contudo, é importante não exagerar. Use emojis com moderação para evitar poluir o texto, infantilizar o conteúdo ou prejudicar a clareza e a legibilidade da mensagem.

Ao final das legendas, use chamadas para ação para incentivar o engajamento. CTAs são fundamentais para direcionar os seguidores a tomarem uma ação específica, aumentando a interação e o envolvimento com seu conteúdo. Exemplos de CTAs para engajamento:

- "Compartilhe com um amigo que precisa saber essa dica!"
- "Marque alguém que adoraria essa receita!"
- "Salve este post para você relembrar sempre que precisar!"
- "Gostou dessas dicas? Salve para não perder!"
- "Gostou do conteúdo? Não se esqueça de curtir!"
- "Fez sentido para você? Então curta para eu saber!"
- "Quer mais informações? Clica no link da bio!"
- "Para saber mais, visite nosso site! Link na bio."

Além disso, você pode adicionar perguntas simples antes dos CTAs para estimular a interação por meio de comentários. Aqui estão alguns exemplos de perguntas eficazes:

- "Qual é a sua dúvida sobre esse tema? Comente abaixo e eu responderei!"
- "O que você prefere? Deixe sua resposta nos comentários!"
- "Qual das opções você mais gostou? 1, 2 ou 3? Comenta aqui para eu saber!"
- "Qual é a sua opinião sobre esse tema? Comente aqui!"
- "Quais desses itens você já faz? Comente abaixo e me conte!"
- "Qual é o seu preferido? X ou Y? Deixe sua escolha nos comentários!"
- "Que nota você dá para essa transformação? Comente aqui e compartilhe sua opinião!"

Claro que você deve escolher as perguntas e CTAs que fazem mais sentido para o conteúdo que você está compartilhando e para o tipo de interação que deseja gerar. Por exemplo, se você está postando sobre um novo produto, perguntas que incentivem feedback ou preferências podem ser mais eficazes. Se o objetivo é educar, perguntas que estimulem dúvidas ou discussões aprofundadas podem gerar mais valor.

Nesse sentido, é importante ajustar suas perguntas e CTAs de acordo com o contexto e o público-alvo para maximizar o engajamento. Personalizar as legendas com base no conteúdo específico é essencial para criar um conteúdo autêntico que incentive interações significativas.

Por fim, você pode usar a inteligência artificial, como o ChatGPT, para montar suas legendas de forma rápida e personalizada. Ferramentas de IA podem ajudar a criar textos envolventes, sugerir CTAs eficazes e até adaptar o tom e estilo das legendas conforme necessário, economizando tempo e garantindo que suas postagens sejam sempre relevantes e engajantes.

COMENTÁRIOS E DIRECTS

Estar presente nos seus directs e comentários é fundamental para a construção do engajamento do seu perfil. Quando você faz uma postagem no feed ou compartilha um Story e recebe um comentário ou direct, ao responder, você está sinalizando ao algoritmo do Instagram que está se relacionando com seus seguidores. O Instagram valoriza essa reciprocidade e tende a promover contas que mantêm essas interações.

Além desse aspecto técnico, responder aos seguidores, dentro dos seus limites, demonstra que você se importa e respeita o tempo deles. Lembre-se de que não são apenas números comentando, mas pessoas reais compartilhando ideias, dúvidas e elogios com você. Mostrar que você se interessa e está presente incentivará ainda mais interações. Isso não só fortalece o relacionamento com sua audiência, mas também cria um ambiente mais engajado e participativo no seu perfil.

Além disso, os comentários e directs são uma verdadeira mina de ouro. Neles, você consegue identificar informações valiosas sobre o seu cliente ideal, incluindo suas dúvidas, desejos e gostos. Essa interação permite que você conheça melhor o público, ajustando seu conteúdo e produtos para atender às necessidades deles de forma mais eficaz. Também permite que você extraia depoimentos, elogios e feedbacks, aumentando o seu repertório prova e prova social.

Muitas vezes, potenciais vendas surgem desses canais, pois muitas pessoas que têm interesse em comprar um produto ou serviço sinalizam pelo direct ou nos comentários. Estar atento a essas mensagens e respondê-las prontamente pode converter essas interações em vendas reais, aumentando sua receita e fortalecendo ainda mais a relação com seus seguidores.

Quando você responde a um seguidor que o acompanha ou admira, ele sente a reciprocidade, gerando um sentimento de reconhecimento e valorização. Isso o aproxima de você, e quanto mais próximo ele se sente, mais ele tende a comprar de você. Você se destaca da concorrência, tornando-se a pessoa que agrega muito mais valor e relevância do que qualquer outro perfil que não interage com os seguidores.

Além disso, há aquelas pessoas que não acreditam que serão respondidas, que nem tentam mandar comentários porque acham que serão ignoradas ou que perderão tempo, ou até mesmo que têm vergonha de perguntar. Quando você responde de forma geral às interações em suas publicações, você também estimula essas pessoas a interagirem, pois percebem que, com você, será diferente. Como adicional, em vez de finalizar o dia com dez comentários, com as suas respostas, você finaliza com vinte. Cada vez que você responde aos comentários e directs, está multiplicando o seu engajamento.

Uma dica extra é personalizar suas respostas, utilizando o nome da pessoa, como em: "Obrigada, Silvio, adorei o seu depoimento." Isso cria uma conexão mais pessoal e significativa do que um comentário genérico. Reserve um tempo específico do dia para atualizar as respostas, assegurando que você esteja sempre presente e atento às interações dos seus seguidores. Para tornar esse processo mais eficiente, utilize o Instagram pelo computador ou gerencie seu perfil pelo Meta Business Suite, facilitando respostas rápidas e práticas.

HORÁRIOS

Alinhar suas postagens aos horários em que seus seguidores estão presentes no Instagram aumenta significativamente as chances de engajamento. Para isso, utilizar as ferramentas de análise do Instagram para entender o comportamento dos seus seguidores é muito útil.

É importante lembrar que cada negócio tem uma audiência com comportamentos e reações diferentes. Não existe uma regra geral sobre os melhores horários; o que funciona para um perfil pode não funcionar para outro.

Também é importante considerar que, durante os horários de pico da internet, a competição com outras postagens aumenta. Isso pode reduzir a visibilidade do seu conteúdo. Assim, o mais importante é postar nos momentos em que seu público está ativo e engajado. Evite postar de madrugada, quando a maioria das pessoas está dormindo e o engajamento é baixo.

Períodos mais ativos

Horas Dias

< as terças-feiras >

0h	3h	6h	9h	12h	15h	18h	21h
361 mil	232 mil	910 mil	1,2 mi	1,3 mi	1,3 mi	1,4 mi	1,1 mi

Para ver esses dados, você deve clicar em menu (três linhas horizontais) no canto superior direito da tela do seu perfil. Clique em "Insights", depois clique em "total de seguidores" e veja os "períodos mais ativos".

FREQUÊNCIA

A qualidade é fundamental para manter as pessoas interessadas em você e no seu negócio, enquanto a quantidade é essencial para ganhar velocidade no processo. Na minha experiência, quanto mais quantidade e qualidade, melhor, porque seu perfil cresce mais rápido e você conquista mais conversões. Afinal, ao entregar mais conteúdo, você atinge mais pessoas, entra mais na mente do seu consumidor e acelera o crescimento do seu Instagram naturalmente.

No entanto, não adianta postar várias vezes em um dia e sumir nos próximos. Toda a sua frequência deve ser trabalhada com consistência e deve ser pensada a longo prazo. Por isso, se hoje você consegue manter a qualidade com um post a cada três dias, ótimo. Faça assim até que consiga fazer um post a cada dois dias e assim por diante. Planeje-se e dê sempre o seu melhor.

Não caia na armadilha de pensar que postar diariamente será repetitivo ou cansativo. Na verdade, seus seguidores não verão todas as suas postagens e não acompanharão todo o seu conteúdo. Há uma rotatividade de público no seu perfil, o que significa que você se comunica com pessoas diferentes a cada postagem. Assim, ao aumentar a produção de conteúdo, você eleva a probabilidade de que mais pessoas vejam e interajam com suas publicações.

Além disso, quando você oferece informações de valor, está sendo relevante e não cansativa. Pense em como podemos passar horas consumindo conteúdos que nos interessam, como filmes e séries no Netflix. Da mesma forma, seus seguidores estarão dispostos a engajar com suas postagens se elas forem interessantes e úteis para eles.

No feed não é mais necessário postar todos os dias para ter resultados, mas é legal que você apareça nos Stories diariamente para alimentar o perfil e se comunicar com o público. O próprio Instagram recomenda, por exemplo, que se publiquem até sete Reels por semana, para que o seu conteúdo não concorra consigo mesmo, afetando negativamente a visibilidade.[10] Portanto, é ideal encontrar um equilíbrio que mantenha a qualidade e a consistência sem competir com suas próprias postagens.

Também é crucial que essa frequência de postagens não afete a sua saúde mental. Já vi muita gente adoecer nas redes sociais por conta de uma falta de gerenciamento, sobrecarga e pressão. Vamos fazer de forma saudável, um passo de cada vez, aumentando conforme você for se adaptando, fazendo desse trabalho algo mais leve, sempre que possível. Assim, planeje-se e organize-se para evitar o estresse e a sobrecarga, garantindo que suas atividades nas redes sociais sejam gratificantes e produtivas.

Use o Meta Business Suite para agendar as suas postagens para que você tenha mais liberdade e possa focar em outras coisas durante o dia. Agendar suas postagens permite que você mantenha a consistência sem precisar estar constantemente online, dando-lhe a flexibilidade para se concentrar em outras áreas do seu negócio e na sua vida pessoal.

HASHTAGS

As hashtags são os famosos símbolos # que permitem que os usuários do Instagram busquem por determinado tópico e encontrem postagens marcadas e relacionadas a ele. É uma forma de pesquisa e de busca que categoriza conteúdo, facilitando a descoberta de postagens específicas.

As hashtags também servem para o Instagram identificar o conteúdo das suas postagens. Com elas, você ajuda o algoritmo do Instagram a entender sobre o que é seu post, facilitando a entrega do seu conteúdo para pessoas interessadas no mesmo tema.

Muitas pessoas ficam perdidas sobre como usar as hashtags: qual é a quantidade certa, quais devem ser utilizadas e várias outras dúvidas. Isso acontece porque o Instagram não tem um manual sobre elas, e existem vários sites e vídeos no YouTube que explicam o assunto de maneira divergente, deixando todo mundo confuso.

---

10   Fonte: *https://creators.instagram.com/faq*. Acesso em: setembro de 2024.

Quero deixar o mais claro possível para você a verdade sobre as hashtags e como você pode usá-las para o seu negócio e para a sua página de maneira mais assertiva e eficiente. Mas, antes de tudo, você precisa entender que não serão as hashtags que levarão milhares de seguidores para o seu Instagram e lhe trarão centenas de curtidas, mas elas podem ajudar a conquistar algumas pessoas e aumentar a visibilidade do seu conteúdo, impactando aos poucos o seu engajamento. O uso de hashtags é opcional, mas pode ser uma ferramenta útil se usada corretamente. Para isso, siga as orientações a seguir:

→ **Relevância e congruência**: caso queira usar, sugiro que você utilize hashtags que sejam úteis para o seu negócio, reforcem o seu posicionamento e tenham congruência com o que você está postando. Escolha hashtags relacionadas à sua área de mercado, ao seu nicho, ao conteúdo do post e crie também suas próprias hashtags. Não use hashtags aleatórias, pois isso não atrairá seguidores de qualidade e pode prejudicar o desempenho do seu post ao atrair pessoas erradas ou robôs.

→ **Quantidade ideal**: apesar de você poder usar muitas hashtags, sugiro que use até quatro na legenda do seu post. Assim, você não polui visualmente a sua postagem e não fica apelativo. Usar um número menor de hashtags mais específicas pode ser mais eficaz do que usar muitas hashtags genéricas.

→ **Hashtags específicas vs. genéricas**: hashtags específicas geralmente têm menos concorrência e podem atrair um público mais segmentado e relevante. Por exemplo, em vez de eu usar #marketing, posso ir afunilando para #marketingdigital, #instagramparanegocios, #produçãodeconteudo, #storiesparanegocios, deixando cada vez mais nichado. Essa é uma boa estrátegia para você aplicar.

→ **Criação de hashtags próprias**: criar as próprias hashtags para promover campanhas específicas ou fortalecer sua marca também é muito útil. Se você tem um slogan ou uma frase de efeito, transforme isso em uma hashtag única. Eu uso com frequência: #jumunhoz, #começounãoparamais e #métodox, por exemplo.

Concluindo, as hashtags podem ser uma ferramenta para aumentar a visibilidade do seu conteúdo no Instagram, mas devem ser usadas de forma estratégica e consciente. Foque em relevância, quantidade moderada e congruência com seu conteúdo. Evite hashtags aleatórias e genéricas que não agregam valor e podem atrair o público errado. Com essas dicas, você poderá usar hashtags de maneira mais eficiente, ajudando a reforçar seu posicionamento e alcançar seu público-alvo de forma mais assertiva.

ANÚNCIOS COM OBJETIVO DE ENGAJAMENTO

Uma outra opção para que uma postagem tenha mais engajamento, é utilização de anúncios pagos. Ao anunciar suas publicações, você pode alcançar um público maior e segmentado, aumentando as chances de interação e envolvimento com seu conteúdo.

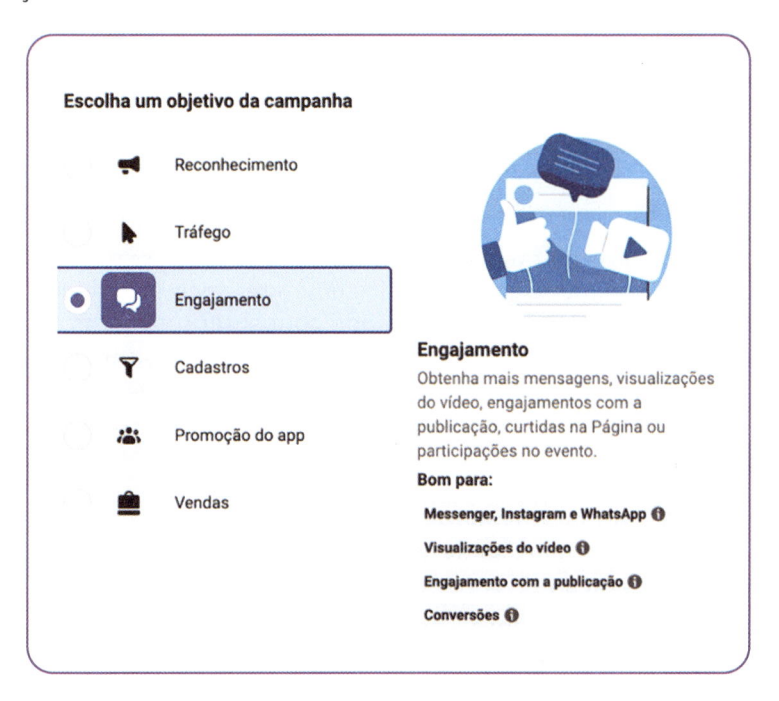

Para fazer isso, ao criar a sua campanha de anúncio, selecione o objetivo "Envolvimento" e escolha uma publicação já feita no seu Instagram. Esse objetivo é ideal para aumentar curtidas, comentários, compartilhamentos e outras formas de interação.

O processo começa acessando o 'Gerenciador de Anúncios' da Meta Business. Nele, você criará sua campanha com o objetivo de engajamento, definir o público-alvo para o qual deseja anunciar e selecionar o post que deseja promover. É importante escolher um público que seja relevante para o seu nicho e que tenha maior probabilidade de se engajar com o seu conteúdo.

Ao configurar a campanha, você poderá definir detalhes como a idade, localização, interesses e comportamentos do seu público-alvo. Isso permite que você alcance exatamente as pessoas que são mais propensas a se interessar pelo seu conteúdo, aumentando, assim, a eficácia do anúncio.

Além disso, você pode monitorar os resultados da sua campanha em tempo real, permitindo ajustes conforme necessário para otimizar o desempenho. Por exemplo, se você perceber que determinado segmento do público está interagindo mais com a postagem, pode direcionar mais orçamento para esse segmento, maximizando o retorno do investimento.

Falaremos sobre anúncios pagos em um capítulo à parte. Por enquanto, é importante saber que aumentar o engajamento de uma publicação também pode ser feito de maneira paga, oferecendo uma ferramenta adicional para fortalecer sua presença no Instagram e atingir seus objetivos de marketing de forma rápida e eficaz.

AUTOMAÇÕES – MANYCHAT

ManyChat é uma plataforma de automação de conversas que permite criar chatbots para interação automática em redes sociais como Instagram e Facebook. Com o ManyChat, você pode configurar respostas automáticas a mensagens diretas e comentários, facilitando a comunicação com seus seguidores de maneira rápida e eficiente. Esse recurso é autorizado pela Meta Business, ou seja, é seguro e recomendado.

A ferramenta traz uma série de vantagens, como:

1. **Automatização de respostas**: permite responder automaticamente a comentários e mensagens, economizando tempo e garantindo que nenhuma interação passe despercebida.
2. **Aumento do engajamento**: estimula a participação dos seguidores em postagens e Stories, resultando em mais comentários e interações.
3. **Coleta de leads**: facilita a obtenção de contatos e informações de seguidores interessados, ajudando na criação de listas de leads para campanhas futuras.
4. **Melhoria na conversão**: fornece informações valiosas de maneira rápida, ajudando a converter seguidores em clientes.
5. **Personalização**: permite personalizar as respostas automáticas para que se adequem ao tom e estilo da sua marca, criando uma experiência mais envolvente para o seguidor.

ManyChat pode ser usado de diversas maneiras para otimizar a interação e o engajamento no Instagram. Aqui estão alguns exemplos de como a plataforma pode ser utilizada por diferentes tipos de negócios:

Por exemplo, se você é um produtor de conteúdo que ensina sobre redes sociais, pode criar um checklist para Reels de sucesso. Nas suas publicações sobre o tema, peça aos seguidores que mandem a palavra "REELS" nos comentários. Usando ManyChat, você pode configurar para que todos que comentem essa palavra recebam automaticamente o guia em seus directs. Isso não só multiplicaria os comentários na sua postagem, mas também forneceria algo de valor para os seguidores.

Um lojista pode usar ManyChat para aumentar as interações em postagens de produtos. Imagine uma postagem apresentando uma nova linha de roupas. Na legenda, você pode pedir aos seguidores que escrevam "QUERO" nos comentários para receber mais detalhes sobre os produtos ou um desconto especial. ManyChat enviará automaticamente essas informações, aumentando os comentários e engajando os seguidores.

Para prestadores de serviços, ManyChat pode ser uma ferramenta poderosa para fornecer informações e converter leads. Por exemplo, um dermatologista pode postar um vídeo sobre um procedimento específico e, na legenda, pedir para os seguidores que querem saber mais sobre o procedimento escreverem "EU QUERO" nos comentários. Com ManyChat, todos os que comentarem receberão automaticamente mais informações em seus directs, facilitando a conversão desses interessados em clientes reais. Isso não apenas aumenta a interação nos comentários, mas também conduz os seguidores pelo funil de vendas de forma rápida e eficiente.

Não tenha dúvidas de que o ManyChat, aliado com outras estratégias, é uma ferramenta poderosa para multiplicar o engajamento no Instagram de forma simples e rápida. Utilizando a automação, você pode garantir que seus seguidores recebam respostas rápidas e valiosas, aumentando a interação e potencializando as conversões. Independentemente do seu nicho, ManyChat pode ser adaptado para atender às necessidades do seu negócio, proporcionando uma comunicação eficiente e personalizada que mantém seus seguidores engajados e satisfeitos.

Além desses benefícios mencionados, a ferramenta tem várias outras funcionalidades que você pode estar consultando no site ou em vídeos do YouTube para saber mais. Vale a pena fuxicar!

CONQUISTANDO NOVOS SEGUIDORES

CHEGOU A HORA DE MULTIPLICAR!

PARA MUITOS, SEI QUE este capítulo é muito esperado. Afinal, como conseguir seguidores no Instagram? A verdade é que tudo o que vimos até agora, se aplicado corretamente, trará novos seguidores para a sua conta. E não qualquer seguidor, mas seguidores qualificados, que terão interesse no que você tem para falar e vender. Tudo o que vimos aqui levará o seu perfil a um crescimento orgânico.

Crescimento orgânico é o crescimento sem investimento financeiro. Ele é alcançado através da produção de conteúdo de qualidade, dos mecanismos de busca, das indicações boca a boca, tanto online quanto offline, da distribuição das suas postagens pelo Instagram, e de outras fontes que não exigem investimento financeiro direto. Esse crescimento é muito importante, saudável e acontece de forma gradativa, aos poucos. E ele é totalmente possível! Eu conquistei milhões de seguidores em minhas contas assim, com crescimento orgânico. Afinal, quando comecei, nem anúncios existiam ainda.

Em paralelo, temos o crescimento através de tráfego pago, os famosos patrocinados do Instagram, os anúncios. Estes permitem um crescimento mais rápido conforme você vai investindo dinheiro. Além disso, também podemos falar em tráfego de influenciadores digitais, aqueles que você contrata para indicar o seu perfil ou o seu produto, resultando em um crescimento de seguidores advindos da influência deles. Há ainda o tráfego de parcerias, que pode ocorrer quando um parceiro divulga o seu perfil ou quando você faz lives duplas com outros perfis.

Independentemente das formas de tráfego, é crucial que você tenha em mente duas coisas fundamentais:

1. **Perfil preparado:** de nada adianta você querer atrair seguidores para o seu perfil através de anúncios, conteúdos, parcerias, influenciadores ou de qualquer fonte, se o perfil não estiver pronto para recebê-los. Para você transformar um visitante em um seguidor, você precisa chamar a atenção e desenvolver nessa pessoa o interesse em te seguir. Para isso, é essencial aplicar os ensinamentos deste livro, garantindo que a "casa" esteja pronta para receber as "visitas" de modo que elas queiram ficar.

2. **Conhecimento do público-alvo:** não adianta você produzir conteúdos, colocar dinheiro em anúncios, contratar influenciadores ou fazer uma parceria se você não tiver a clareza de quem é o seu público-alvo, o seu cliente ideal. Imagine contratar um influenciador que não tem nada a ver com o seu negócio? Você só desperdiçaria dinheiro. Ou fazer uma live com outra pessoa que não tem nada em comum com o que você fala ou vende? Você desperdiçaria tempo. Conhecer bem o seu público-alvo é fundamental para direcionar suas estratégias de maneira eficaz, garantindo que você atraia uma audiência qualificada para o seu negócio.

Portanto, não seguir esses dois pontos fundamentais fará com que você cometa muitos erros, perdendo tempo, dinheiro e energia. Ou pior: fará com que você atraia seguidores errados — e isso seria cruel.

Lembra-se do círculo de ouro do capítulo anterior? Caso você atraia o público errado para o seu perfil, eles não terão interesse no que você tem para falar. É como tentar vender carne para vegetarianos; seus conteúdos nunca serão bons o suficiente para eles. Isso resulta em baixa interação e engajamento, o que leva o seu perfil a ter pouca relevância para quem te segue e também para o próprio Instagram. Se você se torna um perfil irrelevante, suas postagens terão cada vez menos alcance, resultando em uma baixa visibilidade do seu perfil e conteúdo, impossibilitando o crescimento da sua conta. Viu só, como é cruel?

- INTERAÇÃO
- RELEVÂNCIA
- CRESCIMENTO ORGÂNICO
- ALCANCE
- VISIBILIDADE

Aproveitando a deixa, antes de falar sobre como conquistar mais seguidores te mostrando o que fazer, gostaria de destacar primeiro o que *não* fazer, apontando os maiores erros que as pessoas cometem ao tentar conquistar mais seguidores no Instagram. Fugir desses erros é essencial para otimizar seus esforços e alcançar resultados reais. Vamos a eles!

ERROS QUE ESTAGNAM O CRESCIMENTO DO SEU PERFIL

COMPRA DE SEGUIDORES

Comprar seguidores é uma péssima estratégia para o seu Instagram e para o seu negócio. Entendo que a quantidade de seguidores pode ser importante porque traz prova social. No entanto, essa base deve ser construída de forma verdadeira. Comprar seguidores não apenas viola as regras do Instagram, colocando seu perfil em risco, mas também não trará resultados reais.

Seguidores comprados geralmente são perfis falsos ou contas inativas que não interagem com seu conteúdo. Isso afeta negativamente o engajamento, pois o algoritmo do Instagram percebe a discrepância entre o número de seguidores e a baixa interação. Além disso, seguidores falsos não se transformam em clientes reais, obviamente, e comprometem a credibilidade e a eficácia de suas estratégias de marketing.

SEGUIR CONTAS NA ESPERANÇA DE QUE SIGAM DE VOLTA

Seguir contas na esperança de que sigam de volta, seja manualmente ou através de automação, é uma estratégia ineficaz e traz mais prejuízos do que benefícios. Quando você segue contas com a expectativa de que retribuam, várias coisas podem acontecer: a pessoa pode ignorar você, segui-lo apenas por educação, perceber que você está utilizando automação, o que pode levar à perda de credibilidade, e, em casos raros, seguir você por realmente gostar do seu conteúdo. No final das contas, essa abordagem é ineficiente.

Além disso, o uso de automações para seguir e deixar de seguir contas viola as diretrizes do Instagram, o que pode resultar em penalidades, como bloqueio temporário ou até permanente da sua conta. Esse método também dificulta a construção de uma audiência verdadeiramente engajada e interessada nos seus produtos ou serviços. Seguir contas aleatórias dilui a relevância do seu perfil e atrai um público que não está genuinamente interessado no que você oferece.

ENTRAR EM GRUPOS PARA TROCA DE ENGAJAMENTO E DE SEGUIDORES

Entrar em grupos de troca de seguidores e engajamento é uma ideia prejudicial a curto e longo prazo. Essas trocas resultam em interações forçadas que não refletem um interesse genuíno no seu conteúdo. O Instagram é capaz de detectar padrões de engajamento não autênticos, o que pode afetar negativamente o alcance orgânico das suas postagens. Além disso, ao participar desses grupos, você estará atraindo comentários e curtidas de pessoas que não estão realmente interessadas no que você tem a dizer, mas apenas em aumentar seus próprios números de seguidores e interações. Essas interações forçadas não só confundem suas métricas, mas também prejudicam a construção de uma audiência qualificada.

PARTICIPAR DE SORTEIOS PAGOS

Participar de sorteios pode atrair um grande número de seguidores em um curto período, mas muitos desses seguidores estarão apenas interessados nos prêmios e não no seu conteúdo. Após o término do sorteio, é comum ver uma queda significativa no número de seguidores. Além disso, esses novos seguidores provavelmente não se transformarão em clientes fiéis, tornando a estratégia ineficaz para um crescimento sustentável. Embora você possa ver um aumento temporário nos números, o engajamento não acompanha esse crescimento. Quando os seguidores percebem que seu perfil não oferece o que eles realmente procuram, a taxa de engajamento cai, e o algoritmo do Instagram reage.

ENVIAR CONVITES POR DIRECT

Enviar convites por direct solicitando que as pessoas sigam o seu perfil é uma abordagem invasiva e pode ser vista como desesperada. Essa prática não gera interesse genuíno e tem o potencial de afastar potenciais seguidores. Além disso, é uma forma de spam que pode manchar a sua credibilidade e resultar em penalidades para a sua conta, conforme as diretrizes do Instagram.

ENTRAR EM TRENDS ALEATÓRIAS DOS REELS

Os Reels são extremamente poderosos para o crescimento da sua base de seguidores, mas se você não produzir conteúdo alinhado com sua proposta e público-alvo, acabará atraindo pessoas erradas.

Nesse contexto, aproveitar as trends pode ser uma boa estratégia se elas forem relevantes ou adaptadas para o seu nicho. No entanto, seguir todas as trends aleatórias dos Reels pode diluir sua mensagem e confundir seus seguidores sobre o que seu perfil realmente representa.

Portanto, não entre em trends apenas por entrar; faça uma análise cuidadosa para ver se realmente faz sentido para o seu conteúdo e sua audiência. Participar de trends irrelevantes pode atrair pessoas que não têm interesse genuíno no que você oferece. É importante selecionar trends que estejam alinhadas com seu conteúdo e agreguem valor ao seu público, mantendo a consistência e a relevância do seu perfil.

Evitar esses erros é fundamental para construir uma base de seguidores genuína e engajada, que realmente se interessa pelo seu conteúdo e tem potencial de se tornar cliente. Concentre-se em estratégias autênticas, produza conteúdo de valor e mantenha um relacionamento real com sua audiência para alcançar um crescimento sustentável e significativo no Instagram.

"JÁ CAÍ NESSAS ARMADILHAS, E AGORA?"

AGORA, VOCÊ PODE ESTAR lendo e pensando: "Já caí nessas armadilhas, e agora?". A resposta envolve uma avaliação cuidadosa da sua base de seguidores. Se o seu perfil tem mais seguidores desqualificados do que qualificados, você terá que lutar muito para mudar essa proporção. Será necessário um esforço contínuo e estratégico para que o número de seguidores desqualificados se torne irrelevante em comparação aos seguidores qualificados.

Caso a quantidade de seguidores desqualificados seja muito alta e esteja afetando significativamente o engajamento e o crescimento orgânico do seu perfil, você pode considerar começar um perfil do zero.

Não quero generalizar através deste livro se você deve ou não construir uma nova conta e partir dessa, porque eu realmente precisaria analisar cada caso para dar uma sugestão mais direcionada e responsável. O que posso fazer por ora é te levar a uma reflexão e ganho de consciência para que você avalie se a base de seguidores que você tem atualmente está te atrapalhando no círculo de ouro ou não.

Caso decida começar um perfil do zero, use as lições aprendidas para evitar os mesmos erros e construir uma base de seguidores engajada desde o início.

Lembre-se, construir uma base sólida de seguidores qualificados não acontece da noite para o dia, mas com dedicação, estratégia e paciência, você pode alcançar resultados significativos e duradouros.

TRÁFEGO DE PARCERIAS

PARA AUMENTAR O SEU número de seguidores no Instagram, você precisa ser encontrado, e o tráfego de parcerias é uma estratégia simples, poderosa e com baixo custo. Essa estratégia consiste em conquistar seguidores através de parceiros escolhidos, usando trocas de indicação e lives duplas. É importante lembrar que parcerias devem ser uma relação ganha-ganha, onde a reciprocidade é essencial para a longevidade da relação. Portanto, importe-se com o seu parceiro e busque parceiros que se importem com você.

TROCA DE INDICAÇÃO

A troca de indicação envolve você indicar o seu parceiro para a sua audiência por meio de Stories ou publicações, e ele faz o mesmo para a audiência dele.

Por exemplo, se eu escolho um parceiro que é especialista em vídeos, um assunto que tem tudo a ver com o que a minha audiência quer e precisa, eu posso abrir uma sequência de Stories e dizer algo nesse sentido: "Fazer vídeos para Instagram é muito importante para aumentar os resultados e as vendas, e o (nome do parceiro) tem publicado dicas incríveis para quem ainda tem vergonha ou medo de aparecer nas câmeras. Então, se você quer aprender mais sobre vídeos ou precisa superar essa barreira, segue o (nome de usuário do parceiro), vai valer super a pena!"

Em contrapartida, o parceiro, em outro dia, faz o mesmo para mim: "Eu sei que muitos de vocês me seguem para aprender mais sobre vídeos, especialmente para usá-los em seus negócios. Hoje, quero recomendar um perfil que é indispensável para quem quer usar o Instagram como ferramenta de negócio e aumentar as vendas. Sigam a @jumunhoz, especialista em Instagram, que tem postado conteúdos incríveis! Eu mesmo tenho aprendido muito e aplicado no meu perfil!"

Além desse tipo de troca de indicação, você também pode recomendar parceiros através da repostagem de conteúdos. Veja o exemplo: se o meu parceiro que fala sobre vídeos postasse algo interessante, eu poderia repostar esse conteúdo no meu Instagram, seja nos Stories ou no feed, reforçando a qualidade do conteúdo e a oportunidade de conhecer um perfil valioso. Na legenda, eu poderia escrever: "Eu vi este conteúdo do (nome do parceiro) e achei excelente! Queria compartilhar com vocês para que melhorem seus vídeos. Se você ainda não está seguindo o (nome de usuário do parceiro), está perdendo tempo!" Dessa forma, além da indicação, eu apresento um conteúdo relevante feito pelo parceiro para a minha audiência, o que pode gerar ainda mais troca de seguidores.

Ao trocar indicações e escolher parceiros, considere os seguintes pontos:

1. **Escolha parceiros de confiança e cujo conteúdo você consome**: escolha pessoas nas quais você realmente acredita e de quem você goste do conteúdo. Sua credibilidade está em jogo ao indicar outra pessoa para a sua audiência, então escolha com cuidado.
2. **Escolha parceiros com um público interessante para você**: assim, você não estará tentando vender carne para vegetarianos, mas sim atingindo uma audiência que realmente pode se beneficiar do seu conteúdo e se tornar um futuro cliente.
3. **Organize-se para fazer as trocas de indicações**: combine os dias e horários para evitar problemas de comunicação. A coordenação é essencial para que ambos os lados se beneficiem da troca de maneira eficaz e sem frustrações.
4. **Modere a frequência das trocas de indicação**: não faça trocas de indicação todos os dias. Sua audiência pode cansar disso rapidamente. Tenha bom senso e moderação para garantir que cada indicação tenha um impacto positivo.
5. **Garanta visibilidade**: certifique-se de que o nome de usuário do parceiro esteja em evidência para garantir visibilidade imediata.

Aproveite as oportunidades para promover seus parceiros de forma natural e autêntica, aumentando assim o engajamento e a confiança da sua audiência.

LIVES DUPLAS

Eu adoro essa forma de parceria e de divulgação. As lives duplas são superpoderosas para trocar audiências e construir autoridade. Quando você faz uma live com outra pessoa, você está aparecendo não só para a sua audiência, mas também para a audiência do seu parceiro. Com isso, pessoas novas entram em contato com o seu conteúdo em uma zona de alto engajamento e conexão. A partir disso, uma parcela opta por segui-lo.

Não é uma live dupla que fará você crescer o seu Instagram de forma significativa, mas a soma dos pequenos resultados de cada uma delas. Portanto, é necessário trabalhar com consistência essa forma de divulgação e ter um pensamento em longo prazo. A regularidade e a qualidade das lives contribuirão para um crescimento gradual e sólido.

Escolher o parceiro certo para suas lives duplas é crucial para atrair o público correto. Normalmente, parceiros do mesmo nicho dão resultados incríveis, incluindo até mesmo os seus próprios concorrentes. Porém não se limite apenas a essa opção. Busque também parcerias com pessoas e mercados diferentes para testar e ver o que funciona melhor. Por exemplo, eu faço lives com pessoas do marketing digital, pessoas que falam sobre Instagram para negócios, e também com parceiros de diferentes áreas: médicos, nutricionistas, lojistas, meus próprios alunos, clientes etc.

Um ponto importante que aumenta o ganho de seguidores é a divulgação pré-live. Quando você e o seu parceiro combinam de divulgar a live, trabalhando um título e tema que chamam atenção, publicando no feed e/ou nos Stories, vocês aumentam a divulgação dos seus nomes e contas. Essa divulgação antecipada é essencial para maximizar a audiência e o engajamento da live. Para isso, combine com seu parceiro de fazer posts chamativos, usar contagem regressiva nos Stories, e até enviar notificações para suas listas de e-mail ou grupos de WhatsApp.

Ao planejar uma live dupla, escolha temas que sejam relevantes e engajantes para ambas as audiências. Pense em tópicos que possam gerar discussão, perguntas e interação durante a transmissão. Isso não só aumenta o valor da live para os espectadores, mas também estimula um maior engajamento. Depois da live, continue a interação com os novos seguidores que você ganhou, alimentando-os com conteúdos de valor.

Após algumas lives duplas, analise os resultados. Veja quais parcerias trouxeram mais engajamento, seguidores e vendas. Ajuste sua estratégia com base nesses insights para maximizar os resultados futuros. Isso pode incluir modificar os horários das lives, alterar os tópicos discutidos, ajustar a forma de divulgação ou pensar em outros parceiros.

TRÁFEGO DE INFLUENCIADORES DIGITAIS

UMA FORMA MUITO EFICAZ para você crescer a sua base de seguidores no Instagram é utilizando os influenciadores digitais. Blogs ou pessoas que possuem uma base de seguidores engajados com muita credibilidade e admiração podem ser fundamentais nessa estratégia. Os influenciadores digitais têm uma relação de confiança com sua audiência, que está sempre ansiosa para ver os próximos posts e indicações. A audiência vê o influenciador como uma referência e autoridade, seguindo seus conselhos e se inspirando em suas postagens. Essa relação é muito forte e pode ser muito benéfica para a sua marca.

O marketing de influência vai muito além de conquistar novos seguidores, vale ressaltar. Quando uma pessoa importante fala sobre a sua marca ou usa o seu produto, sua empresa ganha valor e fortalece o seu branding, que é o seu posicionamento e a forma como as pessoas veem o seu negócio. Isso gera um gatilho mental de autoridade: "Se fulano está falando dessa empresa, compartilhando esse conteúdo ou usando esse produto, essa empresa deve ser boa mesmo". Esse fortalecimento de marca, a médio e longo prazo, gera conversões. Portanto, ao trabalhar com influenciadores digitais, pense no impacto a longo prazo e não apenas nos resultados imediatos em termos de seguidores e vendas.

Ao fazer uma campanha com influenciadores, aproveite para salvar prints, Stories e fotos dos influenciadores falando da sua empresa ou usando seus produtos/serviços. Esses materiais podem ser reutilizados em seu site, no seu Instagram e em seus anúncios, influenciando outras audiências e dando continuidade à campanha. Esses elementos de prova social podem ser muito valiosos para atrair novos seguidores e clientes.

Tenha em mente que você não precisa trabalhar apenas com influenciadores grandes para ter resultados. Adapte a estratégia ao seu negócio. Por exemplo, os microinfluenciadores, apesar de terem uma base menor de seguidores, geralmente possuem um nível de engajamento muito alto e uma conexão mais próxima com a audiência. Eles são mais acessíveis financeiramente e podem oferecer um excelente retorno sobre o investimento, especialmente para negócios que estão começando ou que têm um orçamento de marketing limitado. A proximidade e a confiança que os seguidores têm em microinfluenciadores muitas vezes resultam em uma taxa de conversão mais alta, tornando-os uma escolha eficaz para promover seu perfil e seus produtos ou serviços.

Agora, saiba que para trabalhar com influenciadores digitais, não basta escolher um nome de afinidade, pagar e esperar pelos resultados. Existem alguns elementos que precisam ser observados para que o seu investimento valha a pena e lhe dê retorno:

1. **Verifique se o público do influenciador é o público que você está buscando:** é crucial que a audiência do influenciador tenha afinidade com seu nicho. Por exemplo, se você vende produtos de beleza, faz sentido trabalhar com influenciadores que falam sobre maquiagem e cuidados com a pele.
2. **Verifique se o influenciador realmente tem influência com a audiência:** nem todos os influenciadores com muitos seguidores têm um bom engajamento. Verifique a qualidade das interações e se a audiência realmente se engaja com o conteúdo dele.
3. **Verifique os horários que mais dão retorno na página do influenciador:** conheça os melhores horários para as postagens do influenciador. Isso garante que o conteúdo será visto pelo maior número de pessoas possível.
4. **Verifique a foto, vídeo e o formato a ser divulgado:** discuta com o influenciador sobre o melhor tipo de conteúdo a ser produzido. Fotos, vídeos e Stories têm diferentes impactos e devem ser escolhidos com base no que funciona melhor para a campanha.
5. **Verifique uma boa legenda para atrair mais pessoas com uma comunicação assertiva e persuasiva:** a legenda é crucial para chamar a atenção e incentivar a ação dos seguidores. Trabalhe junto com o influenciador para criar uma legenda que seja atraente e alinhada com a mensagem da sua marca. Combine tudo previamente para evitar surpresas e frustrações.
6. **Verifique o alcance das publicações e o engajamento:** o alcance das postagens e o nível de engajamento são indicadores importantes do sucesso da campanha. Acompanhe esses dados para medir a eficácia. Peça todos os dados para que você tenha uma análise completa.

Eu sempre recomendo acompanhar o influenciador por um tempo antes de fechar a parceria. Fique de olho nas publicações de propaganda que ele faz e observe os resultados visíveis. Além disso, pergunte aos anunciantes anteriores se tiveram um bom retorno e como foi a experiência.

Considere também os diferentes tipos de influenciadores disponíveis: os nacionais, que são os mais populares e alcançam um público amplo; os regionais, que têm uma forte conexão com a comunidade local e podem ser mais relevantes para negócios locais; e os microinfluenciadores, que, embora tenham uma base menor de seguidores, possuem um alto nível de engajamento e uma conexão mais próxima com a audiência, como dito anteriormente. Cada tipo de influenciador oferece vantagens distintas, dependendo do investimento que você deseja fazer e dos objetivos da sua campanha.

TRÁFEGO PAGO PARA CONQUISTAR SEGUIDORES

OS ANÚNCIOS PAGOS SÃO uma excelente ferramenta para conquistar mais seguidores para o seu perfil no Instagram. Eles ajudam a direcionar mais visitantes para o seu feed, que, se bem estruturado e preparado, pode convertê-los em seguidores leais. Neste tópico, vamos explorar algumas estratégias específicas para aumentar sua base de seguidores, sem focar necessariamente em vendas diretas, embora isso possa ocorrer como um efeito colateral positivo. No próximo capítulo, discutiremos mais detalhadamente a operação dos anúncios pagos.

ANUNCIAR CONTEÚDO DE VALOR

Promover conteúdo de valor puro sem a intenção de vendas diretas, é uma abordagem estratégica eficaz para atrair novos seguidores ao seu perfil no Instagram. O objetivo inicial é atrair seguidores, e a construção de confiança e autoridade é uma consequência natural de fornecer conteúdo valioso.

Ao compartilhar informações valiosas, você atrai seguidores que estão genuinamente interessados no seu nicho e que apreciam as informações que você oferece. Este tipo de conteúdo é projetado para educar e envolver seu público sem pressionar para uma venda direta, o que pode ser muito atraente para novos seguidores.

Por exemplo, um nutricionista pode criar anúncios promovendo dicas de alimentação saudável ou receitas balanceadas. Esse tipo de conteúdo educa e engaja o público, incentivando-os a seguir o perfil para obter mais informações úteis e confiáveis. A chave aqui é fornecer valor real que ressoe com as necessidades e interesses do seu público-alvo.

Um outro exemplo prático é uma loja de roupas que decide criar anúncios focados em conteúdo educativo. Em vez de simplesmente exibir seus produtos, a loja pode criar um vídeo explicativo sobre como escolher o jeans perfeito para diferentes tipos de corpo. No vídeo, um estilista da loja demonstra como identificar o corte, o estilo e o tamanho que mais favorecem cada tipo de corpo, oferecendo dicas práticas e visuais para os espectadores. Esse tipo de vídeo não apenas atrai seguidores interessados em moda, mas também posiciona a marca como uma autoridade no assunto.

Para tornar essa estratégia ainda mais eficaz, é crucial analisar quais tipos de conteúdos têm melhor repercussão organicamente no seu Instagram. Identifique quais postagens atraíram mais seguidores, tiveram maior engajamento ou geraram mais interações positivas. Use esses insights para criar anúncios que replicam o sucesso desses conteúdos. Analisar o que já funcionou bem organicamente pode ajudar a garantir que os anúncios sejam eficazes na captação de novos seguidores.

Ao se concentrar em fornecer informações úteis e práticas, você não apenas atrai novos seguidores interessados, mas também se posiciona como uma fonte confiável de conhecimento e inspiração. Esse enfoque estratégico permite que você construa uma base de seguidores qualificada, facilitando conversões futuras.

ANUNCIAR CONTEÚDO DE VALOR COM CONVITE AO FINAL

Combinar conteúdo de valor com um convite à ação no final é uma estratégia altamente eficaz. Ao oferecer algo útil e concluir com um convite para seguir o perfil, você cria um caminho claro e atraente para que os espectadores se tornem seguidores. Essa abordagem não apenas oferece valor imediato, mas também incentiva uma ação direta, aumentando suas chances de converter visualizações em seguidores.

Por exemplo, imagine que um coach de produtividade compartilha um vídeo com dicas valiosas sobre como melhorar a gestão do tempo. Durante o vídeo, ele oferece estratégias práticas e exemplos concretos que os espectadores podem aplicar imediatamente em suas vidas. Ao final do vídeo, ele faz um convite direto e pessoal: "Se você achou essas dicas úteis e quer receber mais conteúdos exclusivos sobre produtividade e gestão do tempo, não se esqueça de seguir meu perfil. Eu posto novas dicas todas as semanas que vão ajudar você a alcançar seus objetivos de maneira mais eficiente."

Além disso, o coach pode reforçar o convite com um texto na legenda do vídeo: "Gostou dessas dicas? No meu perfil, você encontra muito mais sobre como ser mais produtivo e gerenciar seu tempo de forma eficaz. Siga-me e não perca nenhum conteúdo!"

Essa abordagem oferece uma clara proposta de valor, mostrando aos espectadores o que eles ganharão ao seguir o perfil. O conteúdo útil cria uma impressão positiva, e o convite direto no final oferece um próximo passo lógico e fácil de seguir.

ANUNCIAR AULAS AO VIVO

Promover aulas ao vivo é uma excelente maneira de engajar seu público e aumentar sua base de seguidores. Anuncie suas lives com antecedência, destacando o tema e os benefícios de participar. As lives oferecem uma oportunidade única de interação em tempo real, o que pode aumentar significativamente o engajamento e a lealdade dos seguidores.

Por exemplo, eu costumava rodar anúncios informando que toda terça-feira, às 19h, eu realizava uma aula ao vivo sobre Instagram para negócios. Esses anúncios incluíam um convite claro para que as pessoas participassem das lives, incentivando-as a seguir meu perfil para não perderem essas aulas semanais valiosas.

Além das lives regulares, eu também organizava eventos específicos, como um aulão ao vivo sobre anúncios pagos para iniciantes. Para esses eventos, criava anúncios especiais promovendo a live, destacando a importância do tema e os benefícios de participar. A estratégia era comunicar claramente o valor do conteúdo que seria apresentado e convidar o público a seguir meu perfil para obter acesso a essas informações exclusivas e práticas.

Essa abordagem não só atraía muitos novos seguidores interessados no conteúdo das lives, mas também ajudava a construir uma comunidade engajada que aguardava ansiosamente pelas próximas transmissões.

ANUNCIAR DEPOIMENTOS E PROVAS

Anunciar provas e depoimentos é uma estratégia eficaz para construir credibilidade e atrair novos seguidores no Instagram. Anunciar testemunhos de clientes satisfeitos não só fortalece a confiança na sua marca, mas também demonstra a eficácia dos seus produtos ou serviços de maneira tangível e envolvente. Por exemplo, uma empresa de serviços pode criar anúncios que destacam a experiência positiva de clientes anteriores, mostrando como sua oferta fez a diferença na vida deles. Mostrar prova social dessa forma ajuda a aumentar a confiança e pode levar novos usuários a seguir seu perfil, buscando benefícios semelhantes.

Imagine um salão de beleza que compartilha um vídeo de "antes e depois" de um cliente que fez um corte de cabelo transformador. O vídeo pode mostrar o processo de corte, a reação feliz do cliente e um depoimento sobre como o novo visual aumentou sua confiança. Esse tipo de conteúdo não só demonstra a habilidade dos estilistas, mas também conecta emocionalmente com potenciais clientes que desejam uma experiência semelhante.

Outro exemplo é uma agência de turismo especializada em viagens de lua de mel. A agência pode criar um anúncio com um vídeo de um casal contando sobre a experiência perfeita que tiveram na lua de mel organizada pela agência. Eles podem falar sobre os destinos incríveis, o planejamento sem complicações e os momentos inesquecíveis que vivenciaram. Incluindo belas imagens dos locais visitados e momentos especiais do casal, o anúncio não só atrai noivos em busca de uma viagem inesquecível, mas também posiciona a agência como uma especialista confiável em viagens românticas.

Além disso, uma academia ou programa de emagrecimento pode promover depoimentos de clientes que passaram por transformações significativas na perda de peso. Um vídeo pode mostrar um cliente falando sobre a jornada de emagrecimento, apoiado por fotos de "antes e depois" e detalhes sobre como o programa os ajudou a alcançar seus objetivos de saúde. Esse tipo de prova social motiva outras pessoas a iniciar as próprias jornadas fitness e demonstra a eficácia do programa, incentivando novos seguidores a buscar mais informações e a se inscrever.

Anunciar provas e depoimentos de clientes satisfeitos, como esses exemplos, é uma forma poderosa de demonstrar valor e construir uma conexão emocional com potenciais clientes. Ao mostrar histórias reais e resultados tangíveis, você pode aumentar significativamente a confiança na sua marca e atrair um público mais interessado, aumentando a sua base de seguidores.

Ao implementar essas estratégias de anúncios pagos focados no aumento de seguidores, é essencial monitorar constantemente os resultados e ajustar suas abordagens conforme necessário. Use as ferramentas de análise do Instagram para verificar quais tipos de conteúdo e formatos de anúncios estão gerando mais engajamento e conversões em seguidores. Lembre-se, a consistência e a qualidade do conteúdo são fundamentais para atrair e reter seguidores a longo prazo. No próximo capítulo, exploraremos mais detalhes sobre como operar os anúncios pagos para alcançar os melhores resultados possíveis.

TRÁFEGO PAGO

O PONTO DE PARTIDA

A MINHA INTENÇÃO COM este capítulo é proporcionar a você uma compreensão geral sobre o tráfego pago tendo em vista que ele é uma ferramenta poderosa para aumentar sua base de seguidores e impulsionar suas vendas. No entanto, é importante entender que este é um tópico extenso e detalhado, que envolve várias etapas e nuances que não seria possível abordar completamente neste livro. Na verdade, daria para escrever um livro inteiro apenas sobre anúncios pagos, tamanha a complexidade e a riqueza do assunto.

No entanto, não quero que isso o desanime. As teorias que apresentarei aqui são fundamentais para você começar a entender e a implementar o tráfego pago de maneira eficaz. Para um mergulho mais profundo, recomendo que explore outras fontes de aprendizado, como vídeos no YouTube, que oferecem tutoriais passo a passo, o site do Meta Business Suite, que fornece uma vasta gama de ferramentas e guias gratuitos para iniciar, e cursos online que podem oferecer uma ajuda mais próxima e detalhada.

Com esses recursos adicionais, você poderá complementar o que aprenderá aqui e desenvolver suas habilidades em tráfego pago de forma mais completa e prática. Portanto, veja este capítulo como um ponto de partida, um guia introdutório que abrirá as portas para um mundo de possibilidades no universo dos anúncios pagos.

Os anúncios pagos são uma ferramenta extremamente poderosa para aumentar a sua base de seguidores e impulsionar suas vendas, como já falamos. No cenário atual e futuro, as empresas precisarão investir cada vez mais em anúncios pagos para se destacar. A grande vantagem de trabalhar com anúncios é que você controla o orçamento, segmenta de forma específica o público e a região que deseja atingir e pode fazer muitos testes de imagens e vídeos, refinando cada vez mais sua divulgação.

Existem algumas maneiras de fazer anúncios pagos no Instagram:

1. **Através do gerenciador de anúncios:** esta ferramenta oferece um controle mais avançado e detalhado das campanhas, permitindo uma segmentação precisa e a criação de múltiplos testes. Focaremos principalmente nessa modalidade, pois ela proporciona um maior poder de personalização, análise dos resultados e estratégias mais avançadas.
2. **Através do Meta Business Suite:** esta plataforma integra todas as ferramentas de anúncios do Facebook e Instagram em um único lugar, permitindo que você gerencie suas campanhas publicitárias de forma abrangente. O Meta Business Suite oferece uma visão unificada das suas campanhas, possibilitando a criação, edição e monitoramento de anúncios em ambas as redes sociais.
3. **Através do botão "Promover" ou "Turbinar" do Instagram:** esta é uma forma rápida e conveniente de impulsionar uma postagem ou Story direto do Instagram. Embora ofereça menos opções de segmentação e análise do que o Gerenciador de Anúncios, é uma maneira eficiente de aumentar a visibilidade de conteúdos específicos com facilidade e rapidez.

Independentemente do canal, é preciso entender que fazer anúncios pagos exige muito cuidado e estratégia. Se você simplesmente apertar botões sem uma estratégia bem definida, acabará desperdiçando dinheiro. Portanto, é essencial entender os fundamentos dos anúncios pagos e aprender a utilizar o gerenciador de anúncios de forma eficaz.

Uma boa notícia é que a inteligência artificial dentro do gerenciador está tornando a criação de anúncios mais prática, intuitiva e assertiva. Além disso, o uso de inteligência artificial externa para criar copy ou textos persuasivos, designs eficazes, e otimizar campanhas em tempo real, permite que você obtenha os melhores resultados possíveis com menos esforço e mais precisão.

Se você preferir não gerenciar os anúncios por conta própria, contratar gestores de tráfego, profissionais especializados em criar e gerenciar campanhas de anúncios pagos, é uma excelente opção. No entanto, mesmo delegando essa tarefa, é crucial ter um conhecimento básico sobre anúncios pagos. Isso permitirá que você entenda o que está sendo feito e possa cobrar resultados efetivos. Lembre-se de que estamos falando do investimento da sua empresa, portanto, mesmo que decida delegar essa responsabilidade, você não pode se isentar completamente do processo. Conhecer os fundamentos dos anúncios pagos é essencial para garantir que seu investimento seja bem aplicado e que você possa fazer ajustes ou mudanças conforme necessário.

Dito isso, para que você tenha acesso aos anúncios pagos, é preciso criar uma conta de anúncios no gerenciador de anúncios. Nesse primeiro passo, certifique-se de configurar sua conta de anúncios corretamente, fornecendo todas as informações necessárias e vinculando-a ao seu perfil do Instagram e página do Facebook. Depois de configurar a conta de anúncios, você terá acesso ao painel do gerenciador de anúncios, a ferramenta mais completa entre todas. Veja abaixo a figura do painel de controle onde você terá acesso aos recursos:

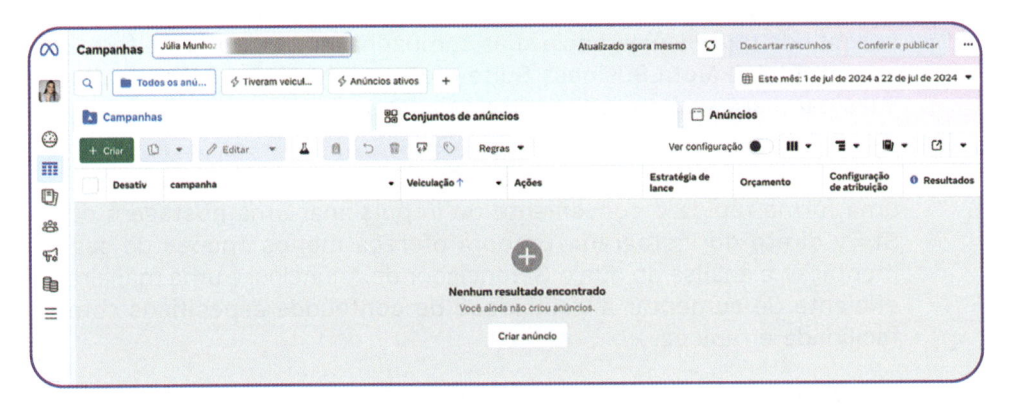

Para você colocar um anúncio no ar, é preciso passar por três etapas principais: criação de campanhas, criação de conjuntos de anúncios e criação dos anúncios (criativos). Vamos detalhar cada uma dessas etapas para que você possa entender melhor o processo e criar os seus anúncios.

CAMPANHA
(Qual é o seu objetivo?)

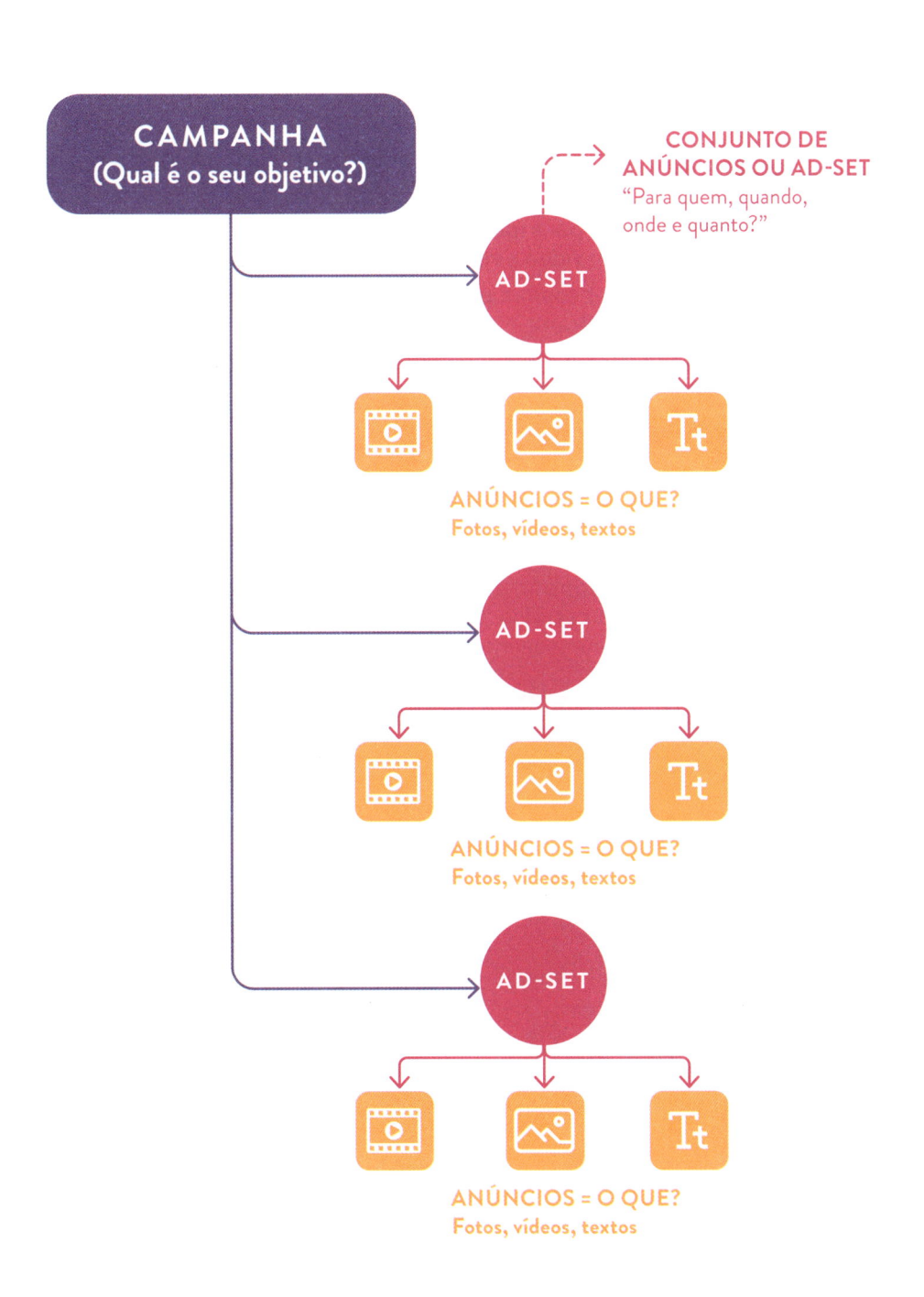

CONJUNTO DE ANÚNCIOS OU AD-SET
"Para quem, quando, onde e quanto?"

AD-SET

ANÚNCIOS = O QUE?
Fotos, vídeos, textos

AD-SET

ANÚNCIOS = O QUE?
Fotos, vídeos, textos

AD-SET

ANÚNCIOS = O QUE?
Fotos, vídeos, textos

O PONTO DE PARTIDA

CAMPANHA

A CAMPANHA É A etapa onde você define o objetivo principal do seu anúncio, o seu "porquê". É crucial ter clareza sobre o que você deseja alcançar com a campanha para escolher o objetivo certo. Objetivos comuns de campanhas:

→ **Reconhecimento:** bom para melhorar o alcance, reconhecimento da marca, visualizações do vídeo e reconhecimento da localização da loja.

→ **Tráfego**: direcionar as pessoas para um destino como um site, aplicativo e perfil do Instagram.

→ **Engajamento**: bom para aumentar o número de mensagens (Messenger, Instagram e WhatsApp), compras por mensagem, visualizações de vídeo, engajamentos com publicações, curtidas no Facebook.

→ **Cadastros**: bom para preenchimento de formulários instantâneos, captação de leads e cadastros para o seu negócio.

→ **Promoção do app:** bom para encontrar novas pessoas para instalar seu app e continuar usando-o.

→ **Vendas**: bom para encontrar pessoas com maior probabilidade de comprar seu produto ou serviço. Direcionado para conversões, vendas no catálogo, ligações, mensagens (Messenger, Instagram e Whatsapp).

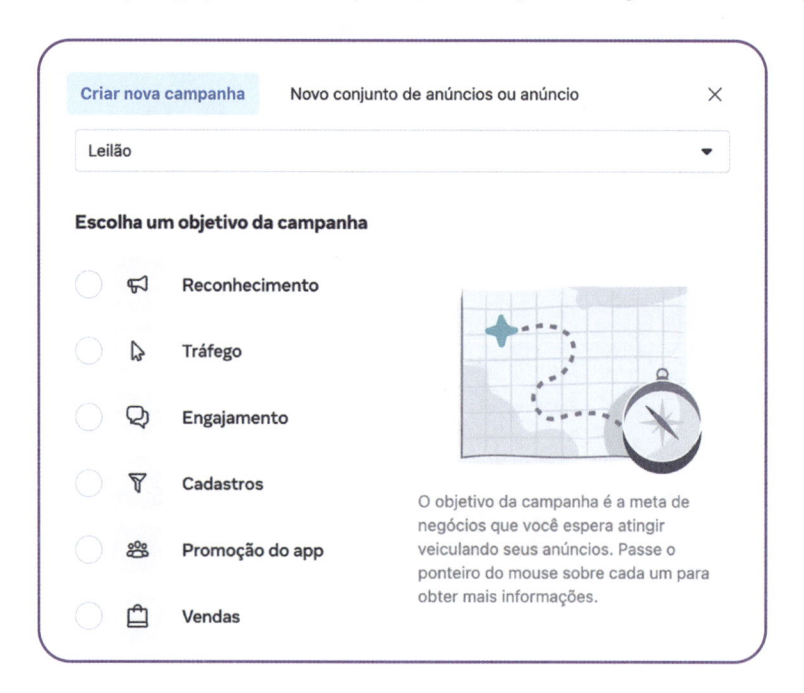

Definir claramente o objetivo ajuda a direcionar todos os esforços e recursos da campanha para atingir seu propósito específico. Feito isso, você vai escolher se deseja criar sua campanha do zero ou usando uma configuração recomendada para maximizar o desempenho, ou seja, usando a inteligência da ferramenta.

CONJUNTOS DE ANÚNCIOS

A SEGUNDA ETAPA, É a do conjunto de anúncios, onde você define o seu "para quem", "quando", "quanto" e "onde". Segmentar corretamente seu público garante que seus anúncios sejam vistos pelas pessoas mais relevantes, aumentando as chances de sucesso.

- → **Para quem:** especifica os públicos que você quer atingir, como idade, gênero, localização, interesses e comportamentos.
- → **Quando:** define as datas de início e término dos seus anúncios. Você pode optar por exibir seus anúncios continuamente ou em horários específicos.
- → **Quanto:** estabelece o orçamento diário ou total para o conjunto de anúncios. Isso ajuda a controlar quanto você está disposto a gastar.
- → **Onde:** seleciona os locais onde seus anúncios serão veiculados, como feed do Instagram, Stories, Reels ou até mesmo outras plataformas, como Facebook.

Esses elementos são distribuídos em três etapas dentro do conjunto de anúncios, que é a criação de público, definição de posicionamentos e definição de orçamento e programação.

CONJUNTO DE ANÚNCIOS
→ PÚBLICO
→ POSICIONAMENTOS
→ ORÇAMENTO E PROGRAMAÇÃO

PÚBLICOS

Públicos personalizados: são segmentos de audiência que já tiveram algum contato com sua marca. Esses públicos são considerados "internos e quentes", pois são compostos de pessoas que já conhecem você, já consumiram seu material ou interagiram de alguma forma com a sua marca. Eles incluem clientes, seguidores, espectadores de vídeos, participantes de lives, pessoas que se envolveram com suas publicações no Instagram e Facebook, visitantes do seu site através de um pixel de rastreamento e assinantes da sua newsletter.

Esses públicos são altamente valiosos porque já têm algum nível de familiaridade e confiança na sua marca. Eles estão mais propensos a interagir com os anúncios, converter em vendas e continuar a se envolver com seu conteúdo.

Públicos semelhantes: são grupos de pessoas que ainda não conhecem sua marca, mas compartilham características e comportamentos parecidos com seus públicos personalizados. Eles são considerados "externos e frios" porque representam uma nova audiência que ainda não te conhece.

Se você possui um público personalizado composto de pessoas que já se envolveram com seu Instagram, pode solicitar ao gerenciador de anúncios que localize pessoas semelhantes a esse grupo. A inteligência da Meta analisará os padrões de comportamento e as características demográficas do seu público personalizado e encontrará pessoas que compartilham esses atributos. Por exemplo, você pode criar um público de pessoas que se parecem com aquelas que interagem com suas postagens no Instagram.

Da mesma forma, você pode criar públicos semelhantes a partir de visitantes do seu site. Se você possui um público personalizado de pessoas que visitaram seu site, o gerenciador de anúncios pode identificar novos usuários que têm comportamentos online semelhantes. Isso é útil para atrair novos visitantes que têm maior probabilidade de se interessar pelo seu conteúdo ou produtos.

Outro exemplo é criar um público semelhante a partir de seus clientes. Se você tem uma lista de clientes ou um público personalizado de pessoas que já compraram seus produtos, pode usar essa base para encontrar novas pessoas que compartilham características com seus clientes existentes. Isso ajuda a direcionar seus anúncios para uma audiência que tem maior probabilidade de converter em novas vendas.

Utilizar públicos semelhantes pode aumentar significativamente a eficácia das suas campanhas publicitárias, pois você está alcançando pessoas que, embora não conheçam sua marca, têm um perfil muito próximo ao de seus seguidores, visitantes ou clientes existentes. Essa estratégia amplia seu alcance de forma inteligente, ajudando a atrair novos seguidores e clientes com maior eficiência.

Públicos de interesses: são grupos de pessoas segmentadas com base em seus interesses específicos. São públicos "externos e frios", porque representam uma audiência que ainda não teve contato direto com a marca, mas compartilham interesses relevantes e alinhados com o seu negócio.

Por exemplo, se você tem uma loja de maquiagens, pode criar um público de interesses selecionando termos como "batons", "maquiagens", "cosméticos", "primer" e "MAC". O Gerenciador de Anúncios então entregará seu anúncio para usuários que demonstraram interesse por esses assuntos, aumentando as chances de atrair pessoas que realmente se importam com o que você oferece.

A segmentação por interesses permite que você alcance uma audiência relevante de maneira eficiente. Ao selecionar interesses que estão alinhados com seus produtos ou serviços, você garante que seus anúncios sejam exibidos para pessoas que têm maior probabilidade de se envolver com seu conteúdo e, eventualmente, converter em clientes. Isso é particularmente útil para negócios que estão buscando expandir sua base de seguidores e alcançar novos mercados.

Por exemplo, se você está lançando uma nova linha de batons, pode criar um anúncio direcionado especificamente para pessoas interessadas em "batons" e "maquiagens". Essa segmentação aumenta a relevância do seu anúncio, pois ele será exibido para usuários que já têm interesse em produtos de maquiagem, tornando-os mais propensos a clicar no anúncio e explorar a oferta.

Além disso, você pode combinar interesses para criar públicos ainda mais segmentados. Se você vende cosméticos veganos, pode criar um público que se interessa por "cosméticos" e "veganismo". Essa combinação de interesses ajuda a refinar sua segmentação, garantindo que seus anúncios sejam exibidos para uma audiência altamente relevante.

Explorar e entender as diferentes opções de segmentação por interesses no Gerenciador de Anúncios pode ser extremamente benéfico para otimizar suas campanhas. Ao utilizar essas ferramentas de segmentação, você pode alcançar novas audiências de maneira mais eficaz, aumentar o engajamento e, consequentemente, impulsionar o crescimento do seu negócio.

POSICIONAMENTO

Agora que você viu toda a nossa parte de públicos, chegou a hora de seguirmos para os outros dois elementos que restam para a configuração do conjunto de anúncios: posicionamento e orçamento. É no posicionamento que você escolhe onde o seu anúncio será exibido. Se você quer que ele apareça no feed do Facebook, no feed do Instagram, nos Stories do Facebook, nos Stories do Instagram, no Messenger, nos vídeos In-Stream, no Marketplace ou até mesmo em aplicativos e sites externos, entre outras opções.

Você tem uma série de locais em que o seu anúncio pode ser veiculado, e pode fazer essa escolha de maneira automática ou manual.

No posicionamento automático, o gerenciador de anúncios, com toda a sua inteligência, fará a distribuição do anúncio em diferentes locais, otimizando o seu investimento sempre para os que trazem mais retorno e desempenho. Isso é ideal para quem deseja simplificar o processo e confiar na inteligência artificial para maximizar os resultados.

No posicionamento manual, você escolhe os lugares específicos para mostrar o seu anúncio. Quanto mais posicionamentos você escolhe, mais oportunidades você cria para alcançar o seu público. Selecionar manualmente os posicionamentos permite que você controle exatamente onde seus anúncios serão exibidos, otimizando a relevância e o engajamento com seu público-alvo. Por exemplo, se seu público é mais ativo no Instagram, priorizar feeds e Stories do Instagram pode ser mais eficaz. Ao combinar a estratégia de posicionamento com o orçamento definido, você maximiza suas chances de alcançar os resultados desejados com seus anúncios. Seja usando posicionamento automático para uma abordagem mais geral ou manual para um controle mais específico, a chave é ajustar conforme necessário para obter o melhor desempenho.

ORÇAMENTO

Agora, quando falamos de **orçamento**, temos duas opções a escolher:

→ **Orçamento de campanha Advantage:** o orçamento de campanha Advantage é uma funcionalidade que distribui seu orçamento de maneira dinâmica entre os conjuntos de anúncios que estão sendo veiculados, visando obter mais resultados com base nas suas metas de desempenho e estratégias de lance, ou seja, usando a inteligência da Meta. Embora você tenha controle sobre os gastos de cada conjunto de anúncios, o sistema Advantage otimiza automaticamente a distribuição do orçamento para maximizar os resultados. Esta ferramenta pode ser especialmente útil se você busca eficiência e não quer gerenciar manualmente a alocação de recursos.

→ **Orçamento por conjunto de anúncios:** optar por definir orçamentos individuais para cada conjunto de anúncios oferece mais controle sobre a veiculação de anúncios específicos. A estratégia pode ser útil se você tiver metas distintas para diferentes públicos ou estratégias específicas. Por exemplo, você pode querer alocar um orçamento maior para um público que historicamente apresenta um retorno sobre investimento (ROI) mais alto. Nesse caso, você define o período de início e término do anúncio e quanto pretende gastar com aquele público específico. Essa abordagem permite ajustar e testar diferentes públicos e estratégias sem comprometer o orçamento geral da campanha.

ANÚNCIOS (CRIATIVOS)

OS CRIATIVOS SÃO "O que" você vai anunciar: fotos, vídeos, informações, links, botões e textos. Todos esses elementos devem estar alinhados com o objetivo da campanha e com o seu público. Se você tem o objetivo de ganhar visualizações de vídeo, você precisa anunciar vídeos como criativos. Se você quer vender produtos de maquiagem, você precisa testar criativos que tenham ligação com maquiagem.

Para criar anúncios eficazes, a escolha das imagens é crucial. Escolha fotos de qualidade que pareçam nativas, ou seja, que não pareçam anúncios. Quanto menos o seu anúncio parecer um anúncio, melhor. Use imagens que transmitam emoções e sentimentos, pois isso cria uma conexão emocional com o público. Desperte desejos ou curiosidades através das suas imagens. Relacione o conteúdo da sua campanha com a imagem que você quer anunciar e use imagens que criem conexão com o seu cliente ideal. Por exemplo, se o seu cliente ideal é uma mulher, use imagens de mulheres. Esteja sempre testando, pois anúncios são sobre testes e ajustes contínuos para encontrar o que funciona melhor.

Existem diversos bancos de imagens gratuitos que você pode usar para encontrar boas fotos. Nunca se esqueça de que criar um anúncio é um processo de teste. Você precisará testar várias imagens até identificar qual funciona melhor para você.

Vídeos também são poderosos para anúncios porque podem captar a atenção do público de maneira mais dinâmica e envolvente. Ao criar vídeos para seus anúncios, mantenha-os curtos e diretos ao ponto. Utilize os primeiros segundos do vídeo para capturar a atenção do espectador. Apresente seu produto ou serviço de maneira clara e atraente, usando storytelling para criar uma conexão emocional. Adicione legendas, pois muitos usuários assistem vídeos sem som. Mostre o uso real do produto ou serviço para ajudar o espectador a visualizar como ele pode se beneficiar do que você está oferecendo. Teste diferentes formatos de vídeos, como depoimentos de clientes, demonstrações de produtos, vídeos educacionais ou de entretenimento, para ver o que ressoa melhor com seu público. Assim como nas imagens, esteja sempre testando seus vídeos para identificar quais geram melhores resultados.

Os textos dos anúncios, ou "copy", são uma parte fundamental de qualquer campanha de marketing. Copywriting é a arte de escrever textos persuasivos que têm o objetivo de engajar o leitor e levá-lo a tomar uma ação específica, como clicar em um link, fazer uma compra ou seguir uma página

Uma boa copy deve captar a atenção, despertar interesse, gerar desejo e, finalmente, levar à ação — um processo conhecido como AIDA (Atenção, Interesse, Desejo, Ação).

O primeiro objetivo da copy é capturar a atenção do público. Isso pode ser feito com uma manchete forte, uma pergunta provocativa ou uma afirmação impactante. Por exemplo: "Está cansado de gastar dinheiro com anúncios que não funcionam?" Uma vez que você capturou a atenção, o próximo passo é manter o interesse do leitor. Isso pode ser feito identificando um problema comum que seu público enfrenta e sugerindo que você tem a solução. Por exemplo: "Descubra como nossos anúncios têm ajudado centenas de empresas a aumentar suas vendas em 50%."

Depois de manter o interesse, é hora de criar um desejo pelo seu produto ou serviço. Mostre os benefícios e como sua solução pode melhorar a vida do leitor. Por exemplo: "Com nossas estratégias comprovadas, você pode transformar seu Instagram em uma máquina de vendas!" Finalmente, você precisa dizer ao leitor exatamente o que ele deve fazer em seguida. Uma chamada para ação clara e direta é crucial. Por exemplo: "Clique em 'Saiba Mais' e veja como podemos ajudar seu negócio a crescer!"

Essa estrutura em quatro etapas — Atenção, Interesse, Desejo e Ação — é uma abordagem eficaz para criar textos persuasivos e impactantes para seus anúncios. Além disso, usar a linguagem nativa do seu público também é fundamental para garantir que sua mensagem seja bem recebida e compreendida. Adapte o tom e o estilo da sua copy para refletir a maneira como seu público fala e interage, tornando o anúncio mais autêntico e envolvente.

A inteligência artificial, como o ChatGPT, pode ser uma ferramenta poderosa para ajudar na criação de textos para anúncios. Se você está sem inspiração, o ChatGPT pode sugerir várias ideias para headlines e chamadas para ação. Além disso, você pode fornecer um esboço do seu texto e pedir ao ChatGPT para melhorá-lo, tornando-o mais persuasivo e eficaz. A IA também pode analisar o tom e o sentimento da sua copy para garantir que ela ressoe da maneira certa com seu público. Outro uso valioso é gerar várias versões de um texto para testar qual performa melhor, economizando tempo e esforço.

Para ajudar nos seus anúncios, você pode verificar também o que outras empresas ou concorrentes estão anunciando através da Biblioteca de Anúncios. Ela é excelente para você tirar boas ideias e acompanhar o que o mercado anda produzindo. Para acessar a biblioteca de anúncios, use o link: facebook.com/ads/library. Use essa ferramenta com boa intenção e ética. Não copie anúncios de concorrentes, pois isso não funcionará.

Além de criar anúncios a partir do zero, você também tem a opção de promover postagens já existentes no seu Instagram ou Facebook. Essa estratégia pode ser extremamente eficaz, especialmente se você já tem postagens que estão performando bem organicamente e gerando engajamento.

ATENÇÃO!

Lembre-se de que, muitas vezes, um bom anúncio não se parece com um anúncio. Anúncios que se integram naturalmente ao feed do usuário, parecendo mais com conteúdos orgânicos do que com publicidade, podem gerar mais engajamento e melhores resultados. Isso porque as pessoas estão cada vez mais acostumadas a ignorar ou pular anúncios óbvios. Contudo, lembre-se de que tudo é teste. O que funciona para uma campanha pode não funcionar para outra, e a chave está em experimentar diferentes abordagens, chamar a atenção do seu público-alvo, monitorar os resultados e ajustar conforme necessário.

Uma vez que seu anúncio está no ar, acompanhar as métricas é fundamental para garantir que sua campanha esteja atingindo os objetivos desejados. O monitoramento regular permite que você ajuste suas estratégias e maximize o retorno sobre o investimento. O acompanhamento das métricas dos anúncios é um processo contínuo.

ESTRATÉGIAS DE VENDAS NO INSTAGRAM

AGORA QUE PASSAMOS POR todas as etapas essenciais para você ter um Instagram de sucesso, desde a definição de posicionamento e configuração adequada da conta, até a produção de conteúdo de valor e o uso eficaz dos recursos do Instagram, como Reels, Stories, lives e hashtags, podemos avançar para algumas estratégias específicas de vendas. Vamos agora mergulhar em duas estratégias de vendas poderosas que vão melhorar suas conversões no Instagram: gatilhos mentais e a superação de objeções dos consumidores.

Antes de tudo, é essencial entender que vender faz parte de um processo e de um conjunto de técnicas. Ninguém nasce um bom vendedor; torna-se um bom vendedor através de aprendizado, prática e aplicação de estratégias comprovadas. Quando falamos de vendas, precisamos escolher os produtos para os nossos clientes e não clientes para os nossos produtos. Isso significa que tudo deve ser pensado a partir das necessidades, dores, desejos e sonhos dos consumidores. Busque resolver problemas e levar soluções.

Para isso, é fundamental conhecer muito bem o seu cliente ideal e todos os pensamentos e sentimentos que o cercam. Aprenda a fazer as perguntas certas, a escutar mais e a falar com assertividade. Entenda que o processo de vendas é totalmente emocional e, se você quer aumentar os seus resultados, precisará aprender a tocar nos pontos certos para vencer a razão.

Os gatilhos mentais são técnicas psicológicas que influenciam as emoções e o comportamento dos consumidores. Eles são usados para despertar desejo, criar urgência, construir confiança e facilitar o processo de tomada de decisão. Utilizar gatilhos mentais de maneira eficaz pode aumentar significativamente a probabilidade de seus seguidores se tornarem clientes. Por exemplo, o gatilho da escassez, que pode ser usado em posts anunciando uma promoção por tempo limitado, ou o gatilho da prova social, onde você compartilha depoimentos de clientes satisfeitos, são estratégias que podem gerar um aumento nas vendas.

A superação de objeções dos consumidores é outra estratégia crucial. Identificar e responder às dúvidas e preocupações que seus potenciais clientes possam ter é vital para remover barreiras à compra. Ao entender as objeções comuns e estar preparado para abordá-las de maneira eficaz, você pode converter mais seguidores em clientes satisfeitos. Por exemplo, se você vende cursos online, uma objeção comum pode ser a dúvida sobre a eficácia do curso. Nesse caso, apresentar estatísticas de sucesso ou depoimentos de ex-alunos pode ser uma maneira eficaz de superar essa objeção.

Neste capítulo, vamos explorar em detalhes como implementar essas duas estratégias no seu Instagram. Vamos entender quais são os gatilhos mentais mais poderosos e como utilizá-los de forma ética e eficaz. Além disso, vamos aprender a identificar as principais objeções dos consumidores e desenvolver estratégias convincentes que dissipem essas dúvidas, facilitando o fechamento de vendas.

Ao final, você estará equipado com ferramentas e técnicas que não apenas aumentarão suas conversões, mas também fortalecerão a confiança e lealdade dos seus seguidores, criando uma base de clientes engajada e fiel. Vamos começar essa jornada rumo ao aumento das suas vendas e ao sucesso do seu negócio no Instagram.

GATILHOS MENTAIS NO INSTAGRAM

VAMOS AGORA INICIAR O tópico sobre gatilhos mentais. Estes são elementos poderosos que podem ser incorporados em sua comunicação no Instagram, seja em Stories, vídeos, lives ou legendas, para aumentar o engajamento e as conversões. Os principais gatilhos que abordaremos são: escassez, autoridade, reciprocidade, prova, prova social, dor X prazer, especificidade, razão e curiosidade.

Esses gatilhos mentais são amplamente eficazes, comuns e aplicáveis em diversas situações. No entanto, é importante lembrar que existem muitos outros gatilhos que podem ser utilizados conforme o contexto e o público-alvo. Nosso foco será nos mencionados acima devido à sua eficácia comprovada e à facilidade de aplicação no marketing digital.

ESCASSEZ

"Elogios, como ouro e diamante, devem seu valor à escassez" — Samuel Johnson

Quando falamos de escassez, estamos abordando tanto a ansiedade da perda quanto o desejo pelo exclusivo. Os diamantes, por exemplo, são valiosos porque são escassos; o que é raro e valioso desperta um desejo maior. Além disso, é importante considerar o nosso instinto de sobrevivência, que acompanha todas as nossas decisões, e entender que, normalmente, o ser humano tem muito mais medo de perder do que desejo de ganhar.

Essa dinâmica é visível no nosso cotidiano. Quem nunca viu um site de reservas de hotel indicando que "só tem mais um quarto disponível" ou uma companhia aérea alertando que "restam apenas dois assentos"? Essas mensagens ativam o medo de perder uma oportunidade e nos motivam a agir rapidamente. Da mesma forma, frases como "precisou perder para dar valor" refletem a dor emocional que sentimos ao deixar algo que não priorizamos.

Esses sentimentos de perda e desejo criam uma sensação de urgência que impulsiona a tomada de decisão do seu seguidor. Quando você escuta que "só tem mais uma unidade", "restam poucas vagas", "última chamada", você se movimenta e para de procrastinar. Essa agitação emocional faz do gatilho da escassez um dos mais poderosos e eficazes na hora de influenciar comportamentos.

Existem alguns tipos de escassez que você pode usar:

1. **Escassez de tempo:** ofertas que expiram em breve, como "acaba amanhã" ou "promoção válida até meia-noite".
2. **Escassez de bônus:** bônus ou brindes disponíveis apenas para os primeiros compradores, como "disponível para os 100 primeiros".
3. **Escassez de vagas:** limitação de participantes em eventos ou cursos, como "apenas 10 vagas restantes".
4. **Escassez de unidades:** estoque limitado de produtos, como "restam apenas 5 unidades".
5. **Escassez de promoções:** ofertas especiais que não se repetirão, como "última chance de aproveitar este desconto".

Exemplo prático — Escola de Dança:

"Nós iremos abrir uma turma de dança para um máximo de quinze pessoas, e as inscrições se encerram em três dias. Esta turma será ministrada pelo professor Fernando, reconhecido como um dos melhores dançarinos do Brasil, com inúmeros prêmios ao longo de sua carreira. Ele está preparando aulas especiais para esta turma, como nunca fez antes.

Esta é uma oportunidade única! Então, se você quer dançar profissionalmente ou simplesmente viver uma experiência incrível em dança, aproveite esta chance e inscreva-se já. As vagas são limitadas e, embora as inscrições se encerrem oficialmente em três dias, devido à alta demanda, elas podem se esgotar a qualquer momento!"

Perceba como a abordagem com escassez cria um senso de urgência e exclusividade, tornando mais difícil para o consumidor procrastinar com pensamentos como "mês que vem eu me inscrevo" ou "depois eu faço". A combinação de um prazo apertado, a limitação de vagas e a exclusividade de um professor premiado geram uma forte motivação para agir imediatamente, garantindo que os interessados não percam a oportunidade.

Enfim, a escassez, quando usada de maneira íntegra e ética, pode ser uma ferramenta poderosa para motivar o público a agir rapidamente e, assim, aumentar suas conversões. No entanto, é crucial utilizar esse gatilho de forma verdadeira e responsável. Quando usada de forma mentirosa, como anunciar um estoque limitado quando há ampla disponibilidade, ou em excesso, como criar promoções "urgentes" repetidamente, a escassez perde o efeito e pode prejudicar a credibilidade da sua marca. O público pode começar a perceber a tática como uma tentativa de manipulação, resultando em desconfiança e até afastamento dos clientes.

Portanto, a chave é utilizar a escassez de maneira autêntica, refletindo a realidade do seu negócio e criando uma verdadeira sensação de oportunidade para seus clientes. Isso não apenas aumenta as conversões, mas também fortalece a confiança e a lealdade à sua marca.

AUTORIDADE

Imagine que você precisa contratar alguém para um evento sobre nutrição. Você tem duas opções: uma pessoa comum, cheia de conhecimentos, mas sem muita presença online, e outra pessoa igualmente qualificada, mas com vídeos publicados na internet, seguidores acompanhando e recomendando o conteúdo. Quem você escolheria? Provavelmente a segunda pessoa, porque a presença digital dela reforça sua autoridade.

Ou pense em um profissional cheio de certificações, um currículo robusto, experiências em palestras, e publicações em revistas especializadas. Esse profissional, além de seu conhecimento, tem uma série de provas que atestam sua competência e expertise. A percepção de autoridade é muito mais forte e, por isso, ele seria a escolha preferida.

A autoridade gera valor, confiança e desejo. Ela está presente no nosso dia a dia de diversas formas. Perceba, por exemplo, quando você está doente e vai ao médico, que por si só possui autoridade em seu jaleco branco.

Normalmente, você não questiona seu diagnóstico e segue as orientações recomendadas. Da mesma forma, isso acontece quando um policial fardado o para no trânsito. Você não questiona, você respeita porque ele carrega a autoridade em si. No entanto, no contexto do Instagram e do marketing digital, você não precisa de um jaleco ou uma farda para conquistar a sua autoridade, embora, se você for profissional do segmento, isso possa ser útil. O que você precisa é de um posicionamento estratégico.

Nesse sentido, a produção de conteúdo através de vídeos é uma estratégia poderosa. Vídeos ao vivo, como as lives, permitem uma interação direta com sua audiência, onde você pode responder perguntas em tempo real e mostrar sua expertise de forma autêntica e imediata. As pessoas percebem autoridade naquele que se dispõe a falar em tempo real, passando conhecimento. Os vídeos gravados, quando bem produzidos e informativos, permanecem como um recurso valioso que os seguidores podem acessar a qualquer momento, aumentando a longevidade do seu conteúdo e demonstrando sua propriedade sobre o que está falando.

Participar de palestras e eventos, seja como convidado ou palestrante, também contribui significativamente para a construção da sua autoridade. Isso demonstra que você é reconhecido em sua área e possui conhecimentos que valem a pena ser compartilhados. Além disso, obter certificados e selos relevantes na sua área de atuação reforça ainda mais sua credibilidade, funcionando como provas tangíveis de que você possui conhecimento e habilidades validadas por instituições respeitáveis.

O tempo de atuação no mercado também é um fator interessante. Quanto mais tempo você estiver ativo em sua área, maior será a percepção de autoridade se você expor isso de forma inteligente. Ter publicação em revistas, jornais e outros meios de comunicação tradicionais e digitais expande sua presença além das redes sociais e atinge um público mais amplo, aumentando também sua influência.

Expor esses elementos de autoridade no seu feed, nas categorias e até mesmo na biografia do Instagram traz diferenças significativas. Essas informações devem estar espalhadas pelo seu perfil e conteúdo, para que as pessoas possam facilmente ter noção da sua expertise e, assim, aumentar a percepção de autoridade. Por exemplo, você pode criar destaques nos Stories mostrando certificados, participações em eventos e palestras. No feed, você pode postar fotos e vídeos dessas atividades, juntamente com descrições que enfatizem sua experiência e conquistas. Na biografia, você pode incluir informações concisas sobre suas qualificações, tempo de atuação e principais realizações.

Outro elemento poderoso de autoridade é ter influenciadores ou pessoas importantes falando sobre você. Quando uma figura respeitada em sua área endossa seu trabalho, a credibilidade e a autoridade associadas a você aumentam significativamente. Conteúdos de qualidade também contribuem para a construção de autoridade, mostrando que você tem muito a oferecer em termos de conhecimento e valor.

A publicação de um livro também é vista como um dos elementos mais fortes de autoridade. Escrever um livro posiciona você como um especialista no assunto, alguém que tem conhecimento suficiente para ser compartilhado de forma extensiva. Definir um nicho específico e se especializar nele também é crucial. Quando você se torna um especialista em uma área específica, as pessoas confiam mais no seu conhecimento e estão mais propensas a segui-lo.

A prova social, como o número de seguidores e o engajamento em suas postagens, também é um indicativo de autoridade. Quando muitas pessoas seguem e interagem com você, isso sinaliza para novos seguidores que você é confiável e respeitado. Portanto, concentre-se em construir uma audiência engajada e crescente, aplicando as estratégias de crescimento de forma ética e consistente.

Outro elemento adicional de autoridade no Instagram é o selo azul de verificado. Tradicionalmente, o selo era concedido a figuras públicas, celebridades e grandes marcas para indicar autenticidade e aumentar a credibilidade. Atualmente, é possível obter o selo azul por meio de uma assinatura mensal, o que tornou o acesso mais fácil. Ainda assim, possuir o selo de verificação pode aumentar a percepção de autoridade e destaque no Instagram. Ele sinaliza que sua conta é autêntica e confiável, diferenciando você dos demais usuários. Portanto, considerar a verificação da sua conta é uma estratégia válida para aumentar sua autoridade e visibilidade no Instagram.

É importante destacar que você não precisa de todos esses elementos para se posicionar como uma autoridade no Instagram. A produção consistente de conteúdo de valor, a realização de lives e a manutenção de uma presença digital ativa já podem posicionar você como uma referência em sua área. Esses elementos básicos são fundamentais e acessíveis a todos, independentemente do estágio em que se encontram.

Para aqueles que possuem certificados, participações em palestras, publicações em revistas, livros publicados ou o selo azul, esses elementos devem ser estrategicamente incorporados ao seu conteúdo, comunicação e conta. Expor essas credenciais de maneira adequada pode reforçar ainda mais a sua autoridade e fortalecer a confiança dos seus seguidores. Isso não apenas aumenta suas chances de conversão, mas também fortalece sua posição no mercado.

Assim, seja você um iniciante ou alguém já estabelecido no mercado, a chave está em produzir conteúdos relevantes e de valor, manter uma presença digital ativa e usar quaisquer credenciais adicionais para reforçar sua autoridade de forma estratégica e eficaz.

RECIPROCIDADE

"Gentileza gera gentileza."

Você já foi bem atendido em uma loja e sentiu uma energia diferente com isso? Alguém já fez algo por você e você ficou com vontade de retribuir? Já foi surpreendido e quis também surpreender? Esse é o impacto do gatilho mental da reciprocidade. Quando você entrega valor ao seu consumidor através de conteúdos incríveis, proporciona uma boa experiência, faz-se presente e é atencioso, o seu consumidor tende a retribuir tudo o que lhe foi agregado, pois ele se sente grato por isso.

Essa gratidão se reflete nas suas vendas, nas indicações boca a boca e no seu engajamento, por isso não subestime esse gatilho — ele é um dos mais poderosos. Cuide dos pontos cruciais para garantir que a reciprocidade funcione a seu favor. O atendimento é fundamental; ser cortês, prestativo e ágil cria uma impressão positiva que seus clientes não esquecerão. A experiência visual também é importante; um perfil bem organizado e visualmente atraente no Instagram faz com que seus seguidores sintam prazer em consumir seu conteúdo.

Ofereça conteúdo de valor sem medo de "entregar o ouro". Muitas pessoas hesitam em compartilhar informações valiosas, mas quando você faz isso, ganha a confiança e a lealdade dos seus seguidores. Quando você ajuda o seu seguidor a superar alguma barreira, dúvida, medo ou incômodo, ou a atingir um objetivo, ele se sente grato, tendendo a interagir, indicar e comprar de você. É muito mais fácil alguém comprar de quem já o ajudou do que de alguém que nunca fez nada por ele.

A experiência do cliente deve ser sempre excelente; desde a primeira interação até o pós-venda, cada ponto de contato deve superar as expectativas. Pequenos gestos como uma mensagem de agradecimento, um desconto especial ou um conteúdo exclusivo podem surpreender seus clientes e criar um impacto positivo. Essas ações não apenas criam um ciclo de reciprocidade que fortalece o relacionamento com seu público, mas também impulsionam seu negócio, aumentando a interação e as vendas.

Por fim, lembre-se de que a reciprocidade não é uma via de mão única; é uma troca contínua de valor que beneficia tanto você quanto seus seguidores. Ao cultivar um relacionamento baseado na reciprocidade, você cria uma comunidade leal e engajada que não só consome, mas também promove e defende sua marca.

PROVA

"Não valorize quem apenas disse que o ama, valorize quem lhe prova isso!"

No mundo dos negócios, especialmente no ambiente digital, palavras sozinhas não são suficientes para superar objeções como "eu não confio nesse vendedor" ou "isso não funciona". É essencial fornecer provas concretas que sustentem suas promessas. A força do gatilho mental da prova está em sua capacidade de oferecer evidências tangíveis que dissipam dúvidas e fortalecem a credibilidade.

Depoimentos são uma das formas mais poderosas de prova social. Quando clientes satisfeitos compartilham suas experiências positivas, eles fornecem um respaldo autêntico ao seu produto ou serviço. Esses depoimentos podem ser em texto, áudio ou vídeo, cada um com sua própria eficácia. Vídeos são especialmente impactantes porque permitem que os clientes expressem emoção e autenticidade, criando uma conexão mais forte com o público.

Fotos de antes e depois são particularmente eficazes em setores como saúde, fitness, beleza e reformas. Elas oferecem uma comparação visual clara que demonstra a eficácia do seu produto ou serviço. Por exemplo, uma academia pode mostrar fotos de clientes antes e depois de seguirem um programa de treino e dieta, evidenciando os resultados alcançados.

Relatos detalhados de transformação proporcionam uma narrativa convincente que ressoa com os potenciais clientes. Uma história bem contada sobre como seu produto ou serviço resolveu um problema específico pode ser muito persuasiva. Por exemplo, um curso de marketing digital pode compartilhar a história de um aluno que começou sem conhecimento prévio e, após concluir o curso, conseguiu aumentar significativamente as vendas de sua empresa.

Prints de mensagens de WhatsApp, e-mails ou comentários nas redes sociais também servem como prova. Eles mostram interações reais e espontâneas de clientes satisfeitos, reforçando a autenticidade e a veracidade dos seus resultados. Isso ajuda a construir uma imagem de transparência e confiança.

Convidar clientes para entrevistas ao vivo em suas lives é uma excelente estratégia. Durante essas entrevistas, você pode direcionar a conversa para destacar pontos específicos e coletar relatos espontâneos e genuínos. Isso não apenas fornece provas sociais, mas também engaja sua audiência ao mostrar que você valoriza a experiência de seus clientes.

Usar dados específicos para provar seus resultados é outra abordagem eficaz. Por exemplo, uma consultoria de negócios pode mostrar dados de crescimento das empresas que ajudou, como "A Empresa X aumentou suas vendas em 65% nos primeiros três meses após a implementação das nossas estratégias." Números específicos e verificáveis são difíceis de contestar e aumentam a credibilidade do seu argumento.

Para construir um Instagram de confiança e credibilidade, é essencial ser transparente e honesto. Não exagere ou invente resultados. Use provas reais e verificáveis. Isso aumentará a confiança do consumidor e, consequentemente, suas conversões. Cada prova apresentada deve ser fácil de verificar e autêntica, garantindo que seu público sinta-se seguro ao confiar em você e em seu produto ou serviço.

A prova é um dos gatilhos mentais mais poderosos que você pode usar em sua estratégia de marketing. Ao fornecer evidências concretas e verificáveis de que seu produto ou serviço funciona, você pode superar as objeções dos consumidores, aumentar a confiança em sua marca e, finalmente, converter mais seguidores em clientes satisfeitos.

PROVA SOCIAL

Quando falamos de prova social, estamos nos referindo ao impacto que o comportamento e as opiniões de outras pessoas têm sobre nossas próprias decisões. A prova social se manifesta quando um grupo de pessoas está falando, seguindo, comprando ou recomendando algo, criando uma percepção coletiva de que aquilo é valioso ou de alta qualidade. Essa influência do coletivo é poderosa e pode direcionar significativamente o comportamento do consumidor.

Um exemplo clássico desse conceito é o cenário de dois restaurantes, um com fila na porta e outro vazio. Sem conhecer a qualidade da comida de ambos, a tendência natural é acreditar que o restaurante com fila oferece uma experiência melhor. Isso ocorre porque, intuitivamente, associamos a popularidade à qualidade.

Para aplicar a prova social de forma eficaz em sua estratégia de marketing no Instagram, é importante incorporar depoimentos, recomendações e outras formas de validação social em sua comunicação de maneira múltipla e não isolada, para trazer ainda mais confiança.

Além disso, embora alguns possam argumentar que o número de seguidores ou o engajamento não importam, isso não é uma verdade absoluta. Esses números são, sim, um indicativo claro de prova social. Um grande número de seguidores e um alto nível de engajamento sinalizam que muitas pessoas confiam ou gostam da sua marca. Utilizar estatísticas, como "Mais de 11.000 alunos satisfeitos" ou "500 novos seguidores esta semana", também ajuda a construir uma imagem de popularidade e confiança. Sempre de forma ética e íntegra, é claro.

Frases como "Os mais vendidos da loja", "Muita gente tem me perguntado sobre", "Mais de XX compraram este produto", "Junte-se aos milhares de alunos que já entraram no curso", "Top 10 mais procurados", "Tendência entre os consumidores", "O preferido entre os nossos seguidores", "Centenas de avaliações positivas", e "Produto esgotado em tempo recorde" são exemplos de como aplicar o gatilho mental da prova social. Você pode usar essas ou outras em sua comunicação, desde que façam sentido e sejam verdadeiras, criando uma percepção positiva, indicando que muitas pessoas compraram aquele produto.

Outra maneira de utilizar a prova social é compartilhar interações reais. Repostar Stories, comentários e mensagens diretas de clientes que mencionam sua marca é uma forma autêntica de mostrar prova social. Use esse gatilho para fortalecer sua marca, construir confiança e aumentar suas conversões de maneira autêntica e consistente.

DOR X PRAZER

"É mais fácil para a imaginação compor um inferno com a dor do que um paraíso com o prazer."

Naturalmente, os seres humanos tendem a evitar o desconforto e tudo aquilo que causa dor. Ao utilizar o gatilho mental dor x prazer, você intensifica a dor do seu consumidor e gera urgência em resolvê-la. Esse gatilho é extremamente eficaz porque as pessoas, muitas vezes, são mais motivadas a evitar a dor do que buscar o prazer.

Para utilizar esse gatilho mental de maneira eficaz, é essencial conhecer bem o seu cliente ideal, entender suas dores e seus sonhos. Isso envolve uma pesquisa profunda e uma verdadeira empatia pelo que seu público enfrenta no dia a dia. Primeiro, identifique as dores do cliente: quais são os problemas, frustrações e obstáculos que seu público enfrenta? Essas dores podem ser emocionais, financeiras, sociais, entre outras. Seja específico ao descrever essas dores, usando uma linguagem que ressoe com a experiência do seu cliente. Quanto mais vívida e precisa for a descrição, maior será o impacto. Mostre as consequências de não resolver essas dores: o que o cliente está perdendo? Como isso afeta sua vida, trabalho ou relações?

Depois de apontar a dor, apresente seu produto ou serviço como a solução que aliviará essa dor. Mostre de maneira clara e objetiva como sua oferta pode transformar a situação do cliente, levando-o de um estado de desconforto para um estado de satisfação. Além de resolver a dor, destaque os benefícios e prazeres que seu produto ou serviço proporcionará. Descreva como a vida do cliente será melhor, mais fácil e mais feliz após a utilização da sua oferta. É importante manter um equilíbrio, sem exagerar e transmitir uma visão positiva e esperançosa da transformação que seu produto ou serviço pode proporcionar. Mostre um caminho claro e acessível para essa mudança desejada, sempre com empatia e compreensão das necessidades do seu cliente.

Vamos considerar dois exemplos práticos:

"Por quanto tempo você quer continuar com baixo engajamento e sem vender? Por quanto tempo você está disposto a aceitar lucros baixos e uma qualidade de vida inferior ao que você pode alcançar? Dê um basta nisso! Imagine ter um Instagram que atrai clientes e gera vendas consistentemente. Hoje você tem a oportunidade de usar o nosso método comprovado por centenas de alunos e transformar o seu Instagram em uma ferramenta de sucesso".

"Está cansado de investir tempo e dinheiro em estratégias de marketing que não dão resultado? Imagine continuar vendo seus concorrentes prosperarem enquanto suas vendas estagnam. Isso pode mudar agora. Com nosso curso, você aprenderá as técnicas mais eficazes para transformar seu negócio. Imagine atrair mais clientes, aumentar suas vendas e finalmente alcançar o sucesso que você merece."

Essas abordagens não apenas destacam a dor de continuar na mesma situação, mas também pintam um quadro claro e atraente de um futuro melhor. É importante lembrar que, às vezes, esse gatilho pode não fazer sentido dependendo do que você vende, e tudo bem. Utilize os gatilhos que se relacionam com o seu negócio e sua audiência. Cada produto e público tem suas especificidades, e a escolha dos gatilhos mentais deve refletir isso.

ESPECIFICIDADE

Em um mundo saturado de promessas vagas e generalizações, a especificidade é um gatilho mental poderoso que pode ajudar a estabelecer credibilidade e confiança. Quando você é específico sobre os benefícios, resultados e características do seu produto ou serviço, você transmite uma sensação de transparência e precisão que é muito valorizada pelos consumidores.

As pessoas tendem a desconfiar de promessas amplas e imprecisas, mas são atraídas por detalhes concretos e mensuráveis. Isso porque a especificidade cria uma imagem clara e tangível na mente do consumidor, facilitando a visualização dos benefícios e a tomada de decisão. Por exemplo, em vez de dizer "perca peso rapidamente", uma abordagem específica seria "perca 5kg em 30 dias com nosso plano de exercícios personalizado".

Ao usar o gatilho mental da especificidade, é importante incluir dados precisos, números, datas e descrições detalhadas. Isso não só ajuda a construir credibilidade, mas também mostra que você tem conhecimento profundo do que está oferecendo. Além disso, a especificidade diferencia sua mensagem das de outros concorrentes que podem usar declarações genéricas.

Por exemplo, ao promover um curso online de marketing digital, em vez de dizer "aumente suas vendas", você pode ser específico e dizer "aumente suas vendas em 30% nos próximos 60 dias com nosso curso comprovado de marketing digital". Outra abordagem poderia ser: "Mais de 500 alunos completaram nosso curso e 90% deles relataram um aumento significativo em suas habilidades de marketing digital e vendas".

Histórias e testemunhos específicos também são muito eficazes. Em vez de apenas citar um depoimento genérico, compartilhe um caso detalhado: "João, um empresário de São Paulo, aumentou suas vendas em 40% após aplicar as técnicas do nosso curso em apenas três meses. Ele conseguiu expandir seu negócio e contratar dois novos funcionários graças aos resultados alcançados".

Ser específico também significa evitar promessas excessivas ou pouco realistas. Em vez de prometer resultados milagrosos, ofereça metas alcançáveis e baseadas em dados reais. Isso não só ajuda a construir confiança, mas também estabelece expectativas claras e realistas para o consumidor.

Por fim, a especificidade deve ser incorporada em todas as suas comunicações, desde legendas no Instagram até falas em Stories e lives. Quando você oferece detalhes claros e precisos, você aumenta a probabilidade de conversão.

RAZÃO

O gatilho mental da razão baseia-se na necessidade humana de encontrar justificativas e explicações para nossas ações e decisões. O cérebro humano procura constantemente razões para validar escolhas e comportamentos, e fornecer essas razões pode ser um diferencial significativo na hora de convencer seu público.

No marketing e nas vendas, usar a razão como um gatilho mental envolve oferecer argumentos claros e lógicos que expliquem por que um produto ou serviço é benéfico. Ao fornecer motivos concretos e racionais, você facilita o processo de tomada de decisão do consumidor e aumenta a confiança na sua oferta.

Um exemplo clássico do poder da razão foi demonstrado em um estudo realizado pelo psicólogo social Robert Cialdini, publicado em seu livro *As Armas da Persuasão*. Em um experimento, uma pessoa pediu para passar à frente de uma fila para usar uma máquina de xerox. Quando ela simplesmente pedia para passar à frente, cerca de 60% das pessoas permitiam. No entanto, quando ela adicionava uma razão, mesmo que trivial, como "porque estou com pressa", a permissão aumentava para 94%. Isso demonstra que as pessoas tendem a aceitar pedidos mais facilmente quando uma razão é fornecida, mesmo que a razão não seja particularmente convincente.

Para aplicar o gatilho mental da razão de maneira eficaz, você deve fornecer justificativas claras e lógicas: explique por que seu produto ou serviço é a melhor escolha, destacando benefícios específicos e relevantes. Use dados, estatísticas e fatos concretos para respaldar suas afirmações. Ser transparente é fundamental, pois gera confiança. Se você explica claramente os processos, os ingredientes, os métodos ou qualquer outro aspecto do seu produto ou serviço, o consumidor se sente mais seguro para tomar uma decisão. Usar exemplos e estudos de caso pode ajudar a justificar o valor do seu produto ou serviço.

Apelar para a lógica e o senso comum também é importante: use argumentos que façam sentido lógico e estejam alinhados com o senso comum. As pessoas são mais propensas a aceitar algo que parece razoável e lógico.

Ao utilizar o gatilho mental da razão, você facilita o processo de tomada de decisão do seu público, fornecendo-lhes os motivos necessários para escolher seu produto ou serviço com confiança e segurança.

CURIOSIDADE

O gatilho mental da curiosidade é uma ferramenta poderosa que desperta o interesse e mantém a atenção do seu público. A curiosidade é uma força natural que nos impulsiona a procurar informações e respostas. Quando algo é deixado em aberto ou parece intrigante, sentimos uma necessidade quase irresistível de descobrir mais. Esse gatilho pode ser usado de maneira eficaz no marketing para aumentar o engajamento e a interação com o seu conteúdo.

No contexto do Instagram, a curiosidade pode ser despertada de várias maneiras. Uma estratégia eficaz é usar títulos e legendas intrigantes que deixam uma pergunta no ar ou prometem revelar algo interessante mais adiante. Por exemplo, uma postagem ou vídeo pode começar com algo como: "Você sabia que existe um segredo simples para aumentar suas vendas em 50%? Descubra como no próximo slide!" ou "A resposta para a sua dúvida está nos últimos 10 segundos deste vídeo."

Além de títulos e legendas, o uso de carrosséis também é uma excelente maneira de explorar a curiosidade. Os carrosséis permitem contar uma história ou apresentar informações em etapas, incentivando os seguidores a deslizar para ver o próximo slide. Cada slide pode conter uma parte da informação, com o slide final revelando a solução, o segredo ou a conclusão. Isso mantém o público envolvido e engajado ao longo de toda a postagem.

Os Stories são outra ferramenta poderosa para despertar a curiosidade. Você pode usar a função de enquete ou perguntas para criar suspense. Por exemplo, usar a função de perguntas para deixar os seguidores intrigados: "Tem uma dúvida sobre como aumentar seu engajamento? Pergunte aqui e eu responderei nos próximos Stories!" Esse tipo de interação não só desperta a curiosidade, mas também incentiva a participação ativa dos seguidores.

Além disso, os vídeos ao vivo podem ser usados para criar um senso de curiosidade. Anunciar uma live com um tema intrigante ou prometendo responder perguntas específicas durante a transmissão pode atrair um grande número de espectadores. Durante a live, você pode manter a curiosidade ao abordar tópicos de forma gradual, criando suspense e mantendo os espectadores engajados até o final.

O conteúdo que ativa a curiosidade deve ser cuidadosamente planejado para garantir que a recompensa pelo engajamento valha a pena. Não basta apenas criar suspense; é crucial entregar um conteúdo de qualidade e relevante que realmente satisfaça a curiosidade do seu público. Isso não só manterá seus seguidores engajados, mas também fortalecerá sua credibilidade e confiança.

Por exemplo, se você está promovendo um novo produto, pode usar a curiosidade e criar uma antecipação para aumentar o interesse antes do lançamento. Publicações como "Algo incrível está chegando... fique de olho!" ou "Estamos prestes a lançar o melhor curso que já criamos. Você não vai querer perder isso!" podem gerar expectativa e manter o público ansioso pelo anúncio.

Em resumo, o gatilho mental da curiosidade é uma ferramenta eficaz para aumentar o engajamento e a interação no Instagram. Ao criar títulos e legendas intrigantes, usar carrosséis, Stories e vídeos ao vivo para despertar a curiosidade, você pode manter seu público envolvido e interessado no seu conteúdo.

MATANDO OBJEÇÕES DOS CONSUMIDORES

APÓS ENTENDER E APLICAR os gatilhos mentais em suas estratégias de comunicação no Instagram, é essencial abordar outro aspecto crucial das vendas: a superação das objeções dos consumidores. Vender é, em grande parte, matar objeções. Cada potencial cliente que se depara com seu produto ou serviço pode ter dúvidas, preocupações ou hesitações que impedem a compra. Essas objeções podem variar desde questões sobre o preço e a qualidade até preocupações com a usabilidade e a necessidade real do produto.

Superar essas objeções é fundamental para transformar interesse em ação e seguidores e leads em clientes. Quando você está preparado para responder de maneira eficaz às dúvidas e preocupações dos consumidores, você aumenta significativamente suas chances de conversão. Identificaremos agora as objeções mais comuns em todos os negócios, e veremos como abordá-las de forma proativa e eficaz, e como criar uma comunicação que tranquilize seus potenciais clientes, facilitando o processo de tomada de decisão. Afinal, um vendedor eficaz é aquele que consegue antecipar e resolver as objeções de seus clientes, transformando barreiras em oportunidades de venda.

"NÃO CONFIO NO VENDEDOR OU NA EMPRESA"

Uma das objeções mais comuns no processo de venda é a falta de confiança no vendedor, especialmente na internet. Esta objeção pode ser um grande obstáculo, pois a confiança é a base de qualquer relacionamento de compra e venda. Se o consumidor não confia em você ou na sua marca, será muito difícil convencê-lo a fazer uma compra.

Superar a objeção de "não confio no vendedor" exige uma abordagem multifacetada que combine transparência, prova social, autoridade e uma comunicação clara e honesta.

Considere os seguintes elementos para construir confiança:

- **Transparência**: seja aberto e honesto sobre o que você está oferecendo. Forneça todas as informações necessárias sobre o produto ou serviço, incluindo benefícios, limitações e possíveis problemas. A transparência cria uma base de confiança e mostra que você não está escondendo nada.
- **Prova social**: utilize depoimentos de clientes, avaliações positivas, estudos de caso e histórias de sucesso para mostrar que outras pessoas confiam em você e estão satisfeitas com o que você oferece. A prova social é poderosa porque as pessoas tendem a confiar nas experiências de outros consumidores.
- **Autoridade**: estabeleça-se como uma autoridade em seu campo. Publique conteúdo educativo, participe de eventos do setor, obtenha certificações e compartilhe seu conhecimento. Quando as pessoas percebem você como um especialista, a confiança cresce naturalmente.
- **Garantias e políticas de devolução**: ofereça garantias de satisfação e políticas de devolução claras e justas. Isso reduz o risco percebido pelo consumidor e mostra que você está confiante na qualidade do seu produto ou serviço.
- **Comunicação clara e honesta**: evite exageros e promessas irreais. Seja direto e honesto em sua comunicação. Explique claramente como o seu produto ou serviço pode resolver os problemas do consumidor e por que ele deve confiar em você.
- **Interação pessoal**: sempre que possível, personalize suas interações. Responda rapidamente às perguntas e preocupações dos consumidores, demonstre empatia e mostre que você está genuinamente interessado em ajudá-los.
- **Consistência e coerência**: manter uma comunicação consistente e coerente é fundamental. Se suas mensagens, postagens e comportamentos são congruentes, você transmite estabilidade e confiança. Não há nada pior do que mensagens conflitantes que deixam o consumidor desconfiado.

Além disso, ser consistente e estar presente diariamente no seu Instagram é crucial. Aparecer em vídeos, fotos e Stories ajuda a humanizar sua marca e a construir um relacionamento com seus seguidores. A congruência entre sua mensagem e suas ações, assim como o profissionalismo na apresentação do seu conteúdo, visual do Instagram e atendimento ao cliente, são essenciais para transmitir segurança.

Lembre-se de que pessoas só compram de pessoas nas quais confiam. Sem essa confiança, o seu consumidor não vai investir no seu negócio. É a sua obrigação como vendedor passar a segurança de que o seu cliente precisa. E, ao usar essas estratégias e os gatilhos mentais da autoridade, prova e prova social, você pode reduzir significativamente a objeção de "não confio no vendedor" e criar uma base sólida de confiança que facilita a decisão de compra dos consumidores.

"ISSO NÃO FUNCIONA"

Uma das objeções mais frequentes que os consumidores têm é a dúvida sobre a eficácia do produto ou serviço. Quando o consumidor acredita que o produto "não funciona", é essencial demonstrar evidências concretas e irrefutáveis que provem o contrário. Esta objeção pode ser especialmente difícil de superar porque envolve crenças profundas e, às vezes, ceticismo arraigado. No entanto, com a estratégia correta, é possível dissipar essas dúvidas e construir a confiança necessária para a conversão.

Para superar essa objeção, os gatilhos mentais da prova e da prova social são extremamente eficazes. Aqui estão algumas maneiras de utilizá-los:

→ **Depoimentos de clientes:** depoimentos autênticos de clientes que tiveram sucesso com seu produto ou serviço são uma das formas mais poderosas de prova. Quando outras pessoas relatam suas experiências positivas, isso cria uma sensação de segurança e confiança. Certifique-se de que esses depoimentos sejam detalhados e específicos, mostrando claramente os resultados alcançados.

→ **Antes e depois:** fotos e vídeos de "antes e depois" são visuais impactantes que demonstram claramente a eficácia do seu produto. Se você vende um produto de beleza, por exemplo, mostre fotos de clientes antes e depois de usarem o produto. Se é um programa de fitness, vídeos de transformação física são incrivelmente persuasivos. Estes visuais concretos ajudam a construir uma narrativa de sucesso que é difícil de contestar.

→ **Entrevistas com consumidores:** realizar entrevistas com clientes satisfeitos e compartilhar esses vídeos pode humanizar as histórias de sucesso e torná-las mais relacionáveis. Pergunte aos seus clientes sobre suas dúvidas iniciais, o que os fez decidir experimentar seu produto e os resultados que obtiveram. Estas entrevistas podem ser publicadas em suas redes sociais, no seu site ou enviadas diretamente para potenciais clientes que estão na fase de consideração.

- **Histórias de transformação:** compartilhar sua própria história de transformação, se aplicável, pode ser muito poderoso. Mostre como você enfrentou desafios semelhantes aos de seus consumidores e como seu produto ou serviço fez a diferença. Isso não só prova a eficácia do produto, mas também cria uma conexão emocional com seu público.

- **Estudos de caso:** Publicar estudos de caso detalhados que documentem o sucesso de seus clientes é outra maneira eficaz de provar que seu produto funciona. Estes estudos devem incluir informações detalhadas sobre o problema inicial, a solução oferecida por seu produto e os resultados finais. Utilize dados e estatísticas para reforçar a credibilidade.

EXEMPLO PRÁTICO

Imagine que você está vendendo um software de gestão de tempo e um potencial cliente está cético sobre sua eficácia, pensando: "Isso parece bom demais para ser verdade, acho que não vai funcionar."

Resposta eficaz: "Entendo sua preocupação. Muitos de nossos clientes iniciais também tiveram essa dúvida. Veja o que a Maria, uma de nossas usuárias, tem a dizer: 'Eu estava desesperada com a falta de tempo e produtividade, mas após usar este software, consegui organizar minha rotina e aumentar minha produtividade em 40% em apenas dois meses.' Aqui estão fotos da tela do software mostrando as melhorias semanais que ela alcançou. Além disso, oferecemos uma garantia de 30 dias. Se você não estiver completamente satisfeito com os resultados, devolvemos seu dinheiro. Nossa taxa de sucesso é de 95%, e temos centenas de avaliações positivas que comprovam a eficácia do nosso produto."

Ao utilizar essas estratégias, você reduz significativamente a objeção de que "isso não funciona" e mostra de forma clara e convincente que seu produto ou serviço é eficaz. Isso não apenas aumenta a confiança dos consumidores, mas também os incentiva a tomar a decisão de compra.

"ISSO NÃO FUNCIONA PARA MIM"

A objeção "isso não funciona para mim" é comum quando os consumidores acreditam que, embora o produto ou serviço possa funcionar para outras pessoas, suas circunstâncias únicas o tornam ineficaz para eles. Essa crença pode ser baseada em experiências passadas, ceticismo pessoal ou falta de informações sobre como o produto pode ser personalizado para atender às suas necessidades específicas.

Para superar essa objeção, você pode usar os gatilhos mentais da personalização, especificidade e prova social. Aqui estão algumas maneiras de abordar essa objeção de forma eficaz:

→ **Depoimentos personalizados:** use depoimentos de clientes com perfis semelhantes ao do consumidor em questão. Mostre exemplos de pessoas que enfrentaram desafios similares e como seu produto ou serviço foi adaptado para resolver esses problemas. Quanto mais parecido o depoimento for com a situação do potencial cliente, mais convincente será.

→ **Estudos de caso detalhados:** publique estudos de caso que detalhem situações variadas em que seu produto foi eficaz. Inclua informações específicas sobre como o produto foi usado em diferentes contextos e como ele pode ser adaptado para atender às necessidades individuais.

→ **Demonstrações e tutoriais:** ofereça demonstrações personalizadas ou tutoriais que mostrem como seu produto pode ser utilizado em diferentes situações. Isso pode incluir vídeos, webinars ao vivo ou sessões de consultoria gratuitas. Mostre como o produto pode ser ajustado para funcionar para qualquer pessoa.

→ **Garantias e testes grátis:** ofereça uma garantia de satisfação ou um período de teste gratuito para que o consumidor possa experimentar o produto sem risco. Isso ajuda a reduzir o medo de que o produto não funcione para eles e demonstra confiança na eficácia do seu produto.

→ **Suporte e atendimento personalizado:** destaque seu suporte ao cliente e o atendimento personalizado. Deixe claro que você está disponível para ajudar o cliente a ajustar o produto às suas necessidades específicas, oferecendo assistência contínua para garantir que ele obtenha os melhores resultados possíveis.

EXEMPLO PRÁTICO

Imagine que você está vendendo um curso de marketing digital e um potencial cliente está cético, pensando: "Isso pode funcionar para outras pessoas, mas minha situação é diferente, acho que não vai funcionar para mim, sou totalmente leiga em tecnologia e aplicativos."

Resposta eficaz: "Eu entendo completamente sua preocupação. Muitas pessoas que vieram até nós tinham exatamente a mesma preocupação. Veja o caso da Renata, que enfrentava desafios similares aos seus. Ela também achava que não conseguiria se adaptar às ferramentas tecnológicas necessárias, ela tinha zero conhecimento sobre aplicativos. No entanto, com nosso suporte personalizado, tutoriais passo a passo e todo o material didático simplificado, Renata conseguiu dominar as técnicas e alcançou excelentes resultados em pouco tempo. Hoje, ela grava vídeos incríveis e usa aplicativos com facilidade, provando que nosso método é acessível a todos, independentemente do nível de habilidade inicial. Além disso, oferecemos uma garantia de 30 dias. Se você não estiver vendo os resultados que deseja, devolvemos seu dinheiro. Nosso objetivo é garantir que nosso curso funcione para você, independentemente das suas circunstâncias."

Assim, ao utilizar as estratégias certas, você pode abordar a objeção "isso não funciona para mim" de maneira eficaz, mostrando como seu produto ou serviço pode ser adaptado para atender às necessidades individuais do consumidor, transmitindo ainda mais segurança.

"NÃO VOU CONSEGUIR IMPLEMENTAR"

Na mesma linha, uma objeção comum que muitos consumidores têm ao considerar a compra de um produto ou serviço é o medo de não conseguir implementar o que estão comprando. Esse medo pode ser especialmente prevalente em cursos online, ferramentas tecnológicas ou qualquer produto que exija um certo nível de habilidade ou conhecimento para ser utilizado de maneira eficaz.

Quer ver um exemplo prático dessa objeção? "Quero comprar o curso Método X, mas tenho medo de não conseguir executá-lo, sou muito iniciante!"

Essa frase revela uma profunda insegurança e a crença de que, mesmo que o produto seja bom, ele pode ser complicado demais para ser implementado por alguém sem experiência. Para superar essa objeção, é crucial oferecer segurança, suporte e provar que a implementação é acessível a todos, independentemente do nível de experiência.

Aqui está uma resposta eficaz: "Entendo perfeitamente a sua preocupação. Muitas pessoas têm o mesmo receio antes de começar. O Método X foi desenvolvido precisamente para ser acessível a todos, incluindo iniciantes. Nossa metodologia é passo a passo, com conteúdo explicado de forma detalhada e simples para garantir que você consiga acompanhar e implementar tudo. Além disso, você terá acesso a um suporte contínuo. Minha equipe e eu estamos preparados para caminhar com você nessa jornada. Dentro do curso, oferecemos sessões de perguntas e respostas, tutoriais detalhados e uma comunidade de apoio para ajudá-lo a superar qualquer dificuldade que possa surgir. Você não estará sozinho em nenhum momento do processo!"

Eu poderia ainda fortalecer essa resposta utilizando os gatilhos da prova e da prova social. Mostrar tutoriais ou trechos do curso que demonstrem a simplicidade do método, além de exibir depoimentos de clientes que estavam na mesma situação e conseguiram implementar o método com sucesso, é muito eficaz. Além disso, reforçar o aspecto do suporte, explicando detalhadamente o tipo de suporte que o cliente terá, contribui significativamente para reduzir essa objeção.

Outra técnica poderosa é oferecer uma garantia de satisfação: "E para que você se sinta ainda mais segura, oferecemos uma garantia de 30 dias. Se você achar que não está conseguindo implementar o método ou se ele não atender às suas expectativas, devolveremos seu dinheiro. Estamos confiantes na eficácia do Método X e queremos que você tenha essa mesma confiança."

Com essas estratégias, você aborda a objeção "não vou conseguir implementar" de forma abrangente, oferecendo segurança, suporte e provas de que o produto ou serviço é acessível e eficaz, independentemente do nível de experiência do consumidor.

"NÃO PRECISO DISSO AGORA"

Uma das objeções mais comuns no processo de vendas é a percepção do consumidor de que não precisa do produto ou serviço no momento. A objeção "não preciso disso agora" é frequentemente baseada na falta de urgência ou na crença de que a solução pode ser adiada sem grandes consequências. Para superar essa objeção, é essencial criar um senso de urgência e demonstrar o valor imediato do seu produto ou serviço. Vamos a um exemplo prático.

Um consumidor pode pensar: "Minha casa está segura, não preciso de um sistema de alarme agora."

Aqui está uma resposta eficaz: "Entendo que você pode sentir que não precisa desse serviço agora, mas pense na segurança e na tranquilidade que você terá ao instalar um sistema de alarme residencial antes de ocorrer qualquer incidente. Investir em segurança agora pode evitar perdas materiais e emocionais, protegendo sua família e seus bens. Além disso, sistemas de segurança modernos oferecem funcionalidades como monitoramento remoto e notificações instantâneas, proporcionando ainda mais conforto e controle sobre sua casa."

Para reforçar a urgência, você pode utilizar os seguintes pontos:

→ **Prevenção de problemas futuros:** explique como a instalação do sistema de alarme pode evitar problemas futuros e oferecer proteção contínua. "Manter sua casa segura agora pode evitar dores de cabeça e despesas no futuro, garantindo que você não passe por situações estressantes."

→ **Benefícios imediatos:** destaque os benefícios imediatos que o cliente obterá ao adquirir o produto ou serviço. "Além da segurança, nosso sistema de alarme vem com monitoramento 24/7 e suporte técnico imediato, garantindo que você tenha assistência sempre que precisar."

- **Promoções e ofertas limitadas:** utilize o gatilho da escassez para incentivar a ação imediata. "Estamos oferecendo uma promoção exclusiva para novos clientes que se inscreverem este mês, com instalação gratuita e um desconto de 20% no primeiro ano de monitoramento. Não perca essa oportunidade!"
- **Gatilhos mentais:** use gatilhos como urgência e prova social para persuadir o consumidor. "Muitas pessoas estão investindo na segurança de suas casas agora para garantir a proteção de suas famílias. Não fique para trás e aproveite essa oportunidade para aumentar a segurança do seu lar."

Na mesma linha, pensando em um produto, um consumidor pode pensar: "Eu gostei desse casaco, mas não preciso dele agora." Aqui está uma resposta eficaz: "Entendo que você pode sentir que não precisa desse casaco agora, mas pense em como estará preparado e confortável quando o inverno chegar, sem precisar correr para encontrar algo adequado de última hora. Adquirir o casaco agora garante que você terá uma peça estilosa, quentinha e pronta para usar assim que as temperaturas caírem. Além disso, este modelo está sendo muito procurado e pode esgotar em breve, já que muitas pessoas estão se adiantando para o inverno, e esse modelo tem chamado muita atenção, além de ser um clássico que durará a vida inteira. Não perca a chance de garantir seu casaco enquanto ainda está disponível!"

Ao usar essas abordagens, você transforma a objeção "não preciso disso agora" em um reconhecimento da importância e dos benefícios de agir imediatamente, levando o consumidor a fazer a compra com mais confiança e clareza.

"NÃO TENHO DINHEIRO"

A objeção "não tenho dinheiro" é uma das mais frequentes e desafiadoras que os vendedores enfrentam. Ela pode ser dividida em dois principais cenários: o consumidor realmente não tem recursos financeiros para investir no produto ou serviço, ou ele não está percebendo valor suficiente para justificar o gasto. Vamos explorar como identificar e superar essa objeção.

Cenário 1: O consumidor realmente não tem dinheiro

Se o consumidor realmente não tem dinheiro, é possível que você esteja atraindo o público errado. Nesse caso, é importante revisar suas estratégias de segmentação e direcionar seus esforços de marketing para um público-alvo que tenha a capacidade financeira de investir no que você está oferecendo.

Cenário 2: O consumidor não percebe valor suficiente

Preço e valor são conceitos distintos. O preço é o número que você estipula para o seu produto ou serviço, enquanto o valor é a importância e os benefícios percebidos pelo consumidor. Se o consumidor acha que está caro, isso geralmente indica que você não conseguiu construir uma percepção de valor suficiente. Aqui estão algumas estratégias para aumentar essa percepção:

1. **Destaque os benefícios e soluções:** explique detalhadamente os benefícios e as soluções que seu produto ou serviço oferece. Use exemplos concretos e histórias de sucesso para ilustrar como seu produto pode resolver problemas específicos ou melhorar a vida do consumidor.

2. **Construa autoridade e confiança:** quanto mais autoridade e credibilidade você tiver, mais valor seu consumidor perceberá. Invista em construir seu posicionamento e branding. Isso inclui presença digital consistente, certificações, depoimentos de clientes, publicações em mídias respeitáveis e outras formas de prova social.

3. **Use comparações de valor:** mostre como o investimento no seu produto ou serviço pode economizar dinheiro a longo prazo ou evitar custos maiores. Por exemplo, "Investir em nossa ferramenta agora pode economizar milhares de reais em custos de manutenção no futuro."

4. **Ofereça garantias e facilidades de pagamento:** facilitar o processo de compra pode ajudar a superar objeções financeiras. Ofereça garantias de satisfação, políticas de devolução claras e opções de pagamento flexíveis, como parcelamento ou financiamentos. Isso reduz o risco percebido pelo consumidor e torna o investimento mais acessível.

EXEMPLOS PRÁTICOS:

Um potencial cliente pode dizer: "Eu gostaria de contratar seus serviços de consultoria financeira, mas não tenho dinheiro agora."

Resposta eficaz: "Entendo perfeitamente sua preocupação. Muitas pessoas hesitam em investir em consultoria financeira porque acham que não podem arcar com o custo. No entanto, nosso serviço é projetado para ajudar você a economizar e a gerenciar melhor seu dinheiro, o que pode resultar em economias significativas a longo prazo. Imagine conseguir poupar centenas de reais por mês e investir de forma inteligente para garantir um futuro financeiro seguro. Além disso, oferecemos opções de pagamento flexíveis para facilitar o seu investimento. Estamos aqui para caminhar com você em cada passo dessa jornada financeira, garantindo que você obtenha o máximo valor do nosso serviço."

Outro consumidor pode pensar: "Eu gostei desse casaco, mas está caro demais para mim agora."

Resposta eficaz: "Entendo que você pode achar o casaco caro no momento, mas pense em como ele pode ser um investimento em conforto e estilo durante o inverno. Este casaco não é apenas uma peça de roupa; é um clássico de alta qualidade, feito com materiais diferenciados, e que vai durar muitos invernos, economizando dinheiro a longo prazo. Além disso, estamos oferecendo uma opção de parcelamento sem juros para facilitar a sua compra. Considere também que este modelo está se esgotando rapidamente devido à sua popularidade. Aproveite agora e garanta que você terá um casaco para a vida inteira!".

Dessa maneira você cria um senso de urgência e torna a compra mais acessível e justificável, ajudando o consumidor a perceber o valor real do seu produto.

"E SE EU NÃO GOSTAR?"

A objeção "E se eu não gostar?" é uma das grandes barreiras no processo de vendas. Esse medo de investir em um produto ou serviço e acabar não gostando dele, perdendo assim o dinheiro investido, é uma preocupação válida para muitos consumidores. Superar essa objeção de forma eficaz envolve a apresentação de garantias e políticas de trocas ou devoluções que eliminem o risco para o cliente.

Para muitos consumidores, a garantia de satisfação é um alívio significativo que pode converter uma hesitação em uma decisão de compra. Aqui estão algumas estratégias para abordar essa objeção:

1. **Ofereça garantias de satisfação:** a maneira mais direta de lidar com a objeção "E se eu não gostar?" é oferecer uma garantia de satisfação. Isso pode ser uma garantia de devolução do dinheiro, um período de teste gratuito ou uma política de trocas simples e sem complicações.

    Exemplo: "Entendemos que comprar online pode ser arriscado. Por isso, oferecemos uma garantia de devolução do dinheiro em até 30 dias. Se você não estiver completamente satisfeito com o produto, basta devolvê-lo e nós reembolsaremos o seu dinheiro, sem perguntas."

2. **Destaque a facilidade do processo:** é importante comunicar que o processo de devolução ou troca é simples e sem burocracias. Se o processo for complicado, o cliente pode ficar mais hesitante em fazer a compra. Reforce que sua principal preocupação é a satisfação do cliente.

Exemplo: "Se você não gostar do produto por qualquer motivo, o processo de devolução é simples e rápido. Basta nos contatar e nós cuidaremos de tudo. Queremos que você se sinta completamente seguro ao fazer sua compra conosco."

3. **Reforce o direito de arrependimento:** no caso de vendas online, o direito de arrependimento é um direito garantido pelo Código de Defesa do Consumidor. Reforçar esse direito pode aumentar a confiança do consumidor.

   Exemplo: "Você tem o direito de se arrepender da compra em até 7 dias após o recebimento do produto. Se por qualquer motivo você mudar de ideia, pode devolver o produto e receber o reembolso integral."

4. **Demonstre o compromisso com a satisfação do cliente:** mostrar que seu principal interesse é a satisfação do cliente e que você está disposto a fazer o que for necessário para garantir isso é crucial.

   Exemplo: "Nosso objetivo é garantir que você fique 100% satisfeito com sua compra. Se houver qualquer problema, estamos aqui para ajudar e resolver rapidamente."

Vamos considerar um exemplo prático de um serviço de assinatura de livros:

Um potencial cliente pode pensar: "E se eu não gostar dos livros que vou receber na minha assinatura mensal?"

Resposta eficaz: "Entendemos a sua preocupação. Por isso, oferecemos uma garantia de satisfação de 30 dias. Se você não gostar dos livros recebidos no primeiro mês, pode cancelar a assinatura e receber um reembolso completo. Além disso, você pode trocar os livros que não gostou por outros do nosso catálogo, sem nenhum custo adicional. Nosso principal objetivo é garantir que você tenha uma experiência de leitura maravilhosa e totalmente satisfatória."

Assim, ao oferecer garantias de satisfação, destacar a facilidade do processo de devolução ou troca, reforçar o direito de arrependimento e demonstrar um compromisso genuíno com a satisfação do cliente, você pode aumentar significativamente suas chances de conversão. Mostrar que você está disposto a assumir o risco e garantir a satisfação do cliente não só aumenta a confiança, mas também fortalece o relacionamento com o consumidor, criando uma base de clientes leais e satisfeitos.

"POR QUE DARIA CERTO AGORA?"

A objeção "Por que daria certo agora?" é desafiadora, pois envolve as histórias e crenças passadas do consumidor. Muitas vezes, ele já buscou soluções para seus problemas e foi frustrado, o que gera uma descrença em relação ao produto ou serviço. Um exemplo clássico dessa objeção é uma pessoa que já tentou várias dietas sem sucesso e, por isso, está descrente em relação a qualquer nova promessa de emagrecimento. Essa pessoa tem em mente que já testou tudo e nada deu certo, levando-a a questionar: "Por que daria certo agora?"

Para superar essa objeção, é essencial apresentar um fator de novidade acompanhado de provas concretas de eficácia. Quando você introduz um "método novo", "um novo jeito" ou qualquer inovação e diferencial, você abre uma janela de novas possibilidades na mente do seu consumidor, colocando-o em um estado desconhecido onde há esperança de resultados diferentes.

Apresentar um novo método ou abordagem pode instigar curiosidade e esperança. Explicar como este novo método difere dos anteriores que o consumidor tentou e por que ele é mais eficaz pode ajudar a quebrar essa objeção. Por exemplo: "Entendo sua frustração com dietas que não funcionaram no passado. Nosso programa de emagrecimento utiliza uma abordagem completamente nova baseada em estudos recentes de nutrição e comportamento. Em vez de focar apenas a restrição calórica, nós trabalhamos com reeducação alimentar e acompanhamento psicológico, algo que muitas dietas tradicionais não oferecem."

Além disso, gatilhos mentais como prova, prova social, autoridade, suporte e garantia reforçam a segurança que o consumidor precisa.

Imagine que você está vendendo um curso de idiomas online, e um potencial cliente já tentou aprender várias línguas no passado sem sucesso, levando-o a acreditar que não será capaz de aprender com o seu curso.

Uma resposta eficaz seria: "Entendo perfeitamente sua preocupação. Muitas pessoas que vieram até nós tinham exatamente a mesma dúvida. Nosso curso de idiomas usa uma metodologia inovadora baseada em técnicas de imersão interativa e aprendizado adaptativo, que são diferentes de qualquer coisa que você tenha tentado antes. Além disso, oferecemos um acompanhamento personalizado com tutores nativos para garantir que você se sinta apoiado durante toda a sua jornada de aprendizado. Temos dezenas de depoimentos de alunos que, assim como você, estavam céticos no início, mas conseguiram finalmente dominar um novo idioma com a nossa abordagem. Estamos confiantes na eficácia do nosso curso e queremos que você tenha essa mesma confiança."

Mostrando novidades, utilizando provas concretas e oferecendo garantias, você pode mudar a percepção do consumidor e incentivá-lo a dar mais uma chance ao seu produto, superando suas frustrações passadas e abrindo caminho para uma nova experiência positiva.

CUIDE TAMBÉM DAS OBJEÇÕES ESPECÍFICAS!

AO LONGO DESTE CAPÍTULO, abordamos algumas das objeções mais comuns que a maioria dos negócios enfrenta, como a falta de confiança no vendedor, dúvidas sobre a eficácia do produto, a percepção de não necessidade imediata, restrições financeiras e receios sobre a implementação. Essas objeções clássicas podem ser encontradas em diversos setores.

No entanto, é importante lembrar que cada negócio tem suas próprias objeções específicas, baseadas em seu público-alvo, mercado e produto ou serviço oferecido. Por isso, é essencial conhecer profundamente essas objeções para abordá-las de forma eficaz. Identificar essas barreiras particulares é o primeiro passo para criar estratégias que as superem.

Uma das maneiras mais eficazes de lidar com essas objeções é educar o consumidor ao longo do processo de vendas. Através da produção de conteúdos no seu Instagram, você pode antecipar e responder às preocupações dos clientes, construindo uma base sólida de confiança e credibilidade. Educar o consumidor significa fornecer informações claras, detalhadas e úteis que abordem diretamente as dúvidas e incertezas que ele possa ter. Isso pode ser feito por meio de postagens, Reels, lives, Stories e até mesmo por meio de anúncios.

Ao educar seus consumidores, você está, na verdade, preparando-os para o momento da compra, garantindo que eles cheguem a essa etapa com o menor número possível de objeções e dúvidas. Quando um cliente se sente bem informado e confiante, as chances de conversão aumentam significativamente.

Portanto, além de abordar as objeções clássicas, invista tempo e recursos em identificar e compreender as objeções específicas do seu negócio. Use essa compreensão para criar conteúdos que eduquem e informem seus consumidores, ajudando-os a superar suas preocupações e facilitando a tomada de decisão. Dessa forma, você não apenas melhora suas taxas de conversão, mas também constrói um relacionamento de confiança com seus clientes, o que é fundamental para o sucesso a longo prazo.

FINALIZAÇÃO

GOSTARIA DE AGRADECER A você por ter chegado até o fim deste livro e por ter embarcado nessa jornada de aprendizado. Realmente espero que você tenha saído com mais conhecimento, recursos e energia do que antes. Sei do poder que o Instagram tem para transformar um negócio e sei que, quando temos o conhecimento certo em mãos, a jornada fica mais leve. Afinal, concentramos nosso tempo e energia em um caminho que traz resultados, deixando tudo mais animador.

Comemore os pequenos resultados do seu processo, pois isso faz muita diferença. Compare seu progresso com você mesmo, celebrando cada conquista ao longo do caminho. O livro pode ter acabado, mas a sua jornada está apenas começando. Mãos à obra, a todo momento. Sempre que precisar de alguma informação, retorne a este livro para relembrar os fundamentos, pegar novas ideias, rever exemplos. Ele está aqui para ser um guia, ou um manual.

Lembre-se de que seguidores são pessoas, e que o seu produto e serviço resolvem problemas e proporcionam prazeres. Desejo que você transforme muitas vidas com o que vende, com o que faz, com o seu conteúdo e com o seu conhecimento. Que essa jornada seja uma corrente do bem, onde, com este livro, eu possa ajudar você de alguma forma, e que você, por sua vez, ajude outras pessoas também.

Empreender no Brasil não é fácil; são muitos desafios. Mas a internet é um recurso poderoso, e o Instagram muda vidas. Use esse poder para fazer a diferença na sua vida, na de sua família e de outros ao seu redor. Que você encontre sucesso e satisfação em cada passo dessa jornada.

Espero que eu possa encontrar você em outras oportunidades, seja em futuros livros, no meu Instagram @jumunhoz, ou como meu aluno ou cliente de consultoria. Dessa forma, poderei avaliar de perto o seu perfil e ver como posso ajudar de forma personalizada.

Obrigada por confiar em mim nessa aventura digital. Meus sinceros agradecimentos. Que este livro seja uma fonte constante de inspiração e apoio. Vá em frente, transforme seu Instagram e, com ele, transforme seu mundo.

Boa sorte e muito sucesso!

Com muito carinho e muita gratidão,

Júlia Munhoz

www.dvseditora.com.br